シリーズ
〈生活科学〉

衣服学

島崎 恒蔵・佐々井 啓 ▶[編]
中田 尚子
先川 直子
青山 喜久子
増子 富美
千葉 桂子
三澤 幸江
福井 典代
大塚 美智子
多屋 淑子
菊池 直子
久慈 るみ子
藤村 明子
柿原 文子
青木 千賀子

朝倉書店

編 集 者

島 崎 恒 蔵	日本女子大学家政学部教授
佐 々 井　 啓	日本女子大学家政学部教授

執 筆 者

中 田 尚 子	和歌山信愛女子短期大学教授
先 川 直 子	目白大学短期大学部講師
島 崎 恒 蔵	日本女子大学家政学部教授
青 山 喜久子	金城学院大学家政学部教授
増 子 富 美	日本女子大学家政学部助教授
千 葉 桂 子	福島大学教育学部助教授
三 澤 幸 江	聖徳大学短期大学部講師
福 井 典 代	鳴門教育大学学校教育学部助手
大 塚 美智子	日本女子大学家政学部助教授
多 屋 淑 子	日本女子大学家政学部助教授
菊 池 直 子	岩手県立大学盛岡短期大学部助教授
久 慈 るみ子	尚絅女学院短期大学助教授
藤 村 明 子	文教大学教育学部講師
柿 原 文 子	大阪国際女子短期大学講師
青 木 千賀子	日本大学短期大学部教授

(執筆順)

はじめに

　20世紀の100年間に，人間を取り巻く生活環境は急速な変化を遂げてきた．これは衣服の分野においても同様であり，とりわけ第二次世界大戦後の社会においては，技術革新による繊維・アパレル産業のめざましい発展によってさまざまな商品が開発され，時としてファッションの情報が世界中をかけめぐることもある．しかし，衣服は単に流行や趣味としてのみとらえられるものではなく，生活における人間と衣服との長く深い関係を考えたときに，さまざまな角度からのアプローチがなされるべきであろう．

　このような現代社会において，本書は，大学および短期大学での教科書として活用できるように，新しい視点をもちながらも，衣服の各分野を基本的な立場から取りあげて構成されている．ページ数の関係で，それぞれの部分では十分に説明しきれない箇所もあるが，本書を基礎として，さらに次の段階に進んでいただきたいと思う．

　以上のような特色をもつ本書であるが，内容的には不十分な点もあると思われる．多くの方々のご意見，ご指導を仰ぎたいと考えているしだいである．

　また，本書の執筆に際して，多くの文献を参考にさせていただいた．巻末に記し，謝意を表すとともに，本書の企画，編集にあたって，朝倉書店編集部にお世話になったことを，心から感謝したい．

　2000年3月

島 崎 恒 蔵
佐 々 井　啓

目　次

1. 衣服の起源と役割 …………………………………………… 1
1.1 人間と衣服 ……………………………………〔中田尚子〕… 1
　　a．衣服の起源 ……………………………………………… 1
　　b．衣服の役割 ……………………………………………… 2
1.2 衣服の形 ………………………………………〔先川直子〕… 4
　　a．衣服の類型 ……………………………………………… 4
　　b．形の表現 ………………………………………………… 7
1.3 衣服の色彩 ……………………………………………… 10
　　a．色　名 …………………………………………………… 10
　　b．色彩の表現と意味 ……………………………………… 10
1.4 衣服の文様 ……………………………………………… 13
　　a．文様の表現と技法 ……………………………………… 13
　　b．文様の意味 ……………………………………………… 14
1.5 現代日本人の衣生活 ………………………〔中田尚子〕… 16
　　a．和　服 …………………………………………………… 16
　　b．洋　服 …………………………………………………… 18

2. 衣服の素材 ……………………………………………………… 20
2.1 繊　維 …………………………………………〔島崎恒蔵〕… 20
　　a．繊維の分類と特徴 ……………………………………… 20
　　b．各種繊維の特徴 ………………………………………… 23
　　c．繊維の性質 ……………………………………………… 31
2.2 糸 ………………………………………………〔青山喜久子〕… 36
　　a．糸の種類 ………………………………………………… 36
　　b．糸の構造と構成 ………………………………………… 38

目次

- 2.3 布 地 ··· 41
  - a. 布の種類 ··· 41
  - b. 布の構造と構成因子 ··································· 42
  - c. 布の性質 ··· 48
- 2.4 新しい素材 ·································〔島崎恒蔵〕··· 57
  - a. 合成繊維技術の変遷 ··································· 57
  - b. 高感性素材 ··· 58
- 2.5 染色加工 ···································〔増子富美〕··· 61
  - a. 精練と漂白 ··· 61
  - b. 染料の種類と染色の原理 ······························· 62
  - c. 染色法の種類 ··· 65
  - d. 染色堅牢度 ··· 67
  - e. 仕上げ加工 ··· 67

3. 衣服のデザイン・構成 ··· 71
- 3.1 衣服と人体 ·································〔千葉桂子〕··· 71
  - a. 人体計測法 ··· 71
  - b. 体型の特徴とサイズシステム ··························· 73
- 3.2 衣服設計の要素 ······································· 82
  - a. 衣服のデザイン ·····························〔三澤幸江〕··· 82
  - b. 色彩とファッション性 ·······················〔福井典代〕··· 87
  - c. 形態と素材の選択 ···························〔三澤幸江〕··· 90
- 3.3 衣服の製作 ·································〔大塚美智子〕··· 93
  - a. パターンメーキング ··································· 93
  - b. 裁断法 ··· 103
  - c. 縫製の基本 ··· 104
  - d. 立体化のための縫製技術 ······························· 107
  - e. 副資材 ··· 108
  - f. 今後のアパレル産業における生産形態 ··················· 111

4. 人体と着装 ……………………………………………………… 112

4.1 衣服の機能 ……………………………………〔多屋淑子〕… 112
a. 衣服を着る …………………………………………………… 112
b. 衣服に必要とされる機能 …………………………………… 112

4.2 人体動作と衣服の機能 ………………………〔菊池直子〕… 114
a. 人体動作と各部の変化 ……………………………………… 115
b. 衣服の変形と拘束 …………………………………………… 117
c. 衣服圧 ………………………………………………………… 120

4.3 衣服と衛生的機能 ……………………………〔久慈るみ子〕… 123
a. 体産熱と放熱 ………………………………………………… 123
b. 衣服気候 ……………………………………………………… 127
c. 着衣重量 ……………………………………………………… 128

4.4 着衣の快適性（着心地）………………………〔藤村明子〕… 130
a. 生理的・機能的快適性 ……………………………………… 130
b. 心理的・社会的快適性 ……………………………………… 134

5. 衣服の取り扱い ………………………………………………… 136

5.1 衣服の洗浄 …………………………………………………… 136
a. 汚　れ ………………………………………〔柿原文子〕… 136
b. 洗　剤 ………………………………………………………… 138
c. 洗濯法 ………………………………………………………… 141
d. 洗浄による衣服の損傷・劣化 ……………〔福井典代〕… 147
e. すすぎ，脱水，乾燥 ………………………………………… 148
f. 商業洗濯 ……………………………………………………… 150

5.2 仕上げ …………………………………………〔柿原文子〕… 153
a. 漂白，増白 …………………………………………………… 153
b. しみ抜き ……………………………………………………… 154
c. 仕上げ ………………………………………………………… 155

5.3 衣服の手入れと保管 …………………………〔福井典代〕… 158
a. 着用後の手入れ ……………………………………………… 158

b． 保管中の損傷・劣化 …………………………………… 158
　　c． 保　　管 …………………………………………………… 161

6. 衣服の消費と環境 …………………………………〔青木千賀子〕… 163
　6.1　衣服の消費 ………………………………………………… 163
　　a． 繊維製品の消費者要求性能 …………………………… 163
　　b． 繊維製品と表示 ………………………………………… 166
　　c． 繊維製品とクレーム …………………………………… 171
　6.2　繊維製品と社会環境 ……………………………………… 173
　　a． 繊維製品の生産と消費の動向 ………………………… 173
　　b． 衣服の購入と廃棄 ……………………………………… 174
　　c． 衣服とリサイクル ……………………………………… 176

付録：SI 単位 ……………………………………………………… 178
参 考 図 書 ………………………………………………………… 180
索　　引 …………………………………………………………… 185

1

衣服の起源と役割

1.1 人間と衣服

a. 衣服の起源

　あらゆる動物のなかで，自ら衣服をまとうのは人間だけである．いまから5〜10万年くらい前，地球が第4氷河期の寒冷期にあたっていたころ，ヨーロッパ中央部にいたネアンデルタール人（旧人）が，寒さに耐えかねて毛皮を着たのではないかといわれている．私たちの人類の直系の祖先であるクロマニョン人（新人）の洞窟画（フランコ・カンタブリア地方：フランス西南部からスペイン北海岸）の人物は獣皮衣らしきものを身につけている．

　縄文時代早期の線刻小岩偶（図1.1）は乳房を出した女性のように見える．胴部に帯状の1本の沈線と数条の鋸歯状の沈線が見られ，紐や腰蓑のような衣服と思われる．

　熱帯雨林地帯の樹上に暮らすインドネシア・イリアンジャヤのコロアイ族の男性は，いまでも藤の腰紐だけをして，前は露出したままである．女性はつる草をさいた腰蓑をつけ，たから貝のネックレスをしている．マレー・インドネシア語で腰紐のことを「カイン（衣）バルツ（巻く・繃帯）」という．Kain barut ということは腰紐が「カイン（衣）」と観念づけられることを表しているから，かつては紐が衣であったともいわれる．

　弥生時代は紀元前3世紀から紀元後3世紀ごろの間とされているが，この時代の文化を知る資料に，中国で著された『魏志倭人伝』がある．

　　　男子は皆露介し，木綿を以て頭に招く．其の衣は横幅にして，但し結束して相連ね，略縫うこと無し．婦人は被髪屈介し，衣を作ること単被の如く，

図1.1 線刻小岩偶（左：慶應義塾大学所蔵，右：文化庁所蔵）

図1.2 伝香川県内出土銅鐸（東京国立博物館所蔵）

其の中央を穿ちて頭を貫きて之を衣る

単被とは「ひとえ着」のことで，その貫頭衣の形は，出土織機木片から，当時の織物の最大幅が30 cm前後であることを考えると，小幅の布2枚を用いて，頭を入れる部分と腕の部分だけ縫わないで開けた上衣であると考えられる．貫頭衣を現在でも着用しているのは，海南島のリー族のほか，雲南とビルマの国境山岳地帯に住むワ族とタイ・ビルマにいるラワ族，ビルマからタイにかけて20万人ほどもいるカレン族だけである．また，男子の横幅衣はほとんど縫わずに肩から下げたり腰を巻いたりした腰衣ではないかと思われる．

伝香川県内出土銅鐸（前1～1世紀，図1.2）に描かれた人物像の身体は三角形であるが，これは貫頭衣を着用している姿であると思われる．頭を入れる中央の部分を縫わないでおくと，胸と背の両面が開き縦の割れ目が首のところで広がり，袖口は腕のなかほどまで達して逆三角形のように見えたのではないだろうか．2人の女（△頭）が交互に杵で臼をつく三角形の姿のなかにもう一つ小さな三角形があるのは，胸元の開き，背中の開きを表していると考えられる．

b. 衣服の役割
1) 身体保護

衣服には寒さ，暑さから身を護り，また害虫や毒蛇の被害を防ぐ身体保護の役

割がある．一年中の大部分を雪と氷に囲まれた北極地帯に住む人々は，防寒のために動物の毛皮を着る．毛皮を干し，揉んで軟らかにし，鉄の太い針でトナカイの腱を縫い糸にしてつくる．

海洋性の暑さには，腰に布を巻く腰巻衣が着られる．インドのサリー，東南アジアのサロン，タイのパーシンなどである．大陸性の暑さには，腰布型が着られ，古代エジプトの亜麻布でつくられたロインクロスなどはその典型である．砂漠性乾燥気候のところは，烈しい太陽の下で，地上は50℃から60℃になり，湿度も低い．ここでは日差しから護り体内の水分の蒸発を防ぐためにも全身をおおわなければならない．サハラ砂漠の原住民のトゥアレグ族は，砂漠の黄色い砂丘のなかで，目のさめるような藍色の衣服で全身を包んでいる．

このように，衣服における身体保護の役割は，気候風土と大きな関わりをもっていて，現在でも多かれ少なかれ基本的なものである．

2) 呪術

衣服は，悪い霊や病気，危険から身を護るための護符という呪術の役割もあるだろう．奈良，天理市の清水風遺跡で見つかったシャーマンの線刻画は，鳥の面をかぶり，左側が三角形（鋸歯文），右側は斜格子の文様の羽状の袖を広げている．鳥は神が天から降臨するときの乗り物であるということに対する信仰から，シャーマンも袖の羽をつけて鳥に変装したのである．今日でも縁起をかついだり，願い事がかなうように特別な衣服を身につけることがなされている．

3) 身分・職業

衣服はそれを着る人の身分や立場，職業などを表す．古代エジプトの男子は腰布を着用していたが，身分の高い人は長めの腰布を着用したり，三角形のエプロン状の垂れ飾りをつけたりして，一般人の衣服とは区別した．

現在でも職業を示す衣服や学校の制服など，さまざまな形で用いられている．

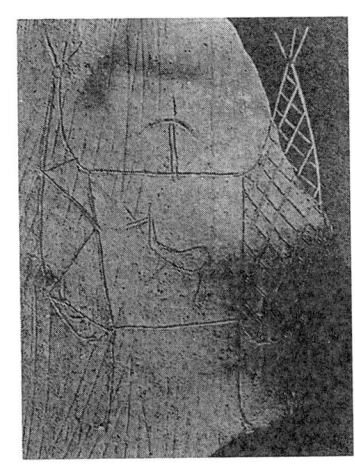

図1.3 線刻画（奈良県天理市の清水風遺跡，奈良県立橿原考古学研究所所蔵）

4) 思想・信条

　思想や信条を表す衣服も数多くみられる．インド独立の父ともよばれるガンジーは，三つ揃いのスーツ姿から，手織り綿布（カディ）の腰布（ドーティ）と肩掛けだけを身にまとった姿になったが，これはイギリスの工業製品（その代表が工場製綿布）やイギリスの体制への抵抗のシンボルであった．

　1999年5月，スペインでは市長に対してモニュメントをつくることを抗議するために，仮面をかぶってデモをしたのである．

　このような衣服に託したさまざまな思想は，人々に多くのことを訴えている．

5) 自己表現

　人は誰でも自分をよく見せたいという願望がある．これは，衣服において他人と異なった装いをすることで自己を表現しようとする試みである．これはしばしば新しい自分になりたい変身願望でもある．また，他人と同じ衣服を着ることで，仲間意識をもつ，という現象もある．マスメディアの発達によってさまざまな情報がすばやく伝わり，流行の衣服があっという間に広まっていく．これは，自己の表現からはじまってグループによる仲間意識を表すが，やがては流行の大きな流れに巻き込まれていくのである．

1.2　衣　服　の　形

a．衣服の類型

　衣服は時代・地域・民族の違いによって，実にさまざまなものが着用されているが，それらを基本的な型によって分類すると3種類に大きく分けられる．

1) 懸衣（かけぎぬ）・巻き衣

　身体にあわせて特別に裁断したり縫ったりすることなく，布のままの状態で身体に懸けたり巻いたりして衣服とするもので，布で身体をおおって肩のところでとめたり，片手を出して長い布を身体に巻きつけたり，下半身にのみ巻きつけるなどの形式がある．貫頭衣の形式も長方形の布の中央に穴をあけて頭を通し肩から身体の前後に垂れ下げるだけなのでこれに属すると考えられているが，穴があるので貫頭衣を別にして4類型に分ける説もある．

　代表的な衣服としては，古代エジプトの男子用腰衣のシェンティ（図1.4），

図1.4 シェンティ：供物を運ぶ男たち，エジプト古王国時代（前2400年ごろ），イドゥトの墓浮彫り

図1.5 ペプロス：沈思のアテナ，前470年ごろ，アテネ，アクロポリス美術館

図1.6 トガ＋トゥニカ：アウグストゥス像，紀元前後，ローマ，ローマ国立博物館

古代ギリシアのペプロス（図1.5），キトン，ヒマチオン，古代ローマのトガ（図1.6），『魏志倭人伝』に登場する日本の横幅の衣などの古代の衣服があるが，現代においてもインドのサリーをはじめとして東南アジアやアフリカ諸国の民族衣裳として残っている．また，貫頭衣形式も中南米のポンチョなどの民族衣裳として現在も着られている．

この型では平面的な布を立体的な身体にまといつけるので多くのひだを生じ，着装の仕方によって，1枚の布が美的に非常に優れた衣服にも威厳や格式のある衣服にもなるため，着用に際してはさまざまな工夫もされている．

2) 寛衣

カフタン型ともいわれ，大きくゆったりした開放的な全身衣で，身体の形にこだわらない直線裁ちの平面的なものが多い．古代ペルシアのメディア服やビザンティンのダルマティカのようなかぶって着る形式（図1.7）と，アラビアやトルコなどで着用されたカフタンのような前開き形式のものがあるが，いずれも袖口は大きく開き身幅が広くて丈は長い．大きくつくられるために表面装飾の格好の

図1.7 トゥニカ＋マント（パルダメントゥム），ダルマティカ：ユスティニアヌス帝と従者たち，547年，ラヴェンナ，聖ヴィターレ教会

図1.8 インド更紗の小袖 桜狩遊楽図屏風，17世紀中ごろ，ブルックリン美術館

場となるとともに，それ自体でも儀礼的で威厳を示す衣服となり，キリスト教の司祭の衣服や裁判官の職務服などとして今日も受け継がれている．日本の平安時代以降の男子の袍や女子の桂，近世以降の小袖すなわち今日の「着物」もこれにあたる．しかし，小袖においては着装の仕方の微妙な違いが，着用後の印象を大きく変える点では，むしろ第一の型のものと類似した性格ももっているといえる．

なお，本来は巻き衣用に両端に鋸歯状文様（ギザギザの模様）をつけたと思われるインド更紗が，日本においてはその文様を裾模様として生かした小袖になっている例を江戸時代の風俗画などで見ることができる（図1.8）．異なった文化のもとにおいては同じ布でもこのように別な型の衣服となるのであり，衣服の類型の相違はそれぞれの布の材質や装飾の相違を意味するものではない．

3) 窄衣（さくい）

身体の形に沿うようにつくられる衣服で，体形型，密着衣型などともいわれ，立体的な身体にあわせるために曲線裁ちが多く，シャツ型の一部式の全身着と上下二部式とがある．一部式のものは，古代社会での基本的な衣服の一つで，代表的なものとしては細い袖のついた古代ローマのトゥニカ（tunica）がある．これ

はその後もチュニック（tunic）として存続している衣服であるため，この形式をチュニック型ともいう．上下二部式のものは上衣とズボンや上衣とスカートなどの組み合わせであり，ヨーロッパでは近世以降一般的に見られる衣服となった．現代においてはこの型の衣服である「洋服」が地域・文化・民族の枠をこえて着用され，世界中がしだいにこの型に単一化されつつある．

日本においては，古墳出土の埴輪に上下二部式の衣服の例が見られる．男子は細い筒袖で腰丈の上衣にズボン状の袴，女子は男子と同様の上衣にスカート状の裳をつけており，中国大陸の北方騎馬民族の衣服の影響が見られる衣服であるともいわれている．

この型の衣服では，威厳や格式を示そうとしたり，立体的な身体の特徴をより明確に美的に表現しようとすると，強調・誇張・変形を生じやすい．その結果，極端に肩幅を誇張したり，胸に詰め物をしたり，ドレスの裾を長くひくなどの身体とかけ離れた形を生みだしたり，時には身体に苦痛を強いるものも美的な衣服として現れた．例えば，16世紀以降のヨーロッパの女子服においては，胴部をコルセットで極端に細く締め，スカート部分は輪骨などの入ったペチコートで大きく膨らませたスタイルが繰り返し流行した（図1.9）．そのようなペチコートの代表的なものとしては16, 17世紀のヴェルチュガダン，18世紀のパニエ，19世紀半ば以降のクリノリンなどがあり，19世紀末には後腰のみを膨らませる腰当てのバッスルが登場した．また，ウエストラインを上下させて上半身と下半身の長さのバランスを変えることで，シルエットを変化させることもたびたび行われている．

b. 形の表現

衣服の表現を考えるうえで衣服の形は重要であり，なかには異なる類型の衣服でありながら同じような形の表現をしているものや，同じ目的のために異なった形の表現をしているものもある．その顕著な例を取りあげてみる．

1) プリーツの展開

古代ギリシアのペプロスやキトンは，1枚の布で身体の前後をおおい上端の左右を肩のところでとめる衣服で，着装時にはさまざまな流れるようなドレープを生じ，その起伏によって着る人の肉体をより美しく表現することも可能にして

図1.9 ディエゴ・ベラスケス：マルガリータ王女, 1660年, マドリード, プラド美術館

図1.10 シュミーズドレス "La Belle Assemblée" 1806年7月号口絵, 日本女子大学

いる．

　一方，18世紀末から19世紀初頭にヨーロッパで流行したシュミーズドレスは，古代風ローブともいわれたように，古代ギリシア・ローマの美を理想として装飾を拒否した衣服であり，コルセットやペチコートの拘束から身体を解放し新しい美意識と価値観を生みだした（図1.10）．しかし，あくまでも体形にあわせて立体的に裁断された衣服であり，その素材としては，イギリスの産業革命による紡績産業の機械化によって量産された薄地木綿のモスリンが広く用いられたのである．

　20世紀初頭にもコルセットを取り去り古代ギリシア風の自然な身体の美しさを追求する動きが起こったが，マドレーヌ・ヴィオネは布をバイアスに使うことで，身体の形状をより強調して表現しようとし，マリアーノ・フォルチュニーのプリーツドレス「デルフォス」は，身体に沿って開くプリーツを全体に施すことで，微妙な肉体の曲線の美しさを追求したものである．

2) 表面の装飾

　懸衣型のマントや寛衣型の衣服は，身体の形や動きにあまり左右されない広い表面をもつために，装飾的な表現の格好の場となりさまざまな技法を用いた装飾

1.2 衣服の形

図1.11 酒井抱一：白地梅樹模様描絵小袖，19世紀，国立歴史民俗博物館

図1.12 スラッシュ入りの上衣，ジャン・クルーエ：フランソワ1世，1535年ごろ，パリ，ルーヴル美術館

が施されることが多い．とくに小袖においては近世以降の数百年にわたって，欧米の衣服に見られるような基本的な形の変化があまりなかったために，もっぱらその表面に施す色彩や文様に変化を求めようとした．そのなかにはさまざまな絵画的装飾を施されたものもあるが，それは絵画のように飾って鑑賞するだけのものではなく，あくまでも身体に着装され，身体の動きに対応するものなのである（図1.11）．

一方，窄衣型の衣服の多くにおいては，平面的な文様表現よりも立体的な形の変化によって衣服表面の装飾目的を達成しようとした．その例としては，ヨーロッパ近世の衣服に割れ目を入れて下の衣服を見せるスラッシュという装飾法（図1.12），ラフとよばれる襞襟，襟ぐり・裾・袖口などにつけられたフリルの縁飾り，あるいは19世紀前半の女子服で本来の袖の上にしばしば重ねられた短袖のマンシュロンや肩飾りのエポーレットなどもある．

1.3 衣服の色彩

a. 色　名

　衣服はまず色彩で認識され区別されるのであり，衣服が与える印象のなかで色彩の果たす役割はきわめて大きく，着る人の衣服の好みを端的に表すとともに，その人の位置づけまですることがある．また，衣服にどのような色が用いられるかということには，着る人の性格や考え方などが反映されていると同時に，その衣服を成立させている社会や歴史や風土も関わっているのである．

　近代物理学は数字によって色の表示を行うことを可能にした．しかし四季が明確な日本においては，古くから季節の推移は四季の草花をはじめとする身の回りの自然の変化として把握され，色名もそれを反映するものとして，抽象化されずに，桜色，桃色，藤色，牡丹色，山吹色，若草色，鶯色，鴇色，鳶色，鼠色というように身の回りの風物の色のままにつけられていた．

　一方，17世紀から18世紀にかけてのフランスでは，軟らかくて鈍い色調のさまざまな流行色の命名にあたって，陽気な未亡人，悲しげな女友達，病めるスペイン人，毒を盛られた猿，しゃれ男の内臓，修道女の腹，妖精の太股，道路のゴミ，ロンドンの煙などと，日本の色名とはまったく異なり，身の回りの自然の変化には無頓着に，非常に人間臭い名称をつけて楽しんでいた例が見られる．

b. 色彩の表現と意味

　色彩の象徴する意味内容は，地域・文化・時代によって異なり，ある文化・時代において喜ばれた色が別の文化・時代においてはまったく異なった受けとめ方をされることもある．例えば，中国古代においては，東－春－青，南－夏－赤，西－秋－白，北－冬－黒という風に，方位と季節，色とが結びつけて考えられていた．一方，ビザンチンではキリスト教と結びついて，金色は富と権威，白は純潔，青は神聖，赤は神の愛，紫は威厳などの意味をもって使われ，その後もずっとヨーロッパの服飾に影響を与え続け，今日においても白は花嫁のウエディングドレスの色とされている．しかし，黄色が日の光の色とされ実りの豊かさを意味する反面，キリストを裏切ったユダの衣服の色として最下等の色とされ忌み嫌われたり，純潔や潔白を表す白も地域と時代によっては喪の色であった．日本でも

婚礼衣裳の重ねの白い下着を結婚後に喪服として用いている例が，明治時代以降にも見られたのである．

　服装によって身分を表す制度は世界の多くの文化のなかで，古くから行われているが，そこでは，色彩が序列を示すのに重要な役割をもっている．地中海地域においては古代から深紅が王者の色とされていたし，フランスでは15世紀に赤色は権威の印として定着し，国家の最高官僚の服色に制度化されていた．また，フランス革命時には，自由・平等・博愛という革命のモットーが赤・白・青の3色で象徴された．日本でも推古11（603）年の冠位十二階の制では12の位階を冠の色で区別し，衣服の色も当色と定めている．

　ところで，平安時代の重ね（襲）色目においては，1枚の衣服の表と裏，あるいは何枚も重ね着した衣服の色の組み合わせを蘇芳，縹などの染色名や紅梅，桜，藤のように四季の草花などにちなんでよんでいる．

　『枕草子』にその例をいくつか見ていくと，

　　　おもしろくさきたる櫻をながく折りて，おほきなる瓶にさしたるこそをか
　　　しけれ．櫻の直衣に出袿して，…そこちかくゐて物などうちいひたる，いと
　　　をかし．（4段）

というように桜の花を花瓶に飾ったかたわらで，表・白，裏・紅や紫の配色の桜の重ね色目の直衣を着ているのであり，裏地の紅や紫が白い表地を透すとき，衣服全体が桜の花の色と一体化しているのである．また，次の例では，白と青の卯の花の重ね色目から，ほととぎすにまで思いをめぐらしているのである．

　　　扇よりはじめ，青朽葉どものいとをかしう見ゆるに，所の衆の，青色に白
　　　襲をけしきばかりひきかけたるは，卯の花の垣根ちかうおぼえて，ほととぎ
　　　すもかげにかくれぬべくぞ見ゆるかし．（222段）

このように衣服は重ね色目によっても，季節の風情と一体化してとらえられているのであるが，あくまでも自然の変化と合致しているから好ましいのであって，

　　　すさまじきもの　晝ほゆる犬．春の網代．三四月の紅梅の衣．…（25段）

というように，梅の花の咲く時期が過ぎても紅梅の重ね色目の衣服を着ているような季節外れなことは嫌われたのである．したがって，基本的な色の組み合わせの場合は，先の例の卯の花の配色が，春には柳，秋には白菊というように，同一の配色でも季節によって異なる名称でよばれていたのである．

また，江戸後期には江戸町人風の「いき」の美意識が成立し，地味な色合いのなかにわずかな華やかさを反映させた藍鼠，紅かけ鼠，銀鼠，海松茶，藍海松茶，路考茶，鶸茶などの，藍，茶，鼠系統の色の微妙な味わいの小紋や縞が追求された（図 1.13）．小紋はきわめて小さい文様のために遠目には無地に見えるが，近づくと繊細な図柄が見て取れるというまさに粋な型染であり，江戸初期ごろは武士の式服としての裃に用いられていたが，江戸中期ごろから女性の振袖などにも用いられるようになった．縞は嶋とか嶋渡りともいわれ，文字どおり遠い島から渡来した織物を指す言葉であった．桟留縞，弁柄縞などのインドの積出港の名称をつけた縞をはじめとして，藍や赤の人目を引くような経縞(たて)がもたらされると，国内でも盛んに生産されるようになり，一見地味に見えて洒落た感性がしのばれる粋な縞は江戸の人々に好まれた．また，このような小紋の振袖の裏に真っ赤な紅絹をつけたり，渋い桟留縞（唐桟）の裏に鮮やかな更紗をつけるようなこともしばしば行われ，身体の動きによってわずかに見える裏地の色や文様を楽しんだのである．

図 1.13 鳥文斎栄之：青楼芸者撰，いつ花，18 世紀末，東京国立博物館

図 1.14 染分縮緬地京名所模様友禅染小袖，18 世紀，国立歴史民俗博物館

1.4 衣服の文様

a. 文様の表現と技法

　衣服の文様は形態感を強めたり一種の雰囲気をつくりだす効果があり，人々の目をそこにより強く引きつけたり印象づけたりする働きをする．

　日本の場合を例に取ると，古墳から出土した女子の埴輪の上着には，今日青海波とよんでいる同心の半円を積み重ねた文様が描かれており，文様が古くから存在していたことがわかる．

　文様を表現するためには，織，染，刺繡，摺箔(すりはく)，描絵(かきえ)，切り付け（アップリケ），切りばめ，縫い合わせ（パッチワーク）など多様な技法が用いられた．

　織はたて糸とよこ糸の組み合わせで文様を表現するもので，染めた糸で文様と色彩を織りだすので先染ともいわれ，錦のようなたて糸やよこ糸に多色の糸を用いて文様を表現する多色の織物，綾のような織の組織を変えることで文様を表現する単色の織物，綴のような色糸の織り込みによるものなどがある．また，織物では地紋のような比較的簡単な文様の連続や単位の文様の繰り返しが容易であり，縞や格子，絣などはたて糸とよこ糸の組み合わせそのものが文様となっているのである．

　染は無地の布を織ってから，そこに文様を染めだすので後染ともいわれ，すでに古代に，蠟防染によって模様を染め残す﨟纈(ろうけち)，布を畳んで型板に挟み込む板締めの夾纈(きょうけち)，布を括って防染する纐纈(こうけち)の技法が存在していたことを，正倉院の染織遺品から知ることができる．近世においては辻が花染などの絞り染のほか，友禅染などの絵画的な文様染や小紋などの型染も盛んに行われ，匹田絞りにおいては完成された全体の文様の形だけでなく，絞りの工程で生じたしぼの粒がいかにそろって整然と並んでいるかも鑑賞の対象となっていた（図1.14, 1.15）．なお，自然の風物を題材にした文様の場合，織文様に代表されるような図案化や人為的な曲線化がなされると，季節感が薄れてしまうが，染の技法を用いた写生的な文様の場合にはそこに季節感が伴っていることが多い．

　刺繡は縫いともよばれ古くから行われており，小袖では文様全体を刺繡で表現するほかに，金糸，銀糸などの金属糸や紅などの色糸を用いて，染のなかにアクセント的に施すことも多い．摺箔は薄くのばした金箔や銀箔を布に貼りつけて文

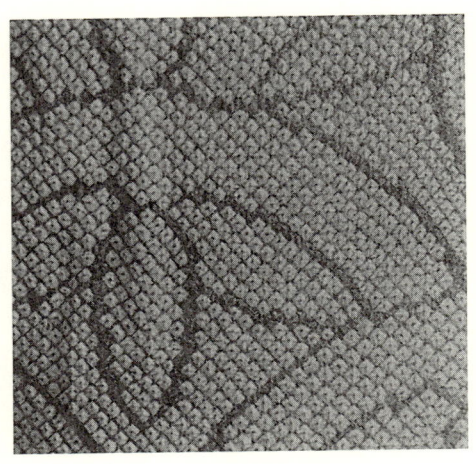

図1.15　紅地雪持笹模様匹田絞小袖，（左）全体図，（右）拡大図，17世紀，東京国立博物館

様を表すもので，小袖には摺箔によって文様自体を表現しているものと，繡箔といって刺繡の文様に対する地の部分を摺箔で埋めているものとがある．

　描絵は布に直接筆で文様を描くもので，正倉院裂のなかにも見られる初歩的な文様の表現法だが，江戸時代には高名な画家が小袖をキャンバス代わりにして描いた作例が残存している．

　切り付けは布地の上に別な布を縫いつけて文様を表し，切り嵌めは布地の一部分を切り取り，そこに別な布をはめ込んで縫いつけて文様を表すもので，地の厚い羅紗の陣羽織の家紋や文様の表現にこれらの技法を用いた例が見られる．

b．文様の意味

　衣服の文様においても，色彩の場合と同様に特別な意味をもつものがある．

　例えば，ヨーロッパの初期キリスト教文化のなかにおいては，鳩が聖霊や死者の魂を，孔雀が不滅を，鹿や子羊が信徒を，魚が聖餐やキリストを，十字や葡萄がキリストを意味し，また，古代から純潔や清浄の象徴とされていた百合の花は，中世以降は聖母マリアの純潔性の象徴として表現されるなど，宗教的な意味をもっている図形や動植物文様が多く存在する．

　日本の文様においても，松竹梅は単に3種類の植物文様というだけでなく吉祥

の意味をもっており，亀甲形も単なる六角形ではなく亀，すなわち長寿を連想させる吉祥文様である．この他にも吉祥文様としては，宝尽くし，四君子（蘭・竹・梅・菊），鶴亀，鳳凰，熨斗などがあり，これらは着る人の幸せや長寿の願いを込めて用いられている．また，菱形と対角線の組み合わせからなる図形の文様が麻の葉とよばれ，産着や乳幼児の衣服に好んで用いられているが，これも麻の葉という名称から真っすぐに育つ植物の麻にあやかり，丈夫ですくすくと育つようにとの願いが込められているのである．しかし，浅葱色の鹿の子絞りの麻の葉文様は江戸後期の歌舞伎役者五代目岩井半四郎が舞台衣裳に用いて流行して以来，半四郎鹿の子とよばれ，麻の葉とは別な雰囲気を漂わせる文様として女性に好まれ，2種類の色の正方形を互い違いに並べた石畳文も，江戸中期の歌舞伎役者，佐野川市松にちなみ市松文様とよばれ今日にいたっている（図1.16）．

なお，小袖においては，季節や自然との関わりは重ね色目の衣服の配色による抽象的なものから，より具体的・直接的なものへと変化していき，季節感豊かな自然の風情を描いた文様は，単に草花を描いたというだけではなく，着装する人が周囲の自然のなかに溶け込み，その一部になり，見る者の自然感情に訴えるものとなっているのである．

さらに，古典文学や謡曲，故事，ことわざなどを題材にした文様では，雅びな王朝風の雰囲気をかもしだすと同時に，文様が文学的な意味をもっており，とくに江戸時代にはかなりひねった文様も考案されて，文様の意味を理解するのに文学的な素養など特別な知識や教養が要求されるものも多い．

例えば『伊勢物語』には「…八橋といひける．…その沢に，杜若いと面白く咲きたり」と書かれており，八橋に杜若の文様からは『伊勢物語』が連想される．ところが，江戸時代の小袖のデザインブックである雛形本には「若紫の模様」として杜若が描かれている．そこで謡曲『杜若』を見ていくと，「三河の国に着きしかば　ここぞ名にある八橋の沢辺に匂ふ杜若　花紫のゆかりなれば…」という一節がある．一方，紫のゆかりとは『源氏物語』で紫の上や，その紫の上のことを書いた若紫の巻以下のことを指すことばとして一般化していた．したがって，ここでは杜若は謡曲をもふまえて，『伊勢物語』だけでなく『源氏物語』の若紫の巻や紫の上をも意味するひとひねりした文様となっているのである（図1.17）．

図1.16 (上)麻の葉文様，(下)石畳（市松）文様

図1.17 若紫の模様，『源氏ひなかた』，1687年

1.5 現代日本人の衣生活

a. 和　　服

　平安時代，寛衣の大袖の下に着る筒袖の衣服は，小さな袖「小袖」とよばれた．小袖は貫頭衣を前開きにした形で小さな袖がついたもので，庶民にとっては表着であった．しかし，公家装束においては内衣でしかなかった．政権が鎌倉に移ると，しだいに武家の女房たちは，袿の代わりに小袖を重ねて着るようになった．やがて袖丈が少しづつ長くなり，裾がのびていって，色や文様がしだいに華やかになっていき，打掛の小袖が正式なものとなった．

　江戸時代初期には，細い帯を腰の低いところに締め，対丈で身幅の広い小袖をゆったりと着ていたが，「吉弥結び」が流行した元禄のころから帯幅がだんだん広くなり，身丈も長くなった．袖幅や身丈，身幅がしだいに変化したが，小袖が今日の和服のような形になったのは，江戸後期・文化文政期であった．

　明治になって，ヨーロッパ文化が入ってくると，男性は官吏の職業服など公的な服装は洋服となったが，日常着には相変わらず和服が用いられていた．また，女性は，明治16年の鹿鳴館開設に伴って洋装が奨励されたが，一部の上流階級

のみにとどまり，大正から昭和初期に働く女性とともに洋装がしだいに増えていったが，やはり衣生活の中心は和服であった．

今日，和服は茶道，華道，礼法などの伝統文化のなかや，冠婚葬祭のときの振袖，留袖，訪問着といったフォーマルな分野で着られている（図1.18）．しかし，日常の衣生活では，「一人で着られない，着ていく場所がない，機能的でない，約束ごと決まりごとが多すぎる．価格が高すぎる」等々の理由から，着ている人が少ない．

安土桃山時代の阿国の念仏踊りの絵には，はちきれるような開放感がある．夢二が撮った写真の着物の女性などは，着物をさらっとなよやかに着ている．戦後に定着した着方だけでなく，もっと広い着物史のなかから現代にマッチした着方を見つけてもいい．洋装の世界は和装のすばらしさを貪欲なまでに取り入れている．三宅一生は，素材に染め，刺し子，紬の生地など日本的なものをたくさん取り入れている．また平面的な形の布でデザインを組み立てている．

着物は，直線でできているシンプルなデザインであるが，それをどう着こなすかによって，いろいろな人間の表情を表すことができる．また，着物はたためるので，収納しやすく，持ち運びに便利である．フリーサイズでもあるが，洗濯がむずかしい．絹という素材へのこだわりが，フォーマルで高額な着物ばかりを生

図1.18 成人式の和服姿，1999年

図1.19 若者たち，1999年

みだしてきた．洋服におけるファッションは，徹底したカジュアル化の傾向にある．文化としての和服をきちんと残すことはたいせつであるが，もう少しシンプルにカジュアル化のなかで和服を考えてもいい．1999 年，若者の間で古着のお洒落が定着し，古着を量り売りしている店もある．アメリカ・アーミッシュの人々は，パッチワークで布を再生させるが，和服のきれ遊びを楽しんだり，古いものと新しいものをミックスさせたりすることもできる．生活のなかに着物が溶け込んで，楽しみながら着こなす，和洋融合ファッションの創造の時代である．

b．洋　　服

　第二次世界大戦の間に，国民服，標準服の制定がなされ，必要にせまられて洋服の機能性に気がついたのである．戦後はアメリカ文化の影響により，急速に洋装が普及した．

　やがて 1967 年 10 月，東京羽田空港のタラップに，英国人の少女が降り立った．ツイッギー（小枝）とよばれていた少女の訪れは，ミニスカートブームに火をつけた．高度経済成長期が安定期に入っていたこの年の「国民生活白書」は，東京の主婦の 50% が初めて中流意識をもったことを告げている．消費志向の時代であった．1964 年に東京オリンピックと東海道新幹線の開通，1966 年にはビートルズの来日公演と社会的変動のなかでミニの流行が生まれた．

　1969 年 10 月，訪米の途についた佐藤栄作首相の寛子夫人（当時 62 歳）は，ミニをはいて注目された．1971 年ごろには銀行やミッションスクールの制服までがミニを導入し，若者から壮年層までの，年齢をこえた流行であった．大人の価値観から生まれていた文化や風俗の主導権を若者が握ったのである．カジュアル化をスローガンにあげた，若者を対象とした大衆ファッションの時代であった．

　1972 年にパンタロンが大流行し，1973 年に始まった石油ショックが，ミニを支えてきた大衆消費社会にブレーキをかける．石油ショックによる不況が深刻なころ，高田賢三（ケンゾー）の「ビックファッション」があっという間に広まる．1970 年に『アンアン』が創刊され，「ルイ・ヴィトン」など世界の一流ブランド品が紹介された．ミニの時代にファッションセンスに目覚めた女性たち，トレンド情報でお洒落を楽しんだ若者たちは，高度化，高質化を求めるようにな

り，流行に左右されなくなった．

多様化の 1970 年代を経て，1980 年代は着こなしの時代といわれた．どのような雰囲気で，どのようなものを着て，いかに楽しむかが重要となった．1983 年，エースデザイナーたちによる DC ブランドブームが起きる．男たちは女性のライフスタイルや感性を，気軽に取り入れた．1984 年，ボディコンシャスが流行したのも，その反動で，肉体というメディアを通じて自己を，女を表現しようとしたのかもしれない．

1980 年代の終わりになると DC ブランドに親しんだ若者が成長してアダルト志向になり，円高のおかげで上等な服に手が届くようになり，インポートブームが生じる．シャネル，アルマーニとシンプルで本物志向を満足させるものに人気があった．物をだんだんとクラスアップすることで，ふさわしいライフスタイルの実現となると錯覚していた．頂点にきた物質的豊かさの象徴であった．

1985 年に始まったといわれるバブルの崩壊，1991 年からの不況という社会現象のなかで，モノをたいせつに使いたいという心が生まれた．地球温暖化問題，廃棄物問題などは，生活者に地球や宇宙という存在に関心をもたせた．1999 年の流行はシンプル，モノクロであるというが，21 世紀の衣生活は，生活文化と環境と経済の融合が求められるであろう．

おりしも，1999 年 5 月 29 日東京・臨界副都心で開かれた「東京モード・ブレス '99」は，洋服だけを主役としない，過去にないファッションショーであった．壁面一杯に映し出される林や森，詩の朗読，踊り，フルートやバイオリンの演奏を融合させることで，美しさ，やすらぎに浸らせ，「21 世紀は心の時代」というメッセージを残した．

2
衣服の素材

2.1 繊　　維

　衣服を構成する主要な材料は布であり，布のなかでとくに織物と編物（ニット，メリヤス）は重要な位置を占めている．この両者は，糸を製織，製編して製造される布であるが，このとき使用される糸は繊維を集束してつくられたものである．したがって衣服を構成する基本的材料は，繊維ということになる．ここではこのような繊維に関する基礎的事項とその種類や性質について学ぶことにしよう．

a. 繊維の分類と特徴
1) 繊維の分類

　繊維（fiber）には，図2.1のような種類がある．繊維は大きく天然繊維と化学繊維に分類できる．化学繊維は，さらに再生繊維，半合成繊維，合成繊維に分類できる．衣料用繊維としては用いられないが，化学繊維にはこの他に産業用途の無機繊維もある．

　天然繊維は，最も衣料用繊維としての歴史が古く，天然に存在する繊維を利用するものである．天然繊維には，主として植物繊維と動物繊維がある．

　化学繊維は，人の手によってつくりだされる繊維であって，一般的には繊維原料を溶解し，細孔（ノズル）から吐出して（これを紡糸という），繊維化するものをいう．そのなかで，原料に天然素材を使用し，それに化学的な処理を施して溶解・紡糸して，もとの素材に再生する繊維を再生繊維という．これに対して，天然の素材を使用するのであるが，最終的に天然素材の誘導体になっている繊維

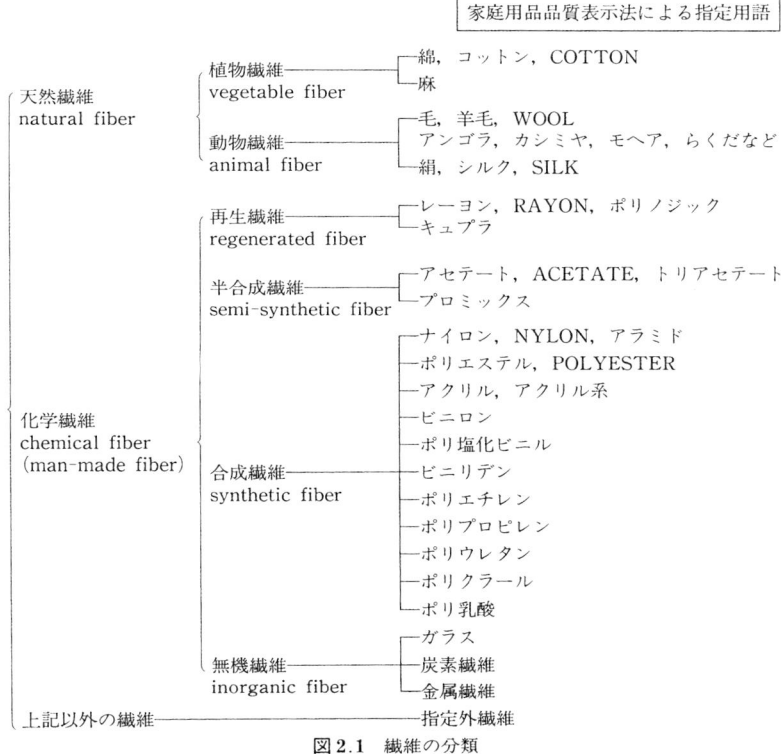

図 2.1　繊維の分類

を半合成繊維という．さらに主として石油原料から天然には存在しない素材を合成することによりつくられる繊維を合成繊維という．

2) 繊維の概括的特徴

上述のように繊維には多くの種類があるが，繊維とは基本的にどのようなものかを最初に説明しておこう．

まず繊維は，形態的に細くて長い形状をしたものである．この細さの程度は，例えば天然繊維の綿であれば，$15\,\mu m$ 前後，メリノ羊毛で $15 \sim 20\,\mu m$ 程度であり，目で感知できないほどではないが，きわめて細く，そして長さは太さの数千倍以上ある．そして実用的な繊維は，ある程度以上の強さと適度な伸びを備えていることが要求される．

このような繊維に共通する特徴を次にまとめてみよう．

i) 繊維を構成する分子は鎖状高分子である　　一般に繊維を構成する分子は，分子量がきわめて高い．すなわち高分子（macromolecule）であるが，ただ分子量が高いだけでなく，比較的簡単な構造の低分子，すなわち単量体（monomer）が，多数規則的に鎖状になって連なった重合体（polymer）である．この単量体の繰り返し数を重合度という．高分子の性質として，重合度は各分子ごとに一定ではなく，ばらつきをもっている．このような性質を多分子性（multimolecularity）という．したがって高分子の場合には，重合度，分子量は，いずれも平均値で表すことになる．分子量や分子量分布は，繊維の性質と大きな関係をもっている．実用的な強さをもつ繊維では，ある程度以上の分子量をもつことが必要になる．

ii) 繊維は結晶領域と非晶領域から成り立つ　　繊維として利用できる鎖状高分子は，結晶化が可能なものでなければならない．このような高分子を結晶性高分子という．結晶（crystalline）とは，分子が規則正しく，緻密に配置している部分である．このような結晶部分（結晶領域）の占める割合を結晶化度（degree of crystallinity）という．繊維において結晶化度が100％ということはありえない．つまり結晶領域とは対象的に，分子が不規則に配置した部分が必ず存在する．このような部分を非晶領域（amorphous region）という．

結晶領域は，繊維の機械的な性質に関していえば，強さ，剛さ（変形しにくさ）などの性能と密接に関係しており，結晶化度が増加するほど，繊維の強さや剛さは大きくなり，伸びは減少する．一方，非晶領域は逆に繊維の強さや剛さを減少させ，変形（伸び）を増大させる働きをする．繊維は実用上，ある程度の強さを要求されるので，結晶部分をもつことは必須であるが，他方でたえず大きな変形も要求されるので，適度に非晶領域をもつことも必要といえる．

結晶，非晶は，繊維の機械的な性質だけでなく，吸湿性や染色性といった性質とも大きな関係をもっている．

iii) 繊維は異方性の物体である　　繊維を構成する分子（すなわち結晶も）は，繊維の軸方向に配向している．例えば化学繊維であれば，製造時にある程度の延伸を加え，分子配列を高めることが必要である．もちろん綿，麻，羊毛，絹のような天然繊維においても，高分子は配列した構造を取っている．繊維高分子は，基本的に分子自体が異方性をもっているので，繊維そのものにも異方性を発

生させることになる．例えば強さは，繊維の長さ方向が最も大きな強さを発揮すると考えられる（もっとも繊維の幅方向の強さを測定することは現実的ではないが，…）．熱の伝導性や光の屈折率なども繊維軸方向と直径方向では異なることが知られている．

b． 各種繊維の特徴

ここでは，図 2.1 で分類された主要な繊維に関して，構造，性質などを具体的に説明しよう．

1） 天然繊維

天然繊維のなかで最も生産量が多く重要な繊維は綿であり，この繊維の生産量は，現時点で合成繊維の全生産量にほぼ匹敵する水準を維持している．衣服材料としては，綿と並んで羊毛は重要であるが，生産量としては綿の 1/10 に満たない．絹，麻の占める比重は低い．

i） 綿　綿（cotton）は，葵科ワタ属の植物の蒴果(さくか)（cotton ball）から得られる種子毛繊維である．この繊維は種子の表皮層から生長した繊維組織であり，成熟して蒴果がはじけると，繊維組織は水分を失い潰形状（リボン状）となり，よりを発生する．このよりは，可紡性（紡績のしやすさ）に寄与する．綿繊維のSEM 写真を図 2.2 に示す．図より綿繊維の形態的な特徴がよく理解できる．

綿は，細く，天然よりが多く，長いほど高級とされている．綿の種類は多いが，海島綿（平均繊維長 46 mm）は超高級綿としてよく知られ，エジプト綿（平均繊維長 41 mm）も品質は高い．このような材料からは細くて強い綿糸を紡績することができる．アップランド綿（平均繊維長 25 mm）は，品質的には中級であるが，生産量が多く，綿製品に広く使用されている．

セルロース

綿繊維の 90% 以上は，セルロース（cellulose）とよばれる物質で，このセル

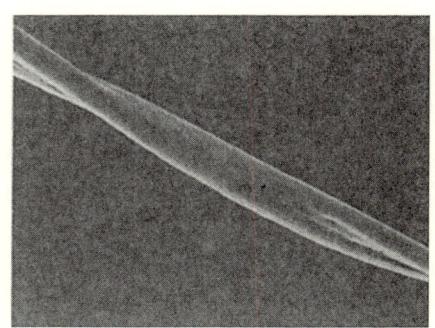
図2.2 綿繊維のSEM写真

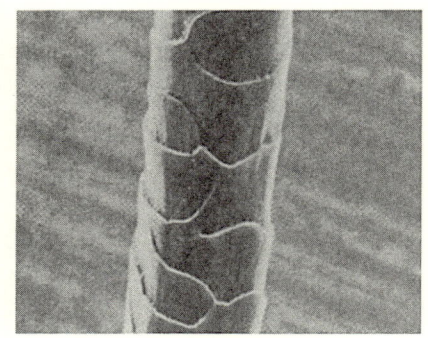
図2.3 羊毛繊維のSEM写真

ロースを構成する最も基本的な単位は，β-グルコース（β-glucose）である．セルロースはβ-グルコースが3000ほど脱水結合（1,4位置で，β-グリコシド結合）して鎖状に連なった構造をしている．

化学構造からわかるように，セルロースはβ-グルコース単位当たり3個の水酸基（ヒドロキシル基）をもっており，また綿繊維の形態的な特徴も寄与して，吸湿性，吸水性に優れた繊維である．このような点から衣料素材としてきわめて重要な位置を占めている．

ii) 麻　麻には，亜麻(flax)，ラミー(ramie)，黄麻（ジュート：jute），大麻(hemp)，マニラ麻（アバカ），サイザル麻などの種類がある．麻は多くが双子葉植物で，茎の表皮の内側にある靭皮とよばれる部分を繊維として利用するが，マニラ麻，サイザル麻などは単子葉植物で，これらの麻では葉脈を繊維として利用する．綿と同様に，繊維の主成分はセルロースであるが，他にリグニン，ペントザン，ペクチンなど，比較的多くの副成分を含んでいる．

麻は，繊維組織の細胞が細胞間組織で膠着しているために，糸にした場合に充填率が高くなり，手触りが一般に粗剛となる．多くの麻は産業用途に使用されるが，衣料用としては夏期の衣服などに用いられる．家庭用品品質表示法では「麻」は亜麻とラミーのみを意味している．これからもわかるように衣料，生活用品は亜麻，ラミーが重要である．このうち亜麻から製品化されたものをリネン(linen)とよんでいる．テーブルクロスなどの麻製品は，使用を繰り返していくうちに，膠着している組織が細分化され，不純物も除去されるので，白くて柔軟な風合いに変化していく．

iii) 羊毛　獣毛繊維としては，現在でも多くの繊維が使用されているが，使用量からみれば大部分が羊毛（wool）である．羊にはきわめて多くの種類があり，繊維の特徴から見れば，長毛種，中毛種，細毛種などに分かれるが，衣料用途としては細毛種が主体である．細毛種は，大部分をメリノ種が占めている．繊維長はメリノ種で8～10 cm程度，長毛種のリンカーン種になると30 cmに及ぶが，その繊維は太く，粗剛である．

羊毛は蛋白質繊維であり，グルタミン酸，セリン，シスチンをはじめ多くのアミノ酸がペプチド結合（-NH・CO-）により連なった高分子である．繊維はバイラテラル構造を形成し，繊維断面はオルソコルテックス，パラコルテックスの2層からなっている．この構造は羊毛の巻縮と関係があり，巻縮した繊維の内側にはパラコルテックスが，外側にはオルソコルテックスが配置する．

羊毛繊維の外観を図2.3に示す．最も特徴的なのは，繊維表面に鱗片（scale）が存在することである．羊毛は蛋白質繊維であるので，親水基（極性基）を多くもつために吸湿性の大きな繊維であるが，一方で繊維表面の鱗片ははっ水性をもっているので，布でははっ水傾向が現れる．また羊毛の織物や編物を石けん液の存在のもとでもみ作用を与えると，鱗片があるため繊維がしだいにからみあっていく，いわゆるフェルト化現象を起こす．この現象は，毛織物の加工に利用されるが，洗濯においては注意しなければならない．

iv) 絹　絹（silk）には家蚕と野蚕があるが，中心は家蚕である．家蚕がつくる繭から繊維を解舒（かいじょ）して繊維を得るので，解舒糸ともいう．家蚕の繭繊維は，長さが1200～1500 mほどあり，天然繊維では唯一フィラメントとして採取される繊維である．原料により真綿，絹紡糸として用いられたり，ちゅう糸などの利用もある．

絹は温湯で煮繭することによりセリシンを軟化させ，繭から繊維を解舒しながら何本かをあわせた糸をつくる．この糸を生糸（きいと）といい，生糸をつくる工程を製糸（silk reeling）という．絹繊維の断面を図2.4に示すが，1本の絹繊維は2本の三角形状をしたフィブロインをセリシンが包むような構造をしている．セリシンは加熱した石けん液で除去することができ，生糸を精練した糸を練糸（ねりいと）という．また生糸のまま製織し，織物の状態で精練することもある．このようなものを練絹（ねりぎぬ）というが，光沢，手触り，絹鳴りなど，絹独特の性質を示す．

図2.4 絹繊維の断面

絹はグリシン，アラニン，セリンなどのアミノ酸がペプチド結合した高分子であり，吸湿性を備えており，染色性も良好である．欠点としては，着用などにおいて湿潤状態で摩擦したりすると繊維がフィブリル化しやすいことである．これをラウジネスといい，とくに明度の低い染色品などでは白化して外観を低下させることがある．絹は和装を中心とした高級品としての使用が多い．

2) 再生繊維

かつては大豆蛋白，ミルク蛋白などを原料とする再生繊維も試みられたことはあったが，現在では再生繊維として大きく実用化されているのは，セルロース系繊維のみである．ただし特殊用途繊維としては，キチン繊維，アルギン酸繊維，コラーゲン繊維などがあり，注目されている．

i) レーヨン ビスコース法により木材パルプを原料として製造される代表的な再生繊維である．セルロースに水酸化ナトリウムと二硫化炭素を作用させるなどの工程を経て粘ちゅうな溶液（ビスコース）とし，これを凝固浴中に紡糸し（湿式紡糸という），もとのセルロースに再生して繊維とする．これをビスコースレーヨン（viscose rayon）といい，普通「レーヨン」といえば，ビスコースレーヨンを指す．

セルロース系の再生繊維であるため，化学構造は綿や麻と同一であるが，強さ，耐薬品性などは，綿，麻より小さく，また吸湿性は大きく，かつ吸水による強さ低下が大きい．これはレーヨンが天然繊維と比較して分子量が大きく低下し，また結晶化度も低くなるためである．このことから製造工程でできるだけ分子量の低下を防ぐ工夫をし，結晶化などにも配慮してつくられる繊維がポリノジックである．レーヨンよりも性質がかなり改良された繊維となる．

ii) キュプラ 綿の種子から取った繊維のうち，そのままでは利用できない短繊維（コットンリンター）を原料とする再生繊維であるが，ビスコース法と異なり，酸化銅アンモニア液（シュワイツァー試薬）にセルロースを溶解し，こ

れを再生してつくられる繊維である．銅アンモニアレーヨン（cuprammonium rayon）とよばれることもある．湿式紡糸の一種である流下緊張紡糸法で，細くて美しい繊維がつくられる．衣料用繊維以外では，人工腎臓としての透析用中空糸にも用途がある．

iii) その他　従来の再生繊維とは異なって，木材パルプを一度溶解し，再び繊維化する「リヨセル」というセルロース系繊維が1988年に英国のコートルズ社により工業化された．その後，多少の経緯を経て，現在はオーストリアのレンチング社が世界最大規模の生産能力を持つに至っている．リヨセルは，精製セルロース繊維とも呼ばれることがあり，繊維製品品質表示規定では指定外繊維として扱われているが，ここで説明することにしよう．

リヨセル（商標：テンセル）は，パルプ原料を N-メチルモルフォリン-N-オキシドに溶解し，繊維化したものであるが，レーヨンと違って化学反応を伴わないため，分子量低下がほとんど起こらない．さらに溶媒系が回収・リサイクルされるので，エコ繊維としても注目されている．湿潤時の強さ低下がない反面，フィブリル化するなどの点が指摘されている．デニム製品を中心として，アウター，寝装品などにも使用されている．

3) 半合成繊維

i) アセテート　アセテート（acetate）はセルロース系の半合成繊維である．β-グルコース単位当たり3個ずつあるヒドロキシル基（-OH）のうち，約80％がアセチル化（酢化）されて$-O \cdot COCH_3$となったものが通常のアセテートである．ヒドロキシル基と比較すると，極性が低下するため，アセトンのような有機溶剤に可溶となる．したがってアセテートは，原料をアセトンに溶解後，熱風中に紡糸し，溶剤を蒸発させる乾式紡糸によって製造される．

一方，セルロースのもつほとんど全部の-OHがアセチル化されたものをとくにトリアセテートとよんでいる．アセテートは絹に似て，光沢や感触もよいが，吸湿性は親水性のヒドロキシル基がアセチル化されるためにレーヨンよりも低下し，また熱可塑性をもつようになる．

ii) プロミックス　プロミックスは，カゼイン蛋白にアクリロニトリルをグラフト重合した繊維である．わが国で工業化された繊維で，カゼインが天然蛋白であるために，半合成繊維に分類される．カゼイン含量は30～60 wt％であ

り，絹に似た風合いと光沢がある．和装品，洋装品などに用いられる．
4) 合成繊維
　現在は，いずれの繊維も石油系原料から製造されている．わが国で最も生産量の多い合成繊維はポリエステルであり，次いでアクリル，ナイロンの順となる．世界規模で見れば，ポリエステル，ナイロン，アクリルの順となるが，いずれにしてもポリエステルの優位性は頭抜けており，ポリエステルだけで合成繊維全体の70％近くに達する．以上の3種類の繊維を三大合成繊維とよんでおり，これだけで合成繊維全体の99％を占めている．

　i) ポリエステル　エチレングリコールとテレフタル酸が重縮合して，エステル結合（$-CO\cdot O-$）により鎖状に連なった合成高分子がポリエチレンテレフタレート（PET）である．

$$n\ HOOC\text{-}\langle\bigcirc\rangle\text{-}COOH + n\ HO(CH_2)_2OH \xrightarrow{\text{重縮合}} \{OC\text{-}\langle\bigcirc\rangle\text{-}COO(CH_2)_2O\}_n + 2n\ H_2O$$

（テレフタル酸）　（エチレングリコール）　　　　　（PET）

エステル結合により連なるので，ポリエステル（polyester）とよばれる．上述のように合成繊維のなかで最もよく使用される重要な繊維であるが，衣料用途だけでなく，産業用途やその他にも広い用途がある．

　ポリエステルは熱可塑性をもち，溶融紡糸（高温で溶融状態にした原料をノズルから吐出し，冷却して繊維化する方法）される．吸湿性には乏しいが，合成繊維としては融点が高く，大きな耐しわ性や熱セット効果をもつため，単独で使用されたり，天然繊維と混用されることも多い．

　合成繊維の原料は基本的に石油であるが，新しいポリエステルとして，再生可能な植物資源（とうもろこし澱粉等）を発酵させて乳酸（$CH_3(OH)COOH$）を作り，これを原料に重縮合して製造される「ポリ乳酸」繊維が開発・商品化されており，注目されている．

　ii) アクリル，アクリル系　アクリロニトリル（$CH_2=CH\cdot CN$）が付加重合して形成された合成高分子をいうが，一般に塩化ビニル（$CH_2=CH\cdot Cl$）を主とする副成分が共重合していることが多い．家庭用品品質表示法ではアクリロニトリルの質量割合が85％以上のものをアクリル（acrylic），その他のもの

(JIS 用語では 85% 未満～35% 以上) をアクリル系（modacrylic）としている．主として湿式紡糸により製造される．

アクリル繊維は，フィラメントもつくられるものの，ステープルが多く，とくに熱に対する収縮性の差を利用して含気率の高い毛糸に似た風合いの糸をつくりだすことができる．このためニットや毛布など羊毛の代用としての用途が多い．

iii) ナイロン　アミド結合（-NH・CO-）により鎖状に連なった合成高分子（ポリアミド）をナイロン（nylon）という．汎用な合成繊維として最も長い歴史をもっている．ナイロンの種類は多いが，広く用いられているのはナイロン 6 とナイロン 66 である．前者は ε-カプロラクタムの開環重合により，後者はヘキサメチレンジアミンとアジピン酸から重縮合して得られる．付随する数字の 6，66 は繰り返し単位に含まれる炭素の数である．

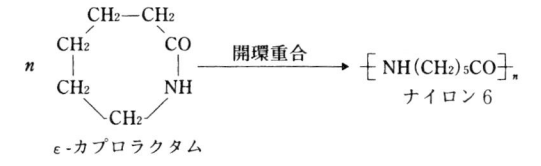

$$n \begin{pmatrix} CH_2-CH_2 \\ CH_2 \quad CO \\ | \quad | \\ CH_2 \quad NH \\ CH_2 \end{pmatrix} \xrightarrow{\text{開環重合}} \{NH(CH_2)_5CO\}_n$$
ε-カプロラクタム　　　　　　　　　　ナイロン 6

$$n\ HOOC(CH_2)_4COOH + n\ H_2N(CH_2)_6NH_2 \xrightarrow{\text{重縮合}}$$
アジピン酸　　　ヘキサメチレンジアミン

$$\{OC(CH_2)_4CONH(CH_2)_6NH\}_n + 2n\ H_2O$$
ナイロン 66

ナイロンは，熱可塑性をもち，溶融紡糸される．合成繊維としては吸湿性があり，染色性もよい．熱セット性もよく，耐しわ性もあるが，白地のものは日光により黄変しやすい．繊維の初期弾性率（ヤング率，p. 32 参照）が小さいために，布にした場合には柔軟な布となる．ナイロン 6 は，融点が 220℃ と 66 よりも 40℃ 低い以外は，性質にあまり差がない．

その他のポリアミド繊維として，分子中に芳香族環を導入したアラミド繊維がある．芳香族環の結合位置によってパラ系とメタ系に分類され，パラ系アラミドは高弾性率で高強度の繊維となり，メタ系アラミドは耐熱性，耐燃焼性に優れている．いずれも産業用繊維として用いられる．

iv) ポリプロピレン　現在，三大合成繊維に次ぐ生産量がある．プロピレン（$CH_2=CH \cdot CH_3$）を付加重合してつくられる鎖状高分子のうち，メチル基の

配置が下記のような規則性をもったアイソタクチックポリプロピレン (isotactic polypropylene) が繊維として用いられる．熱可塑性をもち，溶融紡糸される．

$$\begin{array}{c} \text{H} \quad \text{H} \quad \text{H} \quad \text{H} \\ \cdots\text{C}-\text{C}-\text{C}-\text{C}-\text{C}\cdots \\ \text{CH}_3 \;\; \text{H} \;\; \text{CH}_3 \;\; \text{H} \end{array}$$

アイソタクチックポリプロピレン

ポリエチレンと並んで繊維の密度は低く，強さは大きい．しかし融点はナイロン6よりも低く，吸湿性はなく，染色性もよくないため，産業用途が中心である．

v) ビニロン ビニロン (vinylon) は，わが国で開発された繊維であり，ポリプロピレンに次ぐ生産量がある．原料は親水性高分子のポリビニルアルコールであり，湿式紡糸により繊維化される．これを熱処理すると，結晶化してかなり耐水性が付与されるが，さらに次に示すようにアルデヒド（ホルムアルデヒド）を用いてアセタール化処理することにより，耐水性を向上させている．

$$\begin{array}{c}\text{H H H H}\\ \cdots\text{C}-\text{C}-\text{C}-\text{C}-\cdots \\ \text{H OH H OH}\end{array} + \text{HCHO} \xrightarrow{\text{アセタール化}} \begin{array}{c}\text{H H H H}\\ \cdots\text{C}-\text{C}-\text{C}-\text{C}-\cdots \\ \text{H} \;\; | \;\; \text{H} \;\; | \\ \text{O}-\text{CH}_2-\text{O}\end{array} + \text{H}_2\text{O}$$

ポリビニルアルコール　ホルムアルデヒド　　　　　　　ビニロン

アセタール化後も水酸基は，ある程度残されているので，合成繊維としては吸湿性がある．強度は大きいが，耐しわ性には欠ける．かつては学生服，作業服などによく利用されたが，現在は産業用途の繊維となっている．

vi) ポリ塩化ビニル 塩化ビニル ($CH_2=CH\cdot Cl$) を重合した合成高分子である．吸湿性がなく，耐熱性も低いが，難燃性である．衣料用としては，保温性の下着として利用されたりするが，量的には多くない．

vii) ポリウレタン 主鎖にウレタン結合 ($-O\cdot CO\cdot NH-$) を含む合成高分子をポリウレタンという．種類はいろいろあるが，繊維として用いられるポリウレタンは，450〜800％もの高伸縮性を備えたもので，分子中にハードセグメント（強さを与える部分）とソフトセグメント（屈曲性があり伸びを与える部分）が共存する構造となっている．分子はポリエーテルグリコールまたはポリエステルグリコールといったジオール（2価アルコール）をジイソシアネート（OCN-

R-NCO）と鎖結合の目的でヒドラジン（NH$_2$·NH$_2$）などを用いて共重合したものである．ウレタン結合部がハードセグメントを構成する．

ゴム素材と比較して細い繊維が得られ，老化しにくく，染色できるなど，優れた点が多い．高伸縮性という特徴を生かし，他の繊維と混用して使用される．ファンデーション，水着，靴下，その他の伸縮性素材によく利用されている．

viii) ポリクラール ポリビニルアルコール（PVA），ポリ塩化ビニル（PVC）系のわが国で工業化された合成繊維である．エマルジョン紡糸法によって製造される．繊維はPVAをベースにしてPVC（部分的にPVAにグラフト共重合している）の連続網状構造が微細にからみあった構造を取っている．この繊維は，塩素成分を含んでいるために耐燃焼性があり，カーテン，寝具，子供服などに用いられている．

5) 無機繊維

無機繊維には，金属繊維，ガラス繊維，炭素繊維などがある．いずれの繊維も，産業用途が主体の繊維である．とくにガラス繊維，炭素繊維は，繊維強化プラスチック（FRP：fiber reinforced plastics）の強化繊維としてよく用いられる．この他にガラス繊維は，通信などに用いられる光学繊維（optical fiber）としても用途がある．一方，炭素繊維はいまや航空宇宙産業用材料としてはなくてはならない存在になっている．

c. 繊維の性質

繊維の性質は，糸，さらには布の性質を大きく左右する要素である．ここではたいせつないくつかの性質を取りあげて述べることにする．

1) 荷重-伸長特性

繊維を引張った場合の荷重と伸びの関係を表した図を荷重-伸長曲線（load-elongation curve）という．いま繊維の太さ，繊維の試験長の影響を除くために，荷重の代わりに応力，すなわち繊維の単位太さ当たりの荷重（テックス当たりの荷重）を取り，伸びの代わりにひずみ，すなわち単位長さ当たりの伸びを考える．図2.5は繊維の応力とひずみの関係を示したもので，応力-ひずみ曲線（stress-strain curve）という．繊維の性能としてよく問題にされるのが，破断強さと伸び率である．

図 2.5 繊維の応力-ひずみ曲線の例

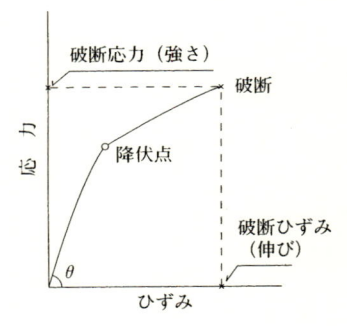

応力は力/面積であるから力に N（ニュートン）を使い，面積に m² を使うと Pa（パスカル：N/m²）という単位となる．繊維の場合には，gf/tex または gf/d で表すことが多い．テックス，デニールについては p. 38 参照．ひずみは無次元数であるが破断伸度として 100 をかけて％表示をすることが多い．ヤング率は，図中の tan θ に相当し，応力と同じジメンションをもっている．

表 2.1 繊維のヤング率および破断強伸度

繊維	ヤング率 (gf/dtex)	破断強さ (gf/dtex)	破断伸び (%)
綿	88	3.9	8
亜麻	200	6.7	4
羊毛	22	1.7	45
レーヨン	33〜78	2.8〜3.4	21〜29
ポリノジック	67〜117	3.9〜5.8	8〜15
アセテート	28〜44	1.4〜1.8	35〜50
ナイロン	9〜33	5.0〜8.3	27〜63
ポリエステル	28〜56	5.2〜6.7	35〜50
アクリル	28〜38	2.8〜5.6	25〜60

注）dtex（デシテックス）＝10^{-1}・tex

図 2.5 の応力-ひずみ曲線において，変形（伸長）の初期には直線関係が成り立ち，この領域では拘束を解除するとまたもとの状態に戻る．このような変形を弾性変形（elastic deformation）という．また，このときの直線の傾きは，ヤング率（たて弾性率：Young's modulus）とよばれ，繊維の変形傾向，すなわち変形しやすさ，しにくさを示すことになる．繊維をさらに伸長すると，図中の○印で示した折点を経て変形が進む．この折点を降伏点（yield point）という．降伏点以降は，塑性変形（plastic deformation）が大きく進む領域で，拘束を取り除いても繊維はもとに戻らず，変形が残留することになる．

表 2.1 に各種繊維のヤング率，破断強伸度を示す．ポリエステル，ナイロンなどの合成繊維は強さが大きい．綿，麻はヤング率が大きく，ナイロンは小さいが，破断伸びは逆の傾向をもっていることがわかる．

2) 熱的性質

繊維の熱的性質を理解することは，繊維製品を取り扱ううえでも重要なことである．繊維の温度が上昇していくと，分子はしだいに活発な熱運動をするようになるが，熱的性質として重要なものは，ガラス温度（ガラス転移温度：glass transition temperature）と融点（melt temperature）である．

i) ガラス温度 繊維のような高分子は，低温域では熱運動を完全に凍結された状態が存在する．これをガラス状態という．温度をしだいにあげていくと，ある温度を境に非晶部分で部分的に(セグメント単位で)いくらかの熱運動が可能になる．これをミクロブラウン運動といい，このような高分子の状態をゴム状態という．ガラス状態からゴム状態へ移行する境の温度をガラス温度といっている．ゴム状態といってもいろいろな状態があり，合成繊維などでは，ガラス温度よりさらに上昇すると急に軟化現象を示す温度域がある．この軟化が始まる温度を軟化温度(軟化点)という．温度が上昇したときに，繊維は全体的に同じ状態を取るのではなく，結晶領域では拘束が強く働いて熱運動が著しく制限されているのに対し，非晶領域の液化現象が進行するのに対応して軟化現象が現れるのである．表2.2に繊維の軟化温度を示す．

表2.2 繊維の温度特性

繊維	アイロンの適正温度 (℃)	軟化温度 (℃)	融点 (℃)
綿	200		
麻(亜麻)	200		
羊毛	150		
絹	170		
レーヨン	160		
キュプラ	170		
アセテート	120	200～230	不明瞭
ナイロン6	140	180	215～220
ナイロン66	140	230～235	250～260
ポリエステル	140	238～240	255～260
ビニロン	140	220～230	不明瞭
アクリル	120	190～240	不明瞭
アクリル系	110	150	不明瞭
ポリ塩化ビニル		60～100	200～210
ビニリデン		145～165	165～185
ポリプロピレン		140～160	165～173

ii) 融点 軟化温度をこえてさらに温度が上昇すると，やがて結晶領域においても拘束が解除されて分子全体が激しく熱運動するようになる．このような熱運動をマクロブラウン運動といい，この運動が始まる温度を融点(溶融温度)とよんでいる．融点における繊維の状態は，液化が全体的に進行して融解状態となる．表2.2には繊維の融点が示されている．さらに温度が上昇すると，繊維はやがて熱分解を始めることになる．

以上が温度を変化していったときの繊維の典型的な熱的挙動である．しかし繊維によっては軟化温度や融点を観察できないものもある．例えば綿，麻，レーヨンなどのセルロース繊維では，-OH基間で水素結合を生じ，分子鎖が剛直となるために軟化点や融点は存在せず，温度を上昇するとそのまま熱分解してしまう．またアクリル，ビニロンでは軟化現象は観察されるが，融点は熱分解と重な

って明瞭でない、というような繊維による違いが現れる。一般に合成繊維は、軟化温度域をもち、融点、熱分解点も低いので、耐熱性に欠ける傾向がある。

アイロンがけは、以上のような繊維の熱的挙動を理解して行う必要があるが、一般にガラス温度よりも高く、軟化温度よりも低く設定される。表2.2には各繊維のアイロン適正温度が示されている。水分は繊維のガラス温度を低下させる作用があるから、アイロンやプレス作業において水分を付与するのはそれなりの意味がある。合成繊維（熱可塑性繊維）のアイロン効果は、適切な温度であれば大きく、その持続性も高い。

3) 吸湿性

吸湿性はとくに衣料用繊維の場合、重要な意味をもっている。アンダーウェアに綿素材がよく用いられるのは、吸湿性に富むことが大きな理由である。水は極性分子（電荷の偏りをもつ分子）である。したがって繊維が吸湿傾向をもつかどうかは、繊維を構成する分子が水を引きつけやすい極性基や極性の高い結合をもつかどうかが大きなポイントとなる。

極性の高い基、または結合としては、$-OH$, $-NH_2$, $-COOH$, $-NH\cdot CO-$, $-NH-$ などであり、逆に低いものとしては、$-CH_2-$, $-CO\cdot O-$, $-O\cdot COCH_3$ などである。したがってセルロース繊維（綿、麻、レーヨン）や蛋白質繊維（羊毛、絹）は吸湿性をもっているのに対し、多くの合成繊維は吸湿性がないか、または乏しい理由はここにある。ただし合成繊維でもナイロンには、$-NH\cdot CO-$ があり、ビニロンには $-OH$ が残されているために、ある程度の吸湿性がある。アセテートはセルロースの $-OH$ の8割ほどが酢化（アセチル化）されているために、レーヨンと比較すると吸湿性が少なくなる。トリアセテートは大部分の $-OH$

表2.3 各種繊維の水分率

種類	水分率 公定	標準状態 (20℃, 65%RH)
綿	8.5	7.0〜8.5
羊毛	15.0	13〜17
絹	12.0	11〜12
亜麻	12.0	12〜14
ラミー	12.0	11〜12
レーヨン（ステープル）	11.0	12〜14
アセテート（ステープル）	6.5	6.0〜7.0
ビニロン（ステープル）	5.0	4.5〜5.0
ナイロン	4.5	3.5〜5.0
ビニリデン	0	0
ポリ塩化ビニル	0	0
ポリエステル	0.4	0.4〜0.5
アクリル	2.0	1.2〜2.0
アクリル系	2.0	0.6〜1.0
ポリプロピレン	0	0

が酢化されているために，さらに吸湿性は小さなものになる．

すでに述べたように結晶領域と非晶領域とでは，後者のほうが水分子の入り込む余地がある．綿，麻の天然繊維に比較して，レーヨンの水分率が高いのは結晶化度が低いことが大きな理由である．一方，繊維は表面積が大きいほど，水分子を多量に吸着することができる．この表面とは，繊維内部の表面をも含む．一般に天然繊維は多孔性であるので，この点からも天然繊維は吸湿性が大きくなる素地をもっている．

繊維は吸湿すると強伸度をはじめ，各種の性質が大きく変化するので，繊維製品の試験では標準状態として，20℃，65％RH（relative humidity：相対湿度）という条件が定められている．表2.3に標準状態における各種繊維の水分率（moisture regain）を示す．また繊維取引においては，公定水分率（official regain）が定められており，この水分率を考慮して取引が行われる．表2.3からわかるように公定水分率は，標準状態の吸湿率に近い値に定められている．なお公定水分を考慮した質量を正量とよんでいる．

4）耐薬品性

繊維はさまざまな分子構造をしているために試薬による挙動も異なってくる．繊維が試薬に対してまったく影響を受けないこともあれば，抵抗性がなく溶解し

表2.4 繊維の試薬に対する溶解性

溶剤　　　　温度 繊維	5％水酸化ナトリウム 煮沸	濃硫酸 常温	35％塩酸 常温	80％アセトン 常温	ジメチルホルムアミド 常温	酸化銅アンモニア 常温
綿・麻	×	○	×	×	×	○
羊毛	○	×（わずかに溶解）	×	×	×	×
絹	○	○	○	×	×	○
レーヨン・キュプラ	×	○	○	×	×	○
アセテート	△	○	○	○	○	×
ナイロン	×	○	○	×	×	×
ポリエステル	×	○	×	×	×	×
アクリル	×	○	×	×	×（40〜50℃）○	×
ポリプロピレン	×	×	×	×	×	×

○：溶解（3分以内），△：部分的溶解（3分間処理），×：不溶（3分間処理）．

てしまうこともある．溶解する場合であっても，試薬との親和性があって大きな分子破壊を伴わず，分子状またはコロイド状となって溶解することもあれば，分子が破壊されて低分子化した結果，溶解にいたることもある．前者の現象は，化学繊維の製造に応用することができる．

表2.4は，アルカリ，酸，有機溶剤などの試薬に対する繊維の溶解性をまとめたものである．アルカリや酸による蛋白質繊維の溶解，酸によるセルロース系繊維の溶解，濃硫酸による多くの繊維の溶解などは分子鎖破壊による典型的な例であり，一方，アセトンによるアセテート繊維の溶解，酸化銅アンモニアのセルロース繊維の溶解などは，溶媒との親和性に基づく溶解である．実際にアセトンや酸化銅アンモニアはそれぞれアセテート，キュプラの製造に利用されている．このような繊維の試薬に対する溶解性の差異を利用して，鑑別なども行うことができる．

2.2 糸

a. 糸の種類

糸（yarn）は，繊維の種類や形態，糸の構造，よりのかけ方，合糸数，加工方法などによって多くの種類が存在し，糸の性質や外観はこれらの影響を受けて変化する．ここでは布の構成要素である糸の種類を製造方法により分類して説明する．

1) 紡績糸

綿，毛，麻のような短繊維や絹や化学繊維を切断したもの（ステープルファイバー：staple fiber）は，繊維を平行に集束してよりをかけて糸を製造する．このような工程からつくられた糸を紡績糸（スパン糸：spun yarn）といい，紡績糸からつくられた布は表面に毛羽があり，一般に含気率が高くふっくらとしている．毛紡績糸は，梳毛糸，紡毛糸の区別があり，両者は製造工程や糸の外観，性質などが異なる．

2) フィラメント糸

絹や化学繊維のように連続した繊維（フィラメント）からなる糸をフィラメント糸（filament yarn）という．多数のフィラメントを集束した糸をマルチフィ

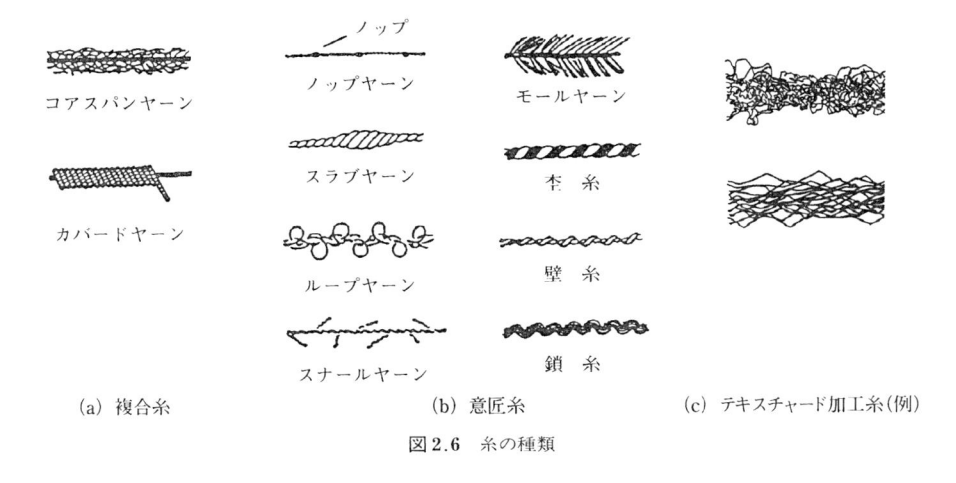

(a) 複合糸　　　　　　　(b) 意匠糸　　　　　　(c) テキスチャード加工糸(例)

図2.6　糸の種類

ラメント糸，1本のみのフィラメントからなる糸をモノフィラメント糸という．フィラメント糸からつくられた布は，表面が滑らかで光沢があり，紡績糸に比べて薄手で平滑な外観のものが多い．含気率が低く，冷たい触感である．

3) 複合糸

2種類以上の繊維で構成されている糸を複合糸という．2種類以上のステープルファイバーを混合した糸を混紡糸，フィラメントを混合した糸を混繊糸という．フィラメントとステープルファイバーを複合したものにコアスパンヤーン，カバードヤーンなどがある．コアスパンヤーンは糸の中心部（コア）にフィラメントを用い，外側（シース）にステープルファイバーをからませて被覆した糸のことで，コアに弾性糸を用いると伸縮性に優れたふっくらとした外観の糸になる．

4) 意匠糸（ファンシーヤーン：fancy yarn）

糸の種類，太さ，色，より数などの異なる糸を組み合わせることによって特殊な外観の糸をつくることができる．糸に節（ノップ）や輪（ループ）などを配置した糸は，ノップヤーン，スラブヤーン，ループヤーン，スナールヤーン，モールヤーンなどがあり，デザイン効果の高い外観の布をつくることができる．

5) 加工糸

近年，付加価値の高い外観の布をつくるために性状を変化させた加工糸の開発

が行われているが，狭義にはかさ高加工糸（テキスチャード加工糸：textured yarn）を指すことが多い．テキスチャード加工糸とは，主として合成繊維（ナイロン，ポリエステルなど）の熱可塑性の性質を利用して糸に捲縮を与え，伸縮性やかさ高性を付与した糸のことである．これらの糸は，スポーツ衣料，パンティストッキングやファンデーション，メリヤス肌着や外衣などに用いられている．

b． 糸の構造と構成
1） 糸の構造

糸の性質は，構成する繊維の種類と糸の構造に大きく依存する．糸の構造に関する因子には，糸の太さ，糸のよりがあげられる．ここではこれらの因子について述べる．

i） 糸の太さ 糸の太さは，糸の長さと質量の関係から表され，表示法には恒長式番手と恒重式番手の2種類がある．繊維の種類によって使用される表示法が決められているが，国際規格（ISO規格）で推奨されているテックス（恒長式番手）はすべての糸に共通して用いることができる．表2.5は，糸の太さの表示法を示したものである．恒長式番手は基準長さに対する質量の割合で糸の太さを表し，テックスのほかにデニールがある．デニールは短繊維やフィラメント糸の表示に用いられる．恒重式番手は紡績糸の太さの表示に用いられ，基準質量に対する長さの割合で糸の太さを示し，番手の数値が大きくなるほど糸は細くなる．

番手の計算は，基準質量を $W(\text{g})$，基準長さを $L(\text{m})$ とし，ある糸の質量が

表2.5 糸の番手の種類

糸の種類		番手名称	単位長(L)	標準質量(W)	番手定数(K)	テックスからの換算	テックスへの換算
恒長式	単繊維 すべての糸	テックス	1000 m	1 g	1000	—	—
	単繊維 フィラメント糸	デニール	9000 m	1 g	9000	9×テックス	0.1111×デニール
恒重式	綿糸・絹紡糸 化繊紡糸	綿番手	768.1 m (840 yd)	453.6 g (1 lb)	0.591	590.5/テックス	590.5/綿番手
	麻紡糸	麻番手	274.3 m (300 yd)	453.6 g (1 lb)	1.654	1653/テックス	1653/麻番手
	梳毛糸	梳毛番手	512.1 m (560 yd)	453.6 g (1 lb)	0.886	885.8/テックス	885.8/梳毛番手
	共通	メートル番手	1000 m	1000 g	1	1000/テックス	1000/メートル番手

yd：ヤード，lb：ポンド．

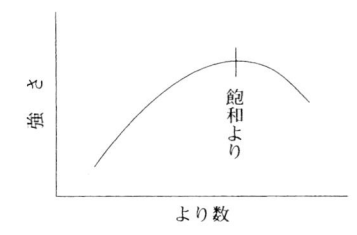

図2.7 より数と糸の強さの関係

w(g)，長さが l(m) であるとき，それぞれの番手を次式で表すことができる．

恒長式番手（D）　　$D = \dfrac{L}{W} \cdot \dfrac{w}{l} = K_D \dfrac{w}{l}$

恒重式番手（N）　　$N = \dfrac{W}{L} \cdot \dfrac{l}{w} = K_N \dfrac{l}{w}$

今後は国際規格への整合化の流れから，急速にテックスへの切り換えが進むものと考えられる．

ii) 糸のより　　糸を加ねんする目的は，糸のまとまりをよくし，糸に強さ，伸縮性などの力学的性質を付与し，さまざまな風合いの糸を形成することにある．紡績糸の場合，加ねんは繊維の滑り抜けを防ぐために必要であり，図2.7に見られるように糸の強さはより数の増加に伴い増加するが，極大値を過ぎると減少する．この極大値を与えるより数を飽和よりという．フィラメント糸ではより数が増加すると強度は単調に減少する．

糸には合糸の方法から，単糸（single yarn），もろより糸（ply yarn），引きそろえ糸という区別がある．解ねんすると繊維に分解する糸を単糸といい，単糸に分解する糸をもろより糸という．とくに2本の単糸から構成されている糸を双糸（二子糸），3本のものを三子糸という．単糸を引きそろえて加ねんしない糸を引

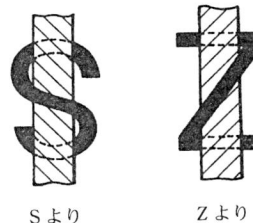

図2.8 糸のより方向

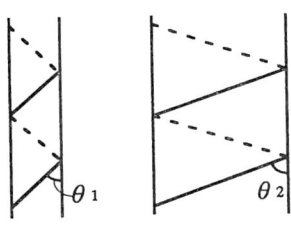

図2.9 糸の太さとより角度（θ）の関係

きそろえ糸という．糸のよりには，図2.8に示すようにSよりとZよりがある．もろより糸の単糸のより（下より）と単糸を数本あわせてかけるより（上より）は一般に逆方向となる．

よりの強さは，図2.9に示すように同じより数であっても糸の太さによって異なるため，よりの強さを表す指標としてより係数が用いられている．より係数 K は，単位長さ当たりのより数 T と糸の太さ（D：恒長式番手，N：恒重式番手）を用いて次式のように表される．この式から，同じより数の場合，糸は太いほどよりの程度は強いことがわかる．

$$K = T \cdot \sqrt{D}, \qquad K = T/\sqrt{N}$$

糸はよりの強さにより，甘より糸，並より糸，強ねん糸などという名称で区別されており，通常マルチフィラメント糸や編糸には甘より糸，一般の織物には並より糸を，ジョーゼットや縮緬用糸には強ねん糸が用いられている．

2) 糸の構成

短繊維から糸を製造する場合は，紡績の工程を経る．ここでは綿糸紡績と毛糸紡績について述べる．

i) 綿糸紡績　綿糸は，原綿を調合し，かたまりをほぐして不純物や短繊維を取り除きシート状のラップを製造する（混打綿）．続いてカーディング工程では，ラップをくしけずり薄いシート状にし，それをまとめて太いひも状の束（スライバー）とする．コーミング工程では，高品質な糸をつくることを目的にさらに短繊維を除去し繊維配列を向上させる．コーミングの工程を経てつくられた糸をコーマ糸（combed yarn），この工程を経ずにつくられた糸をカード糸（carded yarn）とよぶ．練条工程では，スライバーを数本あわせて，引き伸ばすことを繰り返し，繊維の配列や太さの均一度を高める．粗紡ではスライバーを引き伸ばし，弱いよりをかけて粗糸とする．精紡では，粗糸を所定の太さに引き伸ばし，よりをかけて綿糸とする．このようにしてつくられた糸が単糸であり，さらに必要に応じて合ねん糸や加工処理が行われる．

ii) 毛糸紡績　毛糸は，梳毛糸（そもうし）（worsted yarn）と紡毛糸（ぼうもうし）（woolen yarn）に大別される．両者は，原料，製造工程が大きく異なる．梳毛糸は細く繊維長のそろった上質の毛繊維を原料とし，表面が滑らかで太さが均整であるのに対し，紡毛糸は梳毛糸には使用しない短繊維や場合によっては反毛（はんもう）（毛製品からの回収

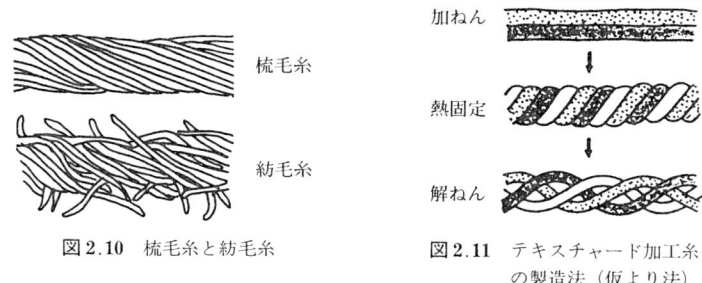

図 2.10 梳毛糸と紡毛糸

図 2.11 テキスチャード加工糸の製造法（仮より法）

繊維）なども原料とし，表面は毛羽が多く太さは均整ではなく，ソフトな感触の糸である．図 2.10 に梳毛糸と紡毛糸のモデル図を示す．梳毛糸を原料とする梳毛織物にはサージ，ギャバジン，ジョーゼット，トロピカルなどがあり，紡毛織物にはフラノ，ツイード，ホームスパンなどがある．前者は比較的薄地で平滑な織物，後者は厚地で粗剛であったり，表面が毛羽におおわれた織物となる．

iii） テキスチャード加工糸の製造　加工方法には，仮より法，擦過法，押し込み法，空気噴射法などがある．多くのタイプのものが熱可塑性のフィラメント糸を利用して糸に捲縮を与えることにより，伸縮性とかさ高性を付与するものである．仮より法は，図 2.11 に示すように加ねん―熱固定―解ねんを連続して行う方法で，能率がよく，均質な加工ができることから最もよく用いられる方法である．空気噴射法は熱可塑性をもたないフィラメント糸でも加工でき，非伸縮性の糸がつくられる．

2.3 布　　地

a. 布の種類

衣服に用いられる布の大部分は繊維製品で占められるが，その他に皮革製品などもある．ここでは主に繊維製品の布の種類について取りあげ，構成状態から分類して説明する．

1) 織・編組布

構成単位を糸とする布であり，織物 (woven fabric)，編物 (knitted fabric)，レース，ネットなどがある．しかし，衣服を構成する布地の多くは織物，編物で

あり，これらの布は力学的異方性をもっている．この性質は衣服の造形性能や着心地と密接に関係する．

2) 繊維集合布

繊維を集合してシート状の布を形成するもので，代表的なものに不織布 (nonwoven fabric) がある．不織布は接着剤か機械力で繊維を接合または繊維を溶着してつくられる．不織布の用途は衣料用（芯地など），家庭用（毛布，シーツ，カーペットなど），工業用と広範囲であり，さまざまな形状や性能の布が製造されている．

3) 複合布

布と布，布と他の材料を接合したり，布にコーティングを行った布のことである．ボンデッドファブリックは 2 枚以上の布を接着剤で接合した布，フォームラミネートはウレタンフォームを接着させた布のことをいう．コーティングファブリックは基布に高分子物質（樹脂）をコーティングした布をいい，合成皮革，人工皮革などがある．合成皮革は基布の上に天然皮革の銀面層に相当する合成樹脂を塗布して構成した布である．人工皮革には超極細繊維でつくられた不織布にポリウレタン樹脂を含浸し表面を起毛したものや不織布層にポーラスな樹脂層を複合したものがある．

b. 布の構造と構成因子

1) 織物の構造

織物はたて糸とよこ糸が織物組織に従い規則的に直角に交錯したものである．織機の綜絖（そうこう）に通されたたて糸が規則的に上下する間をよこ糸が往復しながら挿入され，織物がつくられる．

　織物組織　　織物のたて糸とよこ糸の交錯した状態を織物組織といい，組織図で表す．組織図は，図 2.12 に示すようにたて糸がよこ糸の上にくる部分を黒色で示し，組織の最小単位（完全組織）について表記する．

　① 基本組織：　織物の基本組織は平織，斜文織，朱子織であり，三原組織ともよぶ．

　平織 (plain weave)：たて糸とよこ糸が交互に交錯した最も基本的な組織であり，織物は地合いがしまり，平滑な外観である．ブロード，タフタ，ポプリンな

2.3 布　地　　　　　　　　　　　　　　43

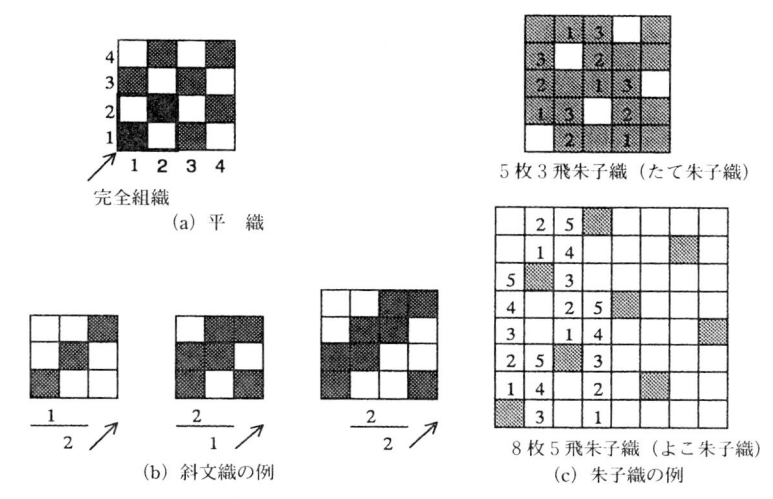

図2.12　織物の基本組織（三原組織）

(a) 平　織　　　完全組織
(b) 斜文織の例
(c) 朱子織の例　　5枚3飛朱子織（たて朱子織）　　8枚5飛朱子織（よこ朱子織）

どがこの組織である．

　斜文織（twill weave）：表面に斜文（綾）が表れることから綾織ともよばれる．斜文織は完全組織内のたて糸の浮く数を線の上によこ糸の浮く数を線の下に書き，矢印は綾の方向を示す．地合いは平織よりゆるくなる．デニム，ギャバジン，サージなどは斜文織組織からなっている．

　朱子織（satin weave）：完全組織内でたて糸とよこ糸が1回ずつ交錯する組織で，表面でたて糸が長く浮く組織をたて朱子，よこ糸が長く浮く組織をよこ朱子という．完全組織の一方向のます目の数が必要な綜絖枠の枚数を示し，隣の糸と交錯している点の数を飛び数で表す．朱子織は糸が表面に長く浮いているため光沢が得られるが，地合いがゆるく摩擦に弱い．

　② 変化組織：　三原組織を変化させた組織を変化組織（誘導組織）という（図2.13）．平織の変化組織にはよこ方向にうねが表れるたてうね織，たて方向にうねが表れるよこうね織がある．一方，斜文織の変化組織には緩斜文織，杉綾（ヘリンボーン）が，朱子織の変化組織には変則朱子織，重ね朱子織などがある．

　③ 混合組織：　三原組織や変化組織を混合したもので，平織とうね織を混合した吉野織などがある．

　④ 特別組織：　どの組織にも分類されにくい組織で，織物の外観に特色があ

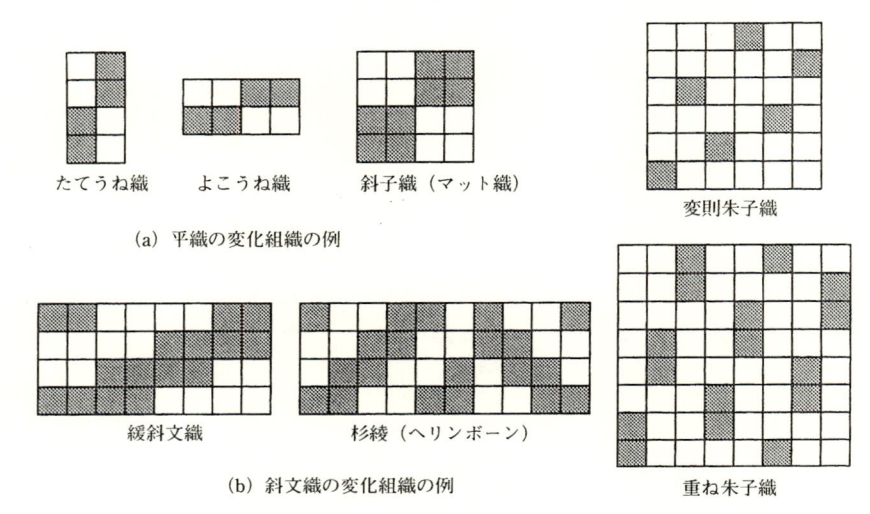

たてうね織　よこうね織　斜子織（マット織）

変則朱子織

(a) 平織の変化組織の例

緩斜文織　　杉綾（ヘリンボーン）

重ね朱子織

(b) 斜文織の変化組織の例

(c) 朱子織の変化組織の例

図2.13　織物の変化組織

る．梨地織や蜂巣織がある．

⑤ 紋織組織：　ジャカード織機によってつくられる組織で，織物組織，色糸を用いて複雑な紋様を織り出すことができる．服地の他，インテリア製品の布に多く用いられている．

⑥ 重ね組織：　たて糸またはよこ糸に2種類以上の糸を用いた片重ね組織，たて糸，よこ糸両者に2種類以上の糸を用いる二重組織，多重組織がある．厚地で緊密な両面織物となり，コート地，リバーシブル地，毛布などに利用される．

⑦ 添毛組織（パイル組織）：　地糸にループまたは毛足となる糸を交互に織り込んで構成する組織である．たて糸に地糸とパイル糸の2種類を織ったたてパイ

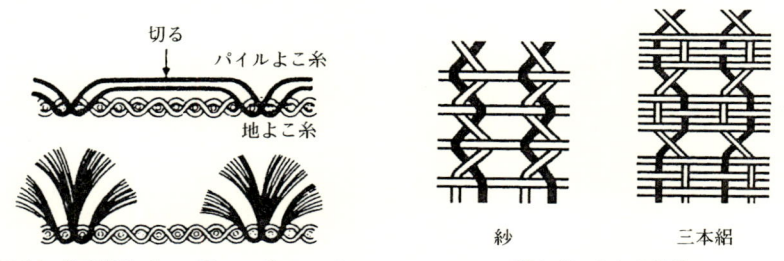

切る　パイルよこ糸　地よこ糸

図2.14　添毛組織（コーデュロイ）のパイル

紗　　三本絽

図2.15　からみ組織

ル組織，よこ糸に地糸とパイル糸の2種の糸を用いて織ったよこパイル組織がある．前者にはタオルやビロード，後者には別珍，コーデュロイ（コール天）がある．図2.14にたて方向にうねをもつコーデュロイのパイルの出し方を示した．

⑧ からみ組織（もじり組織）： 2種類の糸が互いにからみあいながらよこ糸と交錯する組織で図2.15に示すような絽織や紗織があり，薄くても目よれのしない通気性のよい織物となる．

2) 編物の構造

編物は，糸で編目（ループ）をつくり他の編目と連結しながら平面を構成するもので，メリヤスとかニットとよばれる．よこ方向の編目の列をコース（course）といい，たて方向の編目の列をウェール（wale）という．編物はよこ編（よこメリヤス）とたて編（たてメリヤス）に大別される．よこ編はコース方向に順次編目をつくりたて方向に編み進む方式のものをいう．よこ編の大きな特徴は成型が可能なことである．たて編は工業用編機で整経の工程をもち，編機の幅に配列したたて糸を編針で他のたて糸のループと連結しながらウェール方向に編み進むのが特徴である．

編物組織

① よこ編： よこ編はコース方向の伸縮性が大きく，傷が入った場合にはラン（伝線）が生じやすい．よこ編の組織は表目と裏目から成り立ち，基本組織は平編（天竺編・メリヤス編），ゴム編（リブ編），パール編（ガーター編）の3種

(a) 基本編目と編成記号　　(b) 基本組織と編目記号

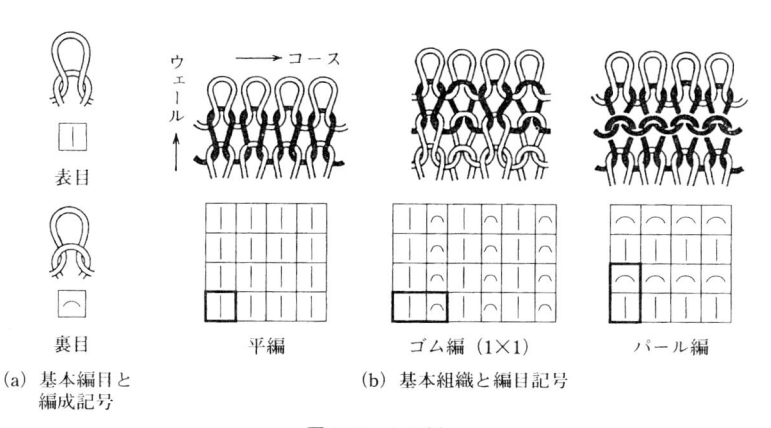

図2.16　よこ編

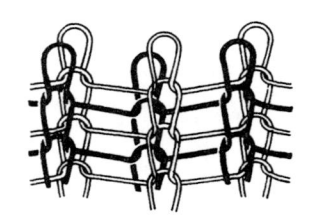

図 2.17 両面編（ゴム編の変化組織）の構造

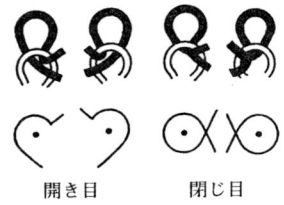

図 2.18 たて編の基本編目と編成記号

　　　　　　　　開き目　　　閉じ目

である．図 2.16 はこれらの組織と編目記号を示したものである．図 2.16 のゴム編において編目記号の方形の大きさを変えているのは，二つ存在する針床（針を並べている部分）を区別するためである．なお平編は一つの針床で編成することができ，このようなものをシングルニット，二つの針床が必要なものをダブルニットということがある．

　よこ編の変化組織には，タック，ウェルト（ミス）といった特別な針使いによって導びかれたものがあるが，重要な組織としては図 2.17 に示すような両面編がある．この組織はゴム編を重ねた構造をしており，生地はスムースとよばれる．両面編からはさらに多くの変化組織が誘導される．

　② たて編：　たて編は細いフィラメント糸で編成されることが多く，このようなものは薄く緻密な布となる．たて編は，よこ編と比較して伸長性が小さく形態安定性が高い．裁ち目のほつれやランが発生しにくいという利点がある．たて編の基本的な編目には開き目と閉じ目があり，図 2.18 のような編成記号で表す．たて編の基本組織は，シングルデンビー編，シングルコード編，シングルアトラス編（シングルバンダイク編）の 3 種である（図 2.19）．しかし，実際には基本組織はほとんど用いられず，2 本の糸を編針にかけて編成した変化組織などがよく使われる．この場合，編糸は二つのガイドバーによってそれぞれ反対方向に振られて編成が進められることになり，同じ組織を対称に重ねた組織としてダブルデンビー編（プレーントリコット編），ダブルアトラス編（ダブルバンダイク編），ダブルバーコード編などがある．たて編で最も生産量が多い組織は図 2.20 に示すハーフトリコット編であり，フロントとバックの二つのガイドバーがそれぞれシングルコード編とシングルデンビー編の動きをして編成される組織である．婦人用下着，ファンデーションなどに用いられる．

シングルデンビー編   シングルコード編

シングルアトラス編

図2.19 たて編の基本組織

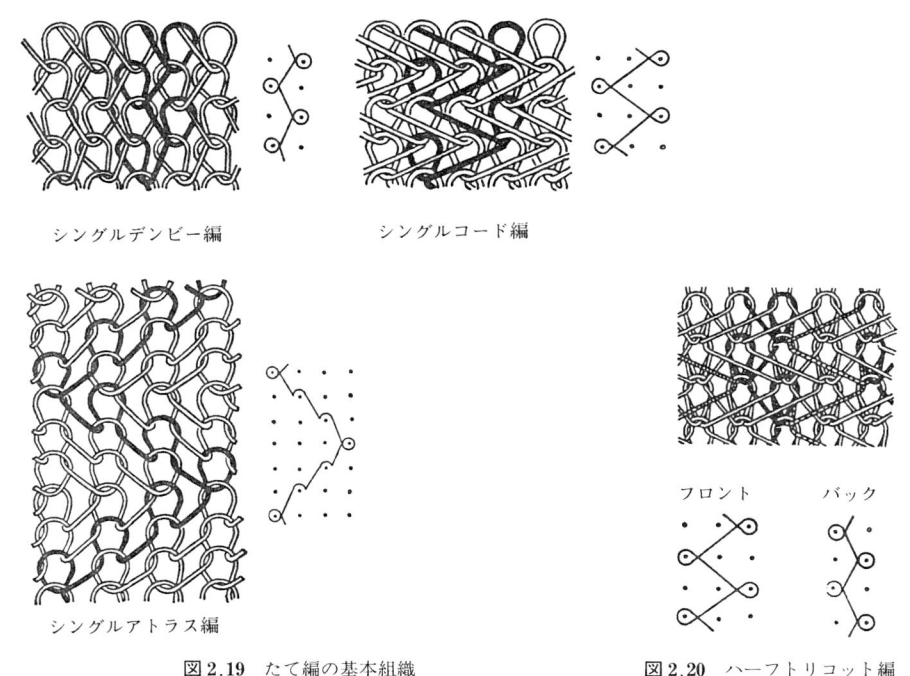

フロント　バック

図2.20 ハーフトリコット編

3) 不織布の構造

不織布は繊維をウェブという薄いシート状の集合体とし，固定化したものをいう．製造の方法から間接法と直接法に分けられる．間接法は繊維でウェブを形成した後，接着剤や機械を用いて繊維を接合する方法である．前者にはレジンボンド（接着用樹脂のエマルジョン）法，サーマルボンド（熱可塑性繊維などを使用）法がある．機械的作用により接合する方法には多数の針を突き刺し繊維をからませるニードルパンチ法，ウェブにステッチを落として接合するステッチボンド法がある．ほかに水ジェットによるからみを起こして固定化するジェットボンド法もある．直接法は繊維の紡糸と同時にウェブを形成し接合してつくる方法である．スパンボンド法は紡糸と同時にウェブ形成を行う方法である．この方法は溶融紡糸だけでなく，湿式紡糸においても実現されている．その他の方法に，フラッシュ紡糸やメルトブローなどの方法もある．

なお，不織布の分類では，ウェブを乾燥状態で行うか，液中で行うかにより乾

式不織布と湿式不織布に分類することもある．不織布の多くは乾式でウェブが形成される．湿式不織布は抄紙法（紙の製造に準じた方法）によりつくられるものを指す．

4) 布の構成因子

布の構成因子には，前述の織物や編物組織のほかに糸の太さや糸密度などがあり，これらの組み合わせにより布の性状が変化する．

① 糸密度： 糸密度（thread count）は単位長さ間にあるたて糸，よこ糸の本数で表す．一般の織物のたて糸密度はよこ糸密度より大きい場合が多い．編物密度は単位長さ間のコース数，ウェール数で表すのが基本であるが，1.27 cm（=0.5 in）当たりのコース数とウェール数の和を度目といっている．

② カバーファクター： 糸がどの程度布を被覆しているかは，糸密度だけでなく糸の太さの影響を考慮しなければならない．カバーファクター（cover factor）とは，布面における糸が占める程度を表す指標であり，布のカバーファクターは下式によって求められる．

$$\langle 織物\rangle \quad K = n \cdot \sqrt{D}, \qquad K = \frac{n}{\sqrt{N}}$$

$$\langle 編物\rangle \quad F = \frac{\sqrt{D}}{L}, \qquad F = \frac{1}{L\sqrt{N}}$$

ただし，K：織物のカバーファクター，F：編物のカバーファクター，n：織糸密度，D：恒長式番手，N：恒重式番手，L：編目の1ループ長．

③ 厚さ： 布の厚さ（thickness）は一定荷重下の厚さで表す．普通の織物は23.5 kPa（240 gf/cm^2），編物は0.7 kPa（7 gf/cm^2）で加圧して測定する．

④ 質量： 単位面積当たりの布の質量を平面質量（g/m^2）といい，単位体積当たりの布の質量を見かけ比重という．布においては，その体積中に繊維だけでなく空気も多量に含まれていることから，見かけ比重とよぶのである．

c. 布の性質

衣料用の布に対する性能要求は，その衣服の着用目的によって異なる．布にとって重要な性質として，機械的性質，形態的性質，外観性質，保健衛生的性質，取り扱いやすさ（洗濯性，可縫性など），対生物性（防虫性，防かび性）などがあげられる．ここでは衣服において重要な布の性質について述べる．

1) 機械的性質

布の強さに関する性質は衣服の基本的性能であり，具体的には引張り強さ，引裂き強さ，摩耗強さ，破裂強さなどがある．

i) 引張り強さと伸び　引張り強さ（tensile strength）と伸びは，破損するまで布を引張し，破断時の強さと伸びの大きさを評価したものである．図2.21は引張り試験機を用いて綿ローンを引張したときに記録された荷重–伸長曲線である．布の方向により荷重–伸長曲線の形状が大きく異なり，一般の織物のよこ布方向の伸長率はたて布方向に比べて大きい．これには糸の伸長特性と存在する織糸クリンプの伸長による消失などが関係する．バイヤス方向は，たて糸とよこ糸が交錯点で角度がずれるために伸度が高くなる．これは織物のせん断特性と関係するものである．以上の布の引張り強伸度に関する性質は布の仕立て性，着心地などと関係する．編物ではループ構造のため一般に伸びが大きくなる一方，同じ糸使いでは強さは織物より小さくなる．毛や合成繊維素材のものでは，繊維の伸長特性が反映されて，布の伸びも大きくなる．表2.6にいくつかの織物の引張り強伸度の測定例を示す．

ii) 引裂き強さ　衣服は尖ったものに引っかかり引裂かれることがある．とくに子供服や作業着についてはこれらの損傷を受ける機会が多い．布の引裂き強さ（tearing strength）は，糸の特性とともに組織の自由度に左右されるため，組織が粗な布の引裂き強さは大きい．これは布の自由度が大きいと荷重が多くの糸に分散するためである．表2.6はエレメンドルフ型引裂き試験機による実験結果を表している．織物に比べて糸の自由度の大きい編物の引裂き強さは大きい．

iii) 摩耗強さ　スカートやズボンの尻部やワイシャツの衿，カフスの袖口，肘部などのように，布と人体，布と物体が接触し摩擦が繰り返し行われると，布にテカリや毛羽立ちが生じ，布は損傷を受けてほつれや破壊が起こる．布の摩耗強さ（abrasion resistance）は繊維の強さや布の構成因子の影響を強く受ける．一般に糸が太く厚い布，糸密度が大きい布の摩擦強さは大きい．表2.6にユニバーサル・ウェアー・テスターを用いて実験を行った結果を示した．布の厚さが摩耗強さに密接に関わることがわかる．

2) 形態的性質

衣服は着用と洗濯を繰り返すうちに寸法が変化したり形くずれが生じることが

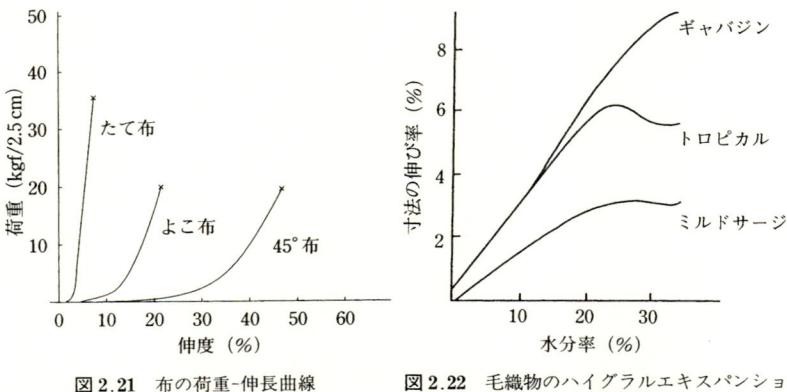

図2.21 布の荷重-伸長曲線　　**図2.22** 毛織物のハイグラルエキスパンション
カーブ（国際羊毛事務局編，1978）

表2.6 布の強さ

布 名	素 材 (%)	厚さ (mm)	方向	引張り強伸度 荷重 (kgf/2.5 cm)	伸長率 (%)	引裂き強さ*	摩耗強さ (回)
ブロード	綿100	0.197	たて	31.60	16.87	1905	28
			よこ	12.87	16.10	1465	
デニム	綿100	0.545	たて	35.25	20.45	3200以上	117
			よこ	19.00	16.15	2330	
メリヤス	綿100	0.427	たて	23.50	80.75	3200以上	55
			よこ	4.60	225.00	3200以上	
ギャバジン	毛100	0.476	たて	25.13	39.63	3190	224
			よこ	15.50	32.60	1925	
アクリルジャージー	アクリル100	0.665	たて	40.85	90.20	3200以上	149
			よこ	8.40	151.25	3200以上	
デシン	ポリエステル100	0.218	たて	17.53	63.65	1545	24
			よこ	17.68	46.33	1400	

* 「たて方向」の引裂き強さは，たて糸の引裂き強さを示す．

ある．このような衣服の形態安定性に関与する性質について取りあげてみよう．

i) 収縮性　　布は吸湿，吸水することにより寸法変化することがあり，その内容は二つに大別できる．まず一つは，繊維の性質に基づくものである．綿や麻は吸水によって膨潤し，織糸のクリンプを増大させるなどの理由により収縮する．毛はフェルト性による繊維のからまりが原因となって収縮するので洗いに対しては注意が必要である．二つめの収縮は緩和収縮である．布は製造中に引張され残留ひずみが固定されて仕上げられているため，アイロンやプレスのスチーミ

ングや着用，洗濯でこのひずみが回復して収縮を起こす．織物のたて糸には製織中に高い張力が加えられているため，たて布はよこ布より緩和収縮が大きい．これらの収縮は衣服の形くずれを引き起こす原因となるため，事前に残留ひずみ除去のための地直しが必要である．

ii) ハイグラルエキスパンション　　水分による毛の伸縮挙動をハイグラルエキスパンション（hygral expansion）といい，可逆的な性質である．毛は水分を吸収すると膨潤し，繊維のもつクリンプが直線に近づくため伸長し乾燥すると収縮する．寸法変化量はクリンプの形状と布の密度の影響を大きく受ける．図2.22は毛織物3種のハイグラルエキスパンションカーブを示したものである．毛は水分吸収量が大きく，この性質は着用性のよさに貢献するが，この伸縮挙動は芯地の剝離，パッカリング発生などの種々の形くずれを引き起こす原因となるので，衣服の製作にあたっては各工程において布の水分量を安定した状態に保つ配慮が必要である．

iii) 弾性回復性　　衣服は着用することにより変形を受け，これが繰り返されると変形が残留し形くずれが起こる．肘や膝，尻部の布地の変形は主軸方向の引張による変形だけでなく，せん断変形や曲げ変形が布に加えられている．変形したものから力を除くともとに戻る性質を弾性といい，逆にもとに戻らず変形が残留する性質を塑性という．具体的には防しわ性や肘抜けや膝抜けなどに対応す

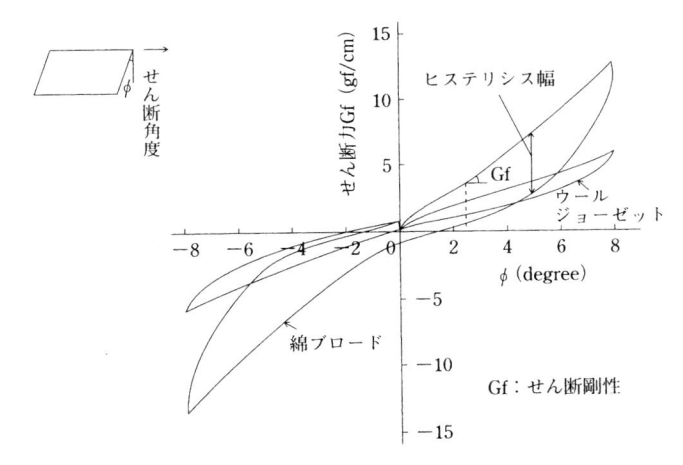

図 2.23　布のせん断特性（たて布）

るバギング性などと関係する性質である.

　引張りやせん断において弾性が高い布は形くずれが生じにくい.図2.23は綿ブロードとウールジョーゼットのせん断特性の比較を行ったものである.ウールジョーゼットは綿ブロードと比べてせん断変形しやすいが,弾性が高く回復性がよい布であることがわかる.

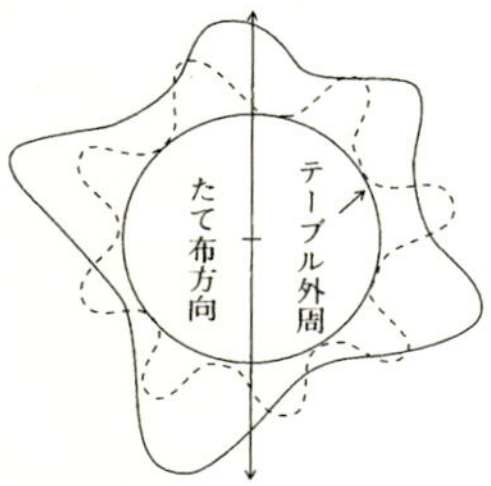

図2.24 布のドレープ形状
──ウールジョーゼット,
……ポリエステルジョーゼット.

3) 外観性能

　布地の外観に関する性能は,布の造形効果に関する性能と,着用による布表面損傷や風合いの劣化に関する諸性能がある.

i) ドレープ性　　ドレープ(drape)とは布が垂れ下がる状態のことで,ドレープ性とはドレープの美しさを表す性質である.審美的な評価に関連することから数値では表しにくいが,布の垂れ下がりの大きさを表す一つの方法としてドレープ係数(drape coefficient)が用いられている.図2.24は円形試験布を円形テーブルの上に掛けたときの投影図であり,ドレープ係数は次式で求められる.

$$D = (A - S_1)/(S_2 - S_1)$$

ただし,D:ドレープ係数,A:試験布の垂直投影面積,S_1:テーブルの面積,S_2:試料の面積.

　図2.24においてウールジョーゼットはテーブルから離れて垂れ下がり不規則なノード(node)が生じているのに対し,ポリエステルジョーゼットは垂れ下がりが大きく規則的なノードが表れている.表2.7に見られるように,薄くて軟らかいポリエステル布のドレープ係数は小さいが,ドレープ性は,ノード数,ノード形状,形状の均一性などを総合して評価される.

ii) 曲げ特性　　布の曲げ(bending)に関する性質は,衣服の造形性,縫製性に関わる重要な性能である.原料繊維の固有の性質のほか糸や布の構造,厚さ,仕上げ方法の影響を受ける.図

表2.7 布のドレープ係数

布　　名	ドレープ係数
綿ローン	0.563
ウールポプリン	0.526
ウールギャバジン	0.560
ウールフラノ	0.624
ウールジョーゼット	0.515
ポリエステルジョーゼット	0.224
新合繊(起毛)	0.241

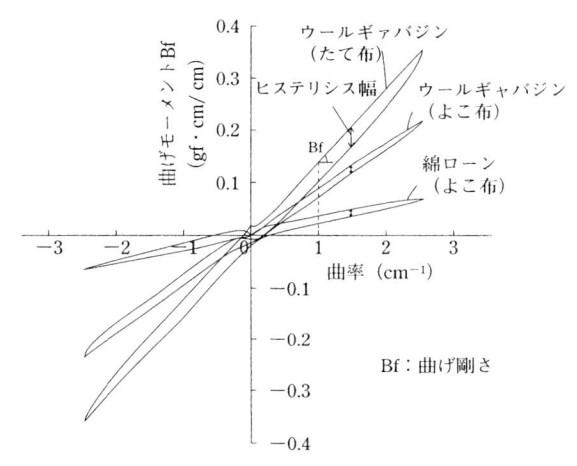

図 2.25 布の曲げ特性

2.25は布の曲げ特性を比較したものである．曲げ軟らかい綿ローンに比べウールギャバジンは曲げ剛い布である．前者はソフトなシルエット，後者はジャケットのような成形型のシルエットの衣服に適する．また布方向によって曲げ剛さや弾性が異なり，衣服のシルエット形成に利用されている．

iii) 防しわ性 防しわ性とは，布のしわができにくい性質またはしわの回復性がよい性質をいう．防しわ性は布の弾性と関係があり，原料繊維の種類，布地の構造の影響を受ける．毛やポリエステルは弾性回復が高いため防しわ性が高く，綿や麻は弾性回復が低いため防しわ性が低い．また繊維は湿潤すると弾性が

表 2.8 布の防しわ率

布名	素材（％）	防しわ率(％)* たて	よこ
ブロード	綿 100	37	28
ブロード	綿 30／ポリエステル 60	57	52
裏地	キュプラ 100	52	43
デシン	ポリエステル 100	60	61
ポプリン	毛 100	74	74
サージ	毛 100	76	81
ジョーゼット	毛 100	76	75
ジョーゼット	ポリエステル 100	61	59

＊ たて：たて糸が折られた場合，よこ：よこ糸が折られた場合．

低下するので、親水性繊維は一般にしわになりやすい．表2.8は針金法によって測定した各種布の防しわ率を示す．親水性繊維の綿，キュプラの防しわ率は低いが，綿にポリエステルを混紡することにより防しわ率が改善していることがわかる．

iv) ピリング性，スナッギング性　布表面に繊維が引きだされてからまり毛玉（ピル：pill）ができる性質をピリング性，糸が引きだされてループとなり周囲の糸が引きつれる性質をスナッギング性といい，それぞれ外観を損なう性質である．ピリングは短繊維でよりの甘い糸を用いる編物に生じやすく，繊維強度の大きい布は毛玉が布表面に残り外観を著しく劣化する．一方，毛繊維は強度が小さいため毛玉が生じても脱落してしまい外観の劣化が観察されにくい．スナッグ（snag）は組織がルーズで交錯点が少なく，糸の滑脱抵抗の小さい布に生じやすい．

4) 保健衛生的性能

自然環境，人工的な環境のなかで，人間が衣服を着用して生理的に快適に過ごすために必要な布の諸性能を保健衛生的性能という．この性能に深く関係する性質について説明する．

i) 含気性　繊維製品は他の材料と異なり，繊維間，糸間に多くの空気を含むという特徴がある．含気性（air porosity）を示す指標として含気率が用いられ，布の一定体積中に占める空気の体積比で表す．

$$P = \{(S-\rho)/S\} \times 100 (\%), \quad \rho = W/(d \times 1000)$$

ただし，P：含気率（%），S：繊維の密度（g/cm³），ρ：見かけ比重（g/cm³），W：平面質量（g/m²），d：厚さ（mm）．

表2.9 布の含気率

布　名	素　材（%）	厚さ (mm)	平面質量 (g/m²)	見かけ比重 (g/cm³)	含気率 (%)
ブロード	綿100	0.197	116.6	0.59	62.6
綿メリヤス	綿100	0.427	199.1	0.47	70.2
ポリエステルメリヤス	ポリエステル100	0.338	101.7	0.30	78.2
サージ（梳毛織物）	毛100	0.479	206.7	0.43	67.4
フラノ（紡毛織物）	毛100	0.641	228.7	0.36	72.7
アクリルジャージー	アクリル100	0.665	252.3	0.38	67.5
起毛ジャージー	ポリエステル100	1.831	227.8	0.12	91.3

2.3 布　地

表 2.10　布の通気度

布　名	素　材（％）	通気度 (cm³/cm²·s)
ブロード	綿 100	21.8
デニム	綿 100	22.3
コール天	綿 100	5.1
サージ	毛 100	43.0
フラノ	毛 100	64.3
新合繊（起毛）	ポリエステル 100	33.6
コーティング布	表：ポリウレタン 100 裏：綿 100	0〜0.32
起毛ニット	ポリエステル 100	167.0

　含気率は繊維の種類，糸や布の構造によって大きく異なるが，衣服に用いられる布の含気率は一般には 50〜90％ の範囲にあり，厚地の布，編物，接合布の含気率は高い．布の通気性，保温性，吸水性に関係する性質である．表 2.9 は各種布の含気率を示したものである．

ii）　通気性　　糸や繊維間の間隙を通して，空気が物体の片面から他面へ流れる性質を通気性（air permeability）という．通気性は布の組織，糸密度，厚さ，含気性の影響を受ける．一般に含気性が高いと通気性も高くなる傾向にある．高温多湿の環境のなかで衣服内のむれを防ぐためには，通気性の高い布を選び身体から発散された水分を衣服内から外界へすばやく移動させなければならない．寒期には逆に通気性の低い素材を外衣とし着用し，なかに含気性の高い服を重ね着することにより保温性を高めるとよい．表 2.10 はフラジール型試験機で測定した布の通気度を示したものである．ポリウレタンでコーティングした布の通気度は 0 に近く，紡毛織物のフラノや起毛ニットの通気度は大きい．

iii）　保温性　　布の保温性は，衣服内気候の調節を補助する重要な性質であり，布の含気性，通気性，熱伝導性などの影響を受ける．表 2.11 に物質の熱伝導性を示す．金属などに比較して繊維は熱伝導性が低い材料であるが，布はさらに熱伝導率の低い空気を多量に含み，布表面の気孔が小さく，布内部の空気の対流を防ぐこと

表 2.11　物質の熱伝導性

物　質	相対熱 伝導率*
空　気	1
水	25
銅	1608
綿	17.5
毛	7.3
絹	6.4
レーヨン	11.0
麻織物	2.6
綿織物	3.3
レーヨン織物	2.8
絹織物	1.9
毛　布	1.7

＊ 空気の熱伝導率を 1 として換算した熱伝導率．

ができるために保温性が高くなる．とくにわたや羽毛を充填した布，フォームラミネート製品などの保温性が高いのはこのような理由からである．また，熱伝導の観点ではなく，アルミニウムの粉末を裏布に塗布し，人体から出る輻射熱を金属面で反射することにより保温性を高める布も開発されている．その他，セラミックを塗布したり，導電性糸を発熱させる方法もある．

iv) 吸湿性，吸水性　空気中の水蒸気や身体が発散する水蒸気を吸収する性能を吸湿性といい，雨や洗濯の水，汗を吸収する性質を吸水性という．布の吸湿性は原料繊維の吸湿性に密接に関係するが (p. 34 参照)，吸水性については水は布を構成する繊維や糸間に毛細管現象で吸い込まれるので，含気性の高い布は吸水性も高くなる．しかし，基本的には繊維表面の性質が重要で，表面がはっ水傾向をもっていると吸水されない．疎水性の繊維であっても吸水現象は起こるが，繊維内部への吸水がないため，水切れや乾燥は速い．

綿や麻などの親水性繊維は吸湿性，吸水性ともに高く，肌着などの材料として適している．しかし湿潤すると乾燥しにくく，水の熱伝導率は高いため水分が多量に存在すると布の保温力を低下させるので注意が必要である．近年，合成繊維で多孔質構造にし，吸水性を改良したものや，肌側に親水性繊維を用い外側に疎水性繊維を積層し，水分の放散を促進させた多重構造の布などの開発も行われている．

v) 透湿性　人間が衣服を着用して生理的に快適であるためには，発汗や不感蒸泄による水分が布を通して外気に放出されることが望ましい．布の透湿は，布の内側に存在する気相水分が，糸や繊維の間隙，繊維の内部に拡散し，布表面から外気に放散することをいう．布の透湿性は，繊維の吸湿性が高く布の密度が小さく，厚さが薄い布ほど高い．

vi) はっ水性，耐水性　布の表面で水をはじく性質をはっ水性といい，布が雨や水中において水圧に耐える性質を耐水性という．布のはっ水性が大きいと，水と布の分子が引き合う力（付着力）よりも，水の分子どうしの引き合う力（凝集力）のほうが大きいので，水は表面張力により水滴となって布上にとどまる．布のはっ水性は，水に対する繊維表面の性質，布組織，糸密度などの影響を受ける．はっ水性が要求される場合には，はっ水加工を行うが，微細孔をもつ皮膜を布表面に形成したり，超極細繊維を使用して微細空隙を有しながら布の表面

にはっ水性を付与した透湿防水素材も開発されている．

vii) 帯電性 　繊維素材は電気絶縁性が高く，摩擦により発生した静電気が蓄積されやすいために，冬期の乾燥した環境ではスカートの裏地と下着，ストッキングがまつわりついたり，脱衣時に放電が発生することがある．とくに，吸湿性の低い合成繊維は帯電性が大きく静電気が発生しやすい．そのために空気中のごみやほこりが付着して汚れやすく皮膚障害を引き起こすことがある．防止策としては帯電防止剤を布に塗布するが，金属繊維や有機導電性繊維を混入したり，繊維中に導電性物質（カーボンブラック，アルミニウムなど）を混合し帯電防止性を付与した素材も開発されている．

2.4 新しい素材

新しい素材としては，化学繊維，とくに合成繊維の分野において著しい展開がある．ここでは新しい素材を生みだす底流となった合成繊維に関する技術的な流れを簡単に述べ，具体的な例として「高感性素材」について概括的に説明する．

a. 合成繊維技術の変遷

1950年代は，わが国で開発されたビニロンが発売され，続いて三大合成繊維であるナイロン，アクリル，ポリエステルが相次いで国内の合繊メーカーから出現した時期である．したがって合成繊維時代の幕開けともいえる時代である．当時は合成繊維そのものが新しい素材という位置づけで，とくに合成繊維のもつウォッシュアンドウェア性（W＆W性），イージーケア性といった特性が天然繊維にはない長所として受け入れられた時期であった．

1960年代に入ると，合成繊維はその長所を生かして，量的にも，質的にもさらに拡大・発展した．ポリプロピレンの共同商標が「パイレン」となったのもこのころであるが，汎用な合成繊維が数多く開発されたということではなく，既存の合成繊維素材をベースにさまざまな工夫が施されて，付加価値をつけるという方向に沿って技術が進展していく道筋がつけられた．この時期の大きい技術的な流れは，高級繊維「絹」の模倣である．絹繊維は三角断面をしていて，独特の光沢，風合いをもっている．これを模倣してノズル形状を工夫した異形断面繊維

(三角断面繊維)が製造され，従来の丸形断面繊維とは違った光沢と感触を生みだすことに成功した．さらに絹の生織物の精練による脱セリシンを模倣して，ポリエステル織物のアルカリ減量加工により，柔軟さやドレープ性を改善する技術も開発された．これらの技術は現在にも継承されている技術である．

1970年代には複合繊維の技術をもとにした極細繊維技術が花開き，同繊維を応用したスェード調人工皮革が開発され，異収縮混繊糸技術などとともに1980年代後半の新合繊ブームへと発展していくのである．その間，70年代後半から80年代前半に天然繊維ブームもあって，合成繊維によるシルクライクをはじめ，綿，麻，羊毛といった天然繊維ライクな織物素材が活発に製品化された．これらは天然素材の模倣といえるが，80年代後半の新合繊は，合成繊維が独自に切り開いた感性素材といってよいのではないかと思われる．

b. 高感性素材

高感性素材ということになれば，新合繊を除外して論じることはできない．ここではまず新合繊がどのようなものかを説明することにしよう．新合繊は，前項でも述べたように，1980年代の後半以降に高度な繊維技術によって開発され，改良された合成繊維素材で，その中心をなすのがポリエステルである．そして従来の天然繊維や合成繊維とは異なり，新鮮味がありかつ洗練された風合いをもつ

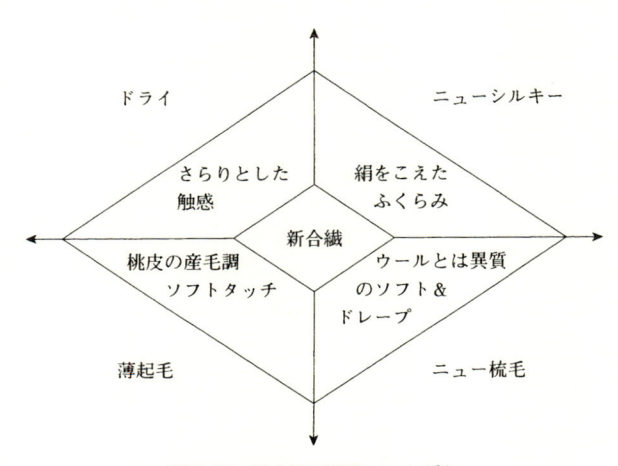

図2.26 新合繊の開発コンセプト

素材といえる．

　図 2.26 は新合繊開発のコンセプトを分類・図示したものであり，ニューシルキー，ドライ，薄起毛，ニュー梳毛の四つに分類される．このコンセプトは，異収縮混繊糸，異形断面繊維，粒子添加，極細繊維などの技術に支えられている．以下，簡単に説明しよう．

　① 異収縮混繊糸技術：　熱収縮性が異なるフィラメントを混合して，熱処理により糸（織物）にふくらみをもたせる技術である．熱収縮性の異なる部分の配置の仕方には，多様な技術が展開されている．

　② 異形断面繊維技術：　溶融紡糸において，口金（吐出孔）の形状を工夫することにより，中空をはじめさまざまな断面形状の繊維を紡糸する技術である．光沢，風合いばかりでなく，保温性をはじめとする快適性などとも関連する製品に応用できる．

　③ 粒子添加技術：　繊維に酸化チタンなどのつや消し剤を混入することは従来からよく行われているが，酸化チタンなどを含めた無機系の粒子，あるいは有機系の粒子を繊維に添加するものである．つや消しはもちろん，高比重化によるドレープ性の改善などもあるが，さらにアルカリ減量処理を施して，粒子を脱落させて痕跡をつくり，発色性の向上や新合繊としてのドライタッチ感を生みだす技術に結びつく点が重要である．

　④ 極細繊維技術：　通常の溶融紡糸では，繊維を際限なく細く紡糸することはできない．具体的には 1 d 以下の細い繊維をつくるためには特別な工夫が必要となるが，ここで複合繊維の技術が応用される．2 成分の複合繊維（コンジュゲ

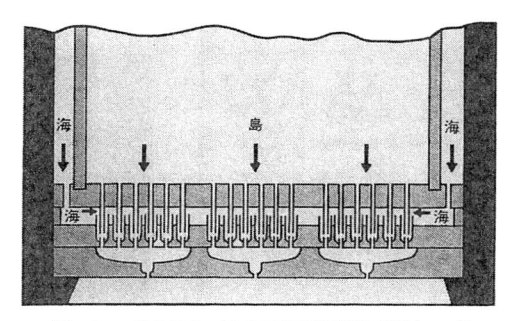

図 2.27　複合紡糸（高分子相互配列体繊維）の例

表2.12 新合繊の開発コンセプトと要素技術

技術＼開発コンセプト	異収縮混織糸技術	異形断面繊維技術	粒子添加技術	極細繊維技術	仮より加工
ニューシルキー	◎	◎			
ドライ		◎	◎		
薄起毛	○			◎	
ニュー梳毛				○	◎

◎印はたいへん重要であることを示す.

—ト繊維：conjugate fiber）は，クリンプの発生に利用されてきたが，図2.27のような新しい複合紡糸（高分子相互配列体繊維）により，多数の極細繊維（島成分）を別の海成分のポリマーで束ねた1本の繊維として紡糸し，さらに海成分のポリマーを溶剤で除去すれば，極細繊維束が得られる．これ以外にも極細繊維の製造としては，複合紡糸により繊維を紡糸し，それを割繊する方法もある．

極細繊維は，とくにスエード調人工皮革の技術を大きく支えるものであるが，新合繊においてもソフトタッチ素材において重要な意味をもっている．

以上の技術が図2.26の開発コンセプトとどのように対応しているのかを示したのが，表2.12である．ニュー梳毛では，仮より加工が重要な位置を占めるので，追加してある．

繊維素材の感性評価は，私たちの舌を除く，眼，皮膚，鼻，耳の4器官によってなされるわけであるが，新合繊を含めた各種の高感性素材を感覚受容器官という切り口で分類した例が図2.28である．このような高付加価値化された素材は，

感覚受容器官	機能	素材
眼	変色・発色	感温変色素材，感紫外線変色素材
	心地よさ	1/f ゆらぎ応用プリント素材 1/f ゆらぎ応用製織素材
皮膚	保温・清涼	蓄熱保温素材，軽量・保温素材 清涼素材（吸汗素材を含む），クーリング素材
	風合い・触感	人工皮革，ハイタッチ素材，その他多数の素材
	スキンケア	ノンアレルゲン素材，保湿素材 pHコントロール素材
鼻	臭気・香り	抗菌・防臭素材，消臭素材
	精神リラックス	付香素材，森林浴素材
耳	絹鳴り	絹鳴り素材

図2.28 高感性素材の例

今後さらに多様化していくことが予想される．

2.5 染色加工

　染色加工には，一般に染色と仕上げ加工の両者が含まれ，大別すると，精練・漂白，染色，仕上げ加工の三つの工程がある．おのおのの加工は，繊維別，形態別（ばら毛，糸，織物，編物など），用途別などによって染色加工の方法が異なる．

a．精練と漂白
1）　精　練（scouring）
　精練とは，繊維および繊維製品に付着している不純物や工程中に付着した油，加工剤，汚れなどを除去して，清浄な状態にし，薬剤や染料の浸透をよくするために行われる工程である．天然繊維には，油脂，ロウ，ペクチン質，天然色素など種々の不純物が含まれており，この工程は重要である．色素の除去には漂白剤，不純物や汚れなどの除去には水酸化ナトリウム，炭酸ナトリウムなどのアルカリや洗浄作用の大きい陰イオンまたは非イオン界面活性剤が用いられる．最近は，中性の酵素を使用する環境にやさしいバイオ精練が検討されている．

　① 綿：　綿繊維には，セルロースの他に約5％のペクチン質，リグニン質，油脂類などの不純物を含んでいる．水酸化ナトリウムや炭酸ナトリウム，陰イオン界面活性剤の水溶液で常圧または加圧下で煮沸することにより精練される．麻の場合もアルカリや陰イオン界面活性剤を用いて精練する．

　② 絹：　絹にはフィブロイン蛋白と約30％のセリシン蛋白を含んでいる．セリシンは熱湯やアルカリ，石けん液に溶解するが，フィブロインはアルカリにより損傷するので，精練には石けんと少量の炭酸ナトリウム，炭酸水素ナトリウムなどを添加して行われる．用途によりセリシンを一部残す場合，あるいは薬剤で不溶化して残す場合もある．

　③ 毛：　毛の繊維成分はケラチン蛋白であるが，原毛には羊脂，汗，土砂，植物種子などの不純物を約30％以上も含んでいる．毛繊維はアルカリによって損傷されやすいので，石けん，陰イオン界面活性剤，または非イオン界面活性剤

を主剤とし，少量のアルカリを添加して精練する．種子は炭化処理（希硫酸に浸漬し，乾燥加熱する）により除去される．原毛を精練する場合を洗毛という．

④ 化学繊維： レーヨン，アセテートおよびナイロン，ポリエステルなどの合成繊維は，本来不純物を含まないが，製造過程で用いた薬剤の残留分，紡糸後の加工剤，汚れなどをわずかに含むので陰イオンおよび非イオン界面活性剤で精練する．

2) 漂 白 (bleaching)

漂白とは，繊維に含まれる有色の不純物や紙や布に二次的に付着した有色物質を酸化または還元によって分解し，無色化する工程である．漂白は未染色の繊維製品の白度を高めるため，および染色の前処理として鮮明色や淡色を得るために重要な工程である．漂白は酸化剤を用いる酸化漂白と還元剤を用いる還元漂白に分けられる．セルロース系繊維布の工業的な酸化漂白には，過酸化水素や亜塩素酸が用いられるが，塩素系の公害問題から主流は過酸化水素系となっている．合成繊維には亜塩素酸ナトリウムや過酢酸などが用いられる．

b. 染料の種類と染色の原理

染色 (dyeing) は，JIS用語では繊維品を染料，顔料で着色することと定義されている．染色物に要求される性能は，① 色調が美しく，② 日光，洗濯，汗，摩擦などにより変退色しにくく，③ 染色が容易で安価であることなどである．

1) 染料の種類

染料 (dyestuff または dye) は，天然染料と合成染料に分けられる．天然染料は有史以来用いられており，植物染料，動物染料，鉱物染料に類別される．

i) 天然染料 (natural dye)

① 植物染料： 植物染料は植物から得られる染料で，「草木染」に用いられる多くの染料もこれに属する．植物の根（シコン，アカネ，ウコンなど），樹幹（スオウなど），樹皮（カテキュー，シブキなど），葉（アイ，カリヤスなど），花（ベニバナなど）に含まれる色素が用いられる．植物染料は，一般に染料液だけでは染着性が低く，媒染剤を使って発色・固着させる．媒染剤の種類を変えることにより単一の色素を多様な色に発色させる．主として，手工芸品や民芸染色などに用いられているが，最近では植物の組織培養により天然色素を生産するバイ

2.5 染色加工

オ技術が実用化されている．

② 動物染料： 代表的な染料として，古代紫やコチニールがあげられる．古代紫は地中海沿岸に産する巻貝ムレックスの分泌する黄色液中に含まれ，酸化すると紫色染料となる．コチニールは，中南米などに生育するサボテン科の植物に寄生するエンジムシの雌虫を粉末にした紅色染料である．

③ 鉱物染料： 有機物による染料が主体となっており，ミネラルカーキ，弁柄などである．

ii) 合成染料（synthetic dye） 合成染料は，1856年イギリス人パーキンにより塩基性染料"モーブ"が合成されて以来，次々と多くの新しい染料が合成され，今日にいたっている．

合成染料を分類するには，化学構造による方法と染色法による方法があるが，通常は染色法による方法がよく用いられ，染料の部属とよばれている．部属別におのおのの染料を用いて染色する場合，おのおのの染色の原理や染色方法が異なり，これを基本染法とよぶ．表2.13に基本染法と部属染料名を示す．

① 直接染料（direct dye）： 綿，レーヨンなどのセルロース繊維に直接染着することができる．線状の細長い構造をもち，複数のスルホン酸基をもつ．染料の結合力は，ファンデルワールス力および水素結合が主体であるが，一般に，日光，洗濯堅牢度は低い．耐光性を向上させたシリアス染料が市販されている．

② 酸性染料（acid dye）： 分子中にスルホン酸基，カルボキシル基などの酸性基をもち，羊毛，絹，ナイロンなどのアミノ基との間でイオン結合によって染着する染料である．酸性浴で染色される．スルホン酸基をもつことでは直接染料に似ているが，一般に分子が小さく，水溶性が大きいので，セルロース繊維へは直接染着しない．

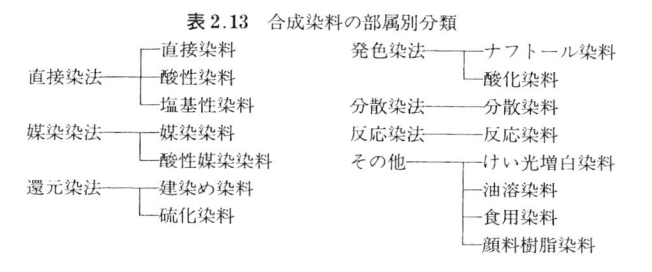

表2.13 合成染料の部属別分類

```
直接染法 ─┬─ 直接染料           発色染法 ─┬─ ナフトール染料
         ├─ 酸性染料                    └─ 酸化染料
         └─ 塩基性染料         分散染法 ─── 分散染料
媒染染法 ─┬─ 媒染染料           反応染法 ─── 反応染料
         └─ 酸性媒染染料       その他 ──┬─ けい光増白染料
還元染法 ─┬─ 建染め染料                  ├─ 油溶染料
         └─ 硫化染料                    ├─ 食用染料
                                       └─ 顔料樹脂染料
```

③ 塩基性染料（basic dye）： 分子中の塩基性基（$-NH_2$, $-NHCH$, $-NH(CH_3)_2$ など）と塩酸などの酸により塩を形成した染料構造をもち，水中で陽イオンになる．羊毛，絹のカルボキシル基とイオン結合によって染着する．鮮明な色調をもつが，日光堅牢度は低い．アクリル繊維に対しては，優れた堅牢度をもつものをカチオン染料という名で区別している．

④ 媒染染料（mordant dye）： 繊維に直接染着性がないので，あらかじめアルミニウム塩，鉄塩などの金属塩で媒染した後，染色することにより発色し染着する．

⑤ 酸性媒染染料（acid mordant dye）： 別名クロム染料という．酸性染料の一種で，媒染剤の金属イオンと錯塩を形成し，羊毛の染色に用いられる．耐光，湿潤堅牢度がよく，羊毛の黒，紺，茶色などの濃色染に用いられる．

⑥ 硫化染料（sulfur dye）： 水に不溶だが，硫化ナトリウムで還元させると，色を失って水溶性になり，セルロース繊維やビニロンに染着する．染着後，酸化により不溶性に戻り，もとの色に復色する．

⑦ 建染め染料（vat dye）： 別名バット染料ともいう．スレン染料ともよばれる．藍（アイ）は天然の建染め染料である．染料は水に溶けないが，アルカリ性にしてハイドロサルファイトで還元すると，ロイコ体となり水に溶け，セルロース繊維に染着する．染着後，空気酸化させると，もとの不溶性染料の形に戻り，もとの色を復元する．

$$\diagdown C=O \xrightleftharpoons[\text{酸化}]{\text{還元}} \bigcirc C\text{-}OH \underset{}{\xrightleftharpoons{NaOH}} C\text{-}ONa$$
（ロイコ体）　（ロイコ体）

還元によって水に可溶化することを建てる，還元浴をバットとよぶことから建染め染料またはバット染料ともよばれる．色相は鮮明で耐光や洗濯堅牢度に優れており，綿繊維用の高級染料である．

⑧ ナフトール染料（naphthol dye）： アゾイック染料，顕色染料ともいう．繊維上で下づけ剤と顕色剤を反応させて不溶性のアゾ色素を生成し，発色する．主としてセルロース繊維に用いられるが，アセテートや合成繊維にも用いる．

⑨ 酸化染料（oxidation dye）： 芳香族アミンと酸との水溶性塩であり，酸化剤で酸化すると，不溶性となり発色する．堅牢な褐色か黒色染料である．

⑩ 分散染料（disperse dye）：　水には溶けないが，分散剤によって水に分散させて染色に用いる．初め，アセテート繊維の染色用に開発されたが，現在は合成繊維の染色に利用されている．

⑪ 反応染料（reactive dye）：　染料分子が繊維分子と化学的に反応し，共有結合によって結合する染料である．洗濯堅牢度に優れている．セルロース繊維，毛，絹，ナイロンなどの染色に用いられている．

2) 染色の原理

i) 繊維と染料　　染料の繊維への染着には，① 極性力，② 水素結合，③ イオン結合，④ 共有結合，⑤ 配位結合，⑥ 無極性ファンデルワールス力などの結合が複合して染着している．繊維別に適する染料の一覧を表2.14に示す．

ii) 染色速度と染着平衡　　染着平衡とは，染料が繊維に染着する場合，一定温度にある時間保つと飽和状態に達し，それ以上吸着も脱着も起こらない状態をいう．

染色速度とは，染浴中の染料が繊維に染着する速度をいい，繊維と染浴との界面における染料の吸着速度と繊維内部での染料の拡散速度に分けて考えられる．図2.29に示すように，短時間に表面染着するが，繊維内部に均一に染料が拡散移動し，染着平衡に達するには長時間必要とする．したがって，染色速度は染料の拡散速度に支配される．

iii) 染色温度と染着平衡　　平衡染着量は図2.30に示すように温度が低いほど大きく，逆に温度が高いほど小さく，低温では染着平衡に達するのに長時間必要とする．したがって，実際の染色では，限られた時間内に高い染着速度を得るために高温での染色が行われる．吸着等温図は，ある一定温度で染料濃度を変えおのおのの濃度における平衡染着量を求めて，繊維中の染料濃度と染浴中の染料濃度との関係を示したものである．図2.31に示すように，この関係には3種類あり，通常，aはヘンリー分配型（例，分散染料によるアセテートの染色），bはフロインドリッヒ吸着型（例，直接染料によるセルロース繊維の染色），cはラングミュア吸着型（例，酸性染料による羊毛，ナイロンの染色）とよばれる．

c. 染色法の種類

染色には，浸染（dyeing）と捺染（printing）がある．染浴中に繊維製品を浸

表 2.14 染料と適用繊維（奥山・水梨監, 1982）

繊維		直接染料	酸性染料	塩基性染料	媒染染料	酸性媒染染料	建染め染料	硫化染料	ナフトール染料	酸化染料	分散染料	反応染料	油溶染料	けい光増白剤	天然染料
綿・麻類		◎	×	△	△	×	◎	◎	◎	○	×	◎	×	◎	◎
羊毛・絹		○	◎	◎	◎	◎	○	×	△	○	×	◎	×	◎	◎
レーヨン		◎	×	○	○	×	◎	◎	◎	○	×	◎	×	◎	×
アセテート		×	×	×	×	×	△	◎	×	◎	◎	×	△	◎	×
ビニロン		◎	○	○	○	○	◎	○	○	×	○	◎	×	◎	×
ナイロン		○	◎	○	○	○	○	×	○	○	○	◎	○	◎	○
アクリル*	A	×	×	◎	×	×	○	×	○	×	◎	○	×	◎	×
	B	×	◎	◎	×	×	○	×	○	×	◎	○	×	◎	×
	C	×	○	◎	×	×	○	×	○	×	◎	○	×	◎	×
ポリエステル		×	×	×	×	×	○	×	○	×	◎	×	○	◎	×
ポリ塩化ビニル		×	×	×	×	×	○	×	◎	×	◎	×	○	◎	×
ポリ塩化ビニリデン		×	×	△	×	×	○	×	○	×	◎	×	○	◎	×
ポリプロピレン**	A	×	×	×	×	×	×	×	×	×	◎	×	◎	○	×
	B	△	×	△	×	○	○	×	◎	×	◎	×	◎	○	×
ガラス繊維		×	△	×	×	×	×	×	×	×	○	×	◎	○	×
天然皮革		◎	◎	◎	○	◎	○	△	◎	×	×	×	◎	×	◎
合成皮革		×	◎	×	×	×	×	×	×	×	×	×	◎	×	×
毛皮・毛髪		○	○	○	○	◎	◎	△	△	△	×	○	×	×	◎

◎：最適, ○：可能, △：一部可能, ×：不可能.

* アクリル ┌ A：オーロン, カシミロン, ボンネル
　　　　　 ┤ B：アクリラン, エクスラン
　　　　　 └ C：ダイネル, カネカロン

** ポリプロピレン ┌ A：未改質ポリプロピレン
　　　　　　　　　└ B：改質ポリプロピレン

図 2.29 繊維断面への染着過程

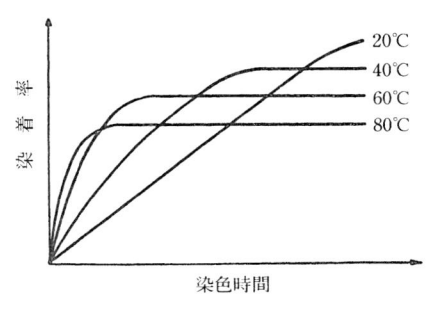

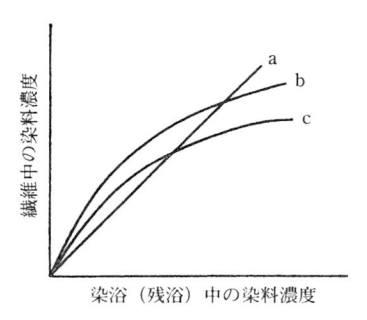

図 2.30 染色温度と平衡染着量（奥山他，1982）　　図 2.31 吸着等温図（大野他，1982）

して全面一様に染めることを浸染といい，この浸染が染色の基本といえる．布染にはジッカー染色機，ウィンス染色機，液流染色機が用いられている．捺染は布上に模様を現出させる染色法である．一般に捺染のりを媒体とし模様部分を印捺する方法が多い．印捺方法には，型紙や自作のスクリーンを用いる手捺染と機械捺染に分けられる．機械捺染にはローラー捺染，スクリーン捺染がある．染法としては，白生地に色模様を直接印捺する直接捺染法，地染めした生地に抜染剤を含む捺染のりを印捺し，蒸熱により印捺部分を抜色する抜染法，生地に染料の染着・発色を防ぐ防染のりをあらかじめ印捺し，あとで地染を行うことによって模様を現出する防染法がある．

d. 染色堅牢度 (color fastness)

染色物の日光，洗濯，汗，摩擦，アイロンなどに対する色の安定性を染色堅牢性といい，その程度を染色堅牢度という．染色堅牢度は，染色物の色の変化と添付した白布の汚染により評価し，耐光堅牢度は 1～8 級（8 級が最高），他の堅牢度は 1～5 級（5 級が最高）となっている．

e. 仕上げ加工 (textile finishing)

仕上げ加工とは，精練・漂白および染色の終わった後，最終の仕上がりまでに施される機械的・化学的加工すべてを指す．仕上げ加工には，一般仕上げと特殊加工仕上げがある．一般仕上げは，織物の所定の幅を整え，布面を平滑にするなど，形態を整え，その織物が本来有する性能を発揮させて行われる通常工程の仕

上げを指す．特殊仕上げ加工は，本来有しない特殊な性能を付与するために行われ，織物本来の機能性を顕在化させる機能加工と主として感性の面から新たな特性を付与する感性加工に分かれる．機能加工としては，形態安定加工，はっ水・防水加工，難燃加工などが，感性加工としては抗菌防臭・消臭加工などがあげられる．また，環境に配慮した加工方法もとられている．

1) 防縮加工 (shrink resistant finish)

洗濯に対する寸法安定性を目的として施される加工である．

① サンホライズ加工： 綿を対象として施される機械的防縮加工である．サンホライズ機により織物をたて方向に収縮させ，それ以上縮まないようにして熱セットする．

② 羊毛製品の防縮加工： 羊毛製品は洗濯などによりフェルト収縮が生じる．このフェルト化は，羊毛表面のスケールにより繊維同士がからみあうことが原因であり，スケールを除去する，スケール表面を被覆するなどの方法がとられている．スーパーウォッシュ加工という名でザ・ウールマーク・カンパニー（旧IWS：国際羊毛事務局）が開発し紹介している方法もある．

2) 防しわ加工 (crease resistant finish)

主として綿やレーヨンなどセルロースの織物を対象として，防しわ性を付与する樹脂加工である．

① ウォッシュアンドウェア加工（W & W 加工）： イージーケア加工ともいう．綿織物を対象として，洗濯し乾燥したあとしわが残らず，アイロンがけしなくても着用できることを目的とした加工である．

② パーマーネントプレス加工（PP 加工）： アメリカではデュラブルプレス（DP）加工ともいう．綿織物のワイシャツ，ブラウス，綿スラックスなどに対し，洗濯後の小じわが残らず，アイロンひだが消えず，洗濯後もプレスがけ状態が保持される加工である．プレキュア法とポストキュア法に大別される．ポリエステル・綿混紡織物への加工が多い．

3) 形態安定加工 (dimension stabilizing finish)

1993 年，綿あるいは綿・ポリエステル混紡製品に高度の W & W 性を与える加工として日本で行われた加工である．防縮性，防しわ性，形態保持性などに優れ，アイロンがけの必要がないことが特徴である．

① 液体アンモニアマーセリゼーション： 液体アンモニアを用いた綿のマーセル化のことである．液体アンモニア処理すると，光沢，強度，防縮性，染色性，樹脂加工性などが向上し，形態安定加工の前処理として行われている．

② 気相加工： VP加工ともいう．綿あるいは綿・ポリエステル混紡繊維製品を気相でホルムアルデヒドで架橋化する加工である．

4) はっ水加工（water repellent finish），**防水加工**（waterproofing finish）

① はっ水加工： 水をはじく性質を繊維製品に付与する加工である．通気性のある加工である．

② 防水加工： 布表面をポリマーコーティングしたような通気性のない加工を防水加工という．したがって，衣服にした場合にはむれるが，耐水性に優れることが特徴で，用途はシート，テントなどである．

③ 透湿防水加工： 従来のコーティングタイプの防水加工では，外部からの雨水は防ぐが，内部からの汗（水蒸気）が発散しにくく，むれによる不快感があることが問題であった．透湿防水加工とは，はっ水加工を併用することにより水蒸気は通すが，雨滴は侵入できないような微多孔質により透湿防水性を与える加

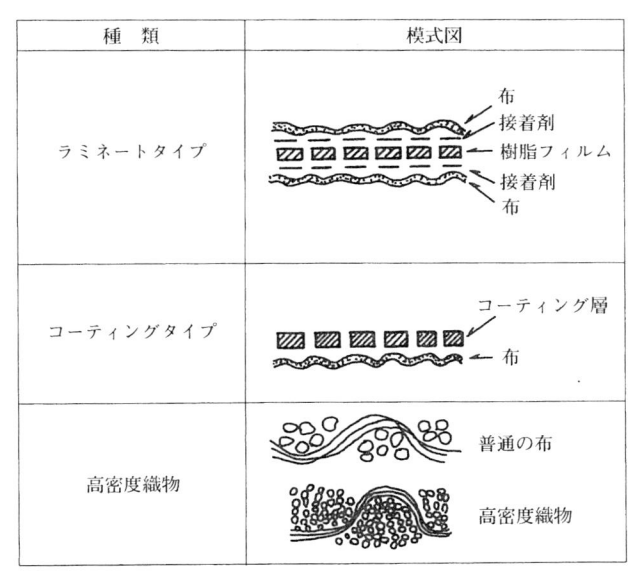

種類	模式図
ラミネートタイプ	布／接着剤／樹脂フィルム／接着剤／布
コーティングタイプ	コーティング層／布
高密度織物	普通の布／高密度織物

図2.32 透湿防水加工の種類（吉田他，1992）

工である．透湿防水の方法には，図 2.32 に示すようなラミネートタイプ，コーティングタイプ，高密度織物による方法があげられる．

5) 防汚加工 (soil release finish)

繊維製品に汚れをつきにくくするソイルレジスタント，汚れても洗濯などにより除去しやすくするソイルリリース加工，およびこれらの複合加工がある．フッ素系ポリマーが用いられる．

6) 帯電防止加工 (antistatic finish)

疎水性の合成繊維は，静電気が発生しやすく，衣服のまつわりつき，ほこりやごみの吸着，スパーク放電などを起こす．静電気の発生を防ぐには繊維表面を導電化することがよく，導電性物質を混ぜる，カチオン界面活性剤などで処理する方法があげられる．

7) 難燃加工 (flame retardant finish)

繊維製品を燃えにくく，着火・延焼を防ぐ加工のことをいう．難燃加工剤としてリン，ハロゲン化合物などが用いられる．難燃化の方法は可燃性ガスの発生を抑えたり，熱により溶融して繊維表面を被覆するなどの方法がとられる．

8) 衛生加工 (sanitary finish)

肌着，靴下，おむつカバーなどを主な対象として，衣服についた汗や汚れによる細菌の繁殖を抑制し，腐敗や汗臭などを防止する加工である．

9) 抗菌防臭加工 (fungicide deodorant finish)

抗菌作用を示す薬剤（有機シリコン系第 4 級アンモニウム塩など）で処理し，菌類により発生する悪臭を防止する加工である．病院内の製品，靴下，下着などに施される．

10) 消臭加工 (deodorant finish)

悪臭物質を物理的吸着（活性炭やゼオライトなど），化学反応（フラボン誘導体や $Fe(III)$ フタロシアニン誘導体など）により除去，または無臭化する加工である．ふとん綿などの寝装分野，老人介護用衣料，インテリア分野などを対象としている．最近は，光により悪臭物質を分解するという消臭も行われている．

3

衣服のデザイン・構成

3.1 衣服と人体

a. 人体計測法

被服は身体サイズに適合し,身体に負担をかけることなく着脱でき,目的に応じた活動を妨げない,または動作を助けるという基本機能をもっていることが必要である.その機能を満たすためには被服設計やデザインにおいては,着用者の身体寸法や体型について詳細に知ることが重要である.

身体寸法や体型の形態的特徴をとらえる方法に,いくつかの人体計測法がある.体表上の距離をメジャーテープを用いて計測する一次元的な方法から,レーザー光線を用いて計測し,そのデータをコンピュータに取り込み人体の立体形状を表示させることができる三次元的なものまで,さまざまな方法が確立されている.それらの方法は,計測器具を直接人体に接触させて計測する直接法と,計測器具を人体に接触させないで計測する間接法の二つに分けることができる.

1) 人体計測法の種類

i) 直接法

① マルチン法: 身長計,杵状計,触角計,巻尺などの器具を用いて,人体の高径,横径,矢状径,周径,体表に沿った長さなどを直接人体に触れて計測する方法である.被服学だけではなく人間工学をはじめ,さまざまな分野で使用されている.

② スライディングゲージ法: 前後にスライドするゲージが並列しており,そのゲージを体表面に軽く接触させて,ゲージの先が描いた形状を記録することによって,人体の縦断面や横断面の形状を描画する方法である(図3.1).

③ ヒューズ法： ヒューズの軟らかい性質を利用して体表のカーブに沿わせて，人体の形状を採取する方法である．比較的容易に行うことができるが，計測時に人体を圧迫しすぎたり，人体からヒューズをはずすときに変形しやすいことが欠点といえる．

④ レプリカ法： 人体の形状をとらえた模型を作成したり体表面の形状を採取する方法のことをいい，石膏法やアルギン酸ソーダ法などがある．

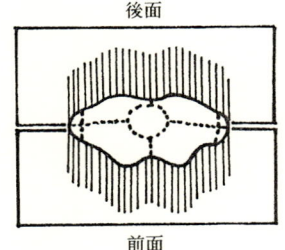

図3.1 スライディングケージ乳頭高の位置における横断面形状の計測．

・石膏法：医療用石膏テープや石膏を溶いたものに綿布を浸したものを，人体に張りつけ硬化させて外形をとり，樹脂などにより形を複製する方法である．

・アルギン酸ソーダ法：アルギン酸ソーダを水で溶き，人体の外形へ流し込んで硬化したところで人体を除き，そのなかへ溶いた石膏を流し込み形態を再現する方法である．

ii) 間接法

① シルエッター法： 人体の正面と側面から1/10の尺度で写真を撮影し，印画紙に直接焼きつける陰画撮影法である．2枚の写真から各部位の寸法やプロポーション，姿勢，体表角度，高径，幅径，厚径などの情報を得ることができる．

② モアレ法： モアレとはフランス語で波をよせるという意味である．モアレ法は人体の前に格子を置き，その格子に斜め前から光を当てることにより，体表面に干渉縞（モアレ縞）を発生させて写真撮影を行う方法である．縞の深さにより体表面の起伏の状態を把握することができる．また，多方向から人体を撮影することによって，体表面積，体表線長，体積などを計測することができる（図3.2）．

③ 三次元計測法： レーザー光や赤外線を体表面に照射してその反射光をセンサーで受け，その受光位置を三角法により計測して，人体や着衣の輪郭形状を計測する方法である．レーザー光は直進性に優れて拡散しにくい性質をもっており，人体の寸法・形状を短時間に計測できるようになった．計測装置とコンピュータとを連結させることにより，ディスプレイ上で立体的にシルエットを表示させたり，体表面展開図を描画することもでき，パターン設計や製造分野での実用

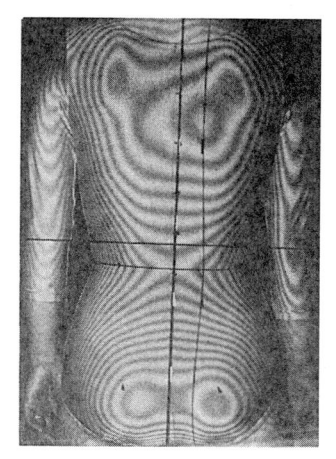

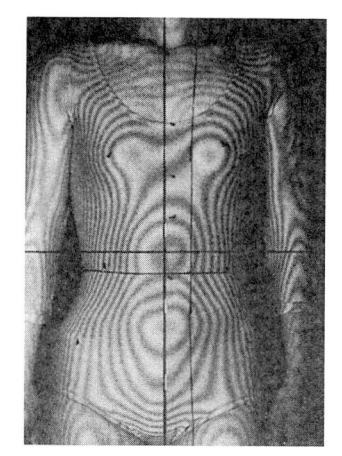

図 3.2 モアレ縞

が期待されている.

2) 主な計測項目と基準点

図 3.3 に,被服設計に必要な代表的計測項目と基準点を示す.計測のための基準点は主に体表面からは見ることができない骨の関節などに設定していることが多い.わかりにくい場合があるので,マークづけをする場合には十分留意して行う必要がある.

b. 体型の特徴とサイズシステム

1) 体型の特徴

人間は,生まれてから成長する過程を経て成人となり,さらに加齢とともに老人へと移行していく.そのプロセスにおいて体型は変化し続ける.体型が個人個人で異なることはいうまでもないが,性別による違いや年齢による違いによってもそれぞれに特徴が認められる.

　i) **体型差**　個人の体型の特徴は,シェルドンの分類に示されるとおり,例えば「やせ型(外胚葉型)」,「小太り型(内胚葉型)」,「がっしり型(中胚葉型)」などと体格や気質で大きく分類される.

① 全体的体型について: 高径項目のなかで最大の値を示す「身長」と,身体全体の重さである「体重」を組み合わせることによって,全体的な体格の傾向

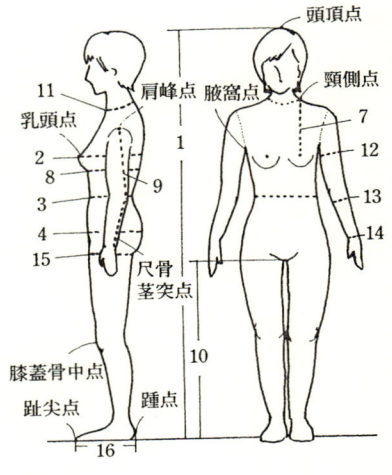

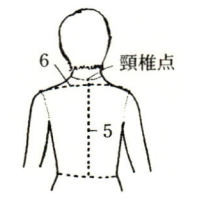

番号	項目	定義
1	身長	床面から頭頂点までの垂直距離
2	バスト	左乳頭の高さでの体幹の水平周長（※男子はチェスト：腋窩点の高さでの体幹の水平周長）
3	ウエスト	胴の最も細い部分での周長．必ずしも水平ではない
4	ヒップ	腹部にセルロイド板を当て，臀部突出点の高さでの水平周囲長
5	背丈	頸椎点からその真下の後ウエストラインまでの体表長
6	背肩幅	左右の肩峰点の間の体表長
7	頸側乳頭点距離	頸側点から乳頭点までの体表長
8	アンダーバスト	乳房の直下部の体幹の周長
9	袖丈（左側）	肩峰点から撓骨点を通り，尺骨茎状突起先端までの体表長
10	またの高さ	大腿内側の皮膚とまたの最上位に接するように，セルロイド板を水平にはさみ，床からそのセルロイド板上縁までの距離
11	くび付根囲	頸椎点，頸側点，鎖骨の内側上縁を通るようにメジャーを回して測ったくびの基部の周長
12	上腕囲	上肢を自然に下垂したときの，上腕の最も太い部位を上腕の軸に直交するように測った周長
13	前腕最大囲	上肢を自然に下垂したときの，前腕の最も太い部位を前腕の軸に直交するように測った周長
14	手首囲	手掌面で，手に最も近い屈曲線の位置での周長
15	大腿囲	臀溝より下の位置で，大腿が最も太い部位の水平周長
16	足長	足軸の平行で，踵点から最も遠い足ゆび先（趾尖点）までの直線距離

図3.3 主な計測項目

を知ることができる．またその2項目による指数を求めることによって，肥満・痩身の傾向をとらえることができる．さらに，身体の二つの部位の大きさのバランスについて知るために指数が用いられる場合がある．主な指数の例を表3.1に

表 3.1 体格指数

ローレル指数 $= 10 \times (体重\,kg)/(身長\,m)^3$
判定 $\begin{cases} \sim 129 & やせすぎ \\ 130 \sim 149 & 標準 \\ 150 \sim & 太りすぎ \end{cases}$

カウプ指数* $= (体重\,kg)/(身長\,m)^2$
判定 $\begin{cases} \sim 19.9 & やせすぎ \\ 20.0 \sim 23.9 & 標準 \\ 24.0 \sim & 太りすぎ \end{cases}$

* BMI(Body Mass Index)ともいう.

ベルベック指数 $= ((体重\,kg) + (胸囲\,cm)/(身長\,cm)) \times 100$
判定 $\begin{cases} \sim 81.9 & やせすぎ \\ 82.0 \sim 94.2 & 標準 \\ 94.3 \sim & 太りすぎ \end{cases}$

表 3.2 その他の指数

比座高 $= 100 \times (座高\,m)/(身長\,m)$
比胸囲 $= 100 \times (胸囲\,m)/(身長\,m)$
比上肢長 $= 100 \times (上肢長\,m)/(身長\,m)$
比腸骨棘高 $= 100 \times (腸骨棘高\,m)/(身長\,m)$
比肩峰幅 $= 100 \times (肩峰幅\,m)/(身長\,m)$

示す.

また,上半身で周径項目の最大の値を示す「胸囲」と「身長」によって,体型の特徴をとらえる場合があり(表 3.2 参照),これは既製服のサイズ表示に使用されている.成人女子用 JIS 衣料サイズ表示の「9」は,胸囲 81.5 cm 以上 84.5 cm 未満,「R」身長 154 cm 以上 162 cm 未満の成人女子に適合する品という意味を表している(実際の表示には,これらの 2 項目に体型区分表示が加えられている).

② 部分的体型について: 身体各部の形態に着目したもので,一例をあげると以下のようなものがある.

　　胸部について:鳩胸型―薄胸型,　　　脊柱について:ねこぜ―反り身
　　肩部について:なで肩―いかり肩,　　胴部について:くびれ型―ずん胴型
　　臀部について:出尻型―扁平型

ii) 年齢別体型の特徴

① 子供の体型: 人間の身体の各部位は,子供から大人へと成長していく際,身体各部のサイズは相似形的に増大していくのではなく,形態的にもプロポーション的にも変化の仕方は一定ではない.子供の体型は成長の過程で独特の特徴を示す.

年齢区分ごとの体型の特徴は次のとおりである.

・乳児期:生後 1 か年の間をいう.頭囲が胸囲よりも約 1 cm 程度大きいのが普通で,1 年ぐらいで頭囲と胸囲はほぼ等しくなる.背骨の湾曲が少なく,ずん胴のうえに腹部が大きく前後に突出している.そのため胴体は円筒形に近い.

(a) 乳幼児の身長　　(b) 乳幼児の体重

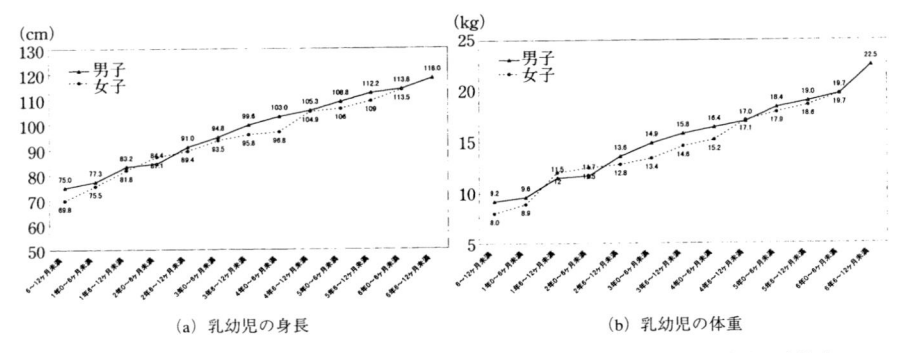

図 3.4 乳幼児の体型（平成 9 年）（資料　(社)日本小児保健協会「乳幼児の身体発育値」）

・幼児期：就学前の 1～6 歳までをいう．身長，胸囲，体重ともに伸び，身長は 2～3 歳で約 8～10 cm，4～5 歳では約 6～7 cm 伸び，胸囲は 1 歳以降には頭囲より大きくなり，肩幅も大きく扁平になる．また歩行により，下半身の成長，運動機能の発達も目立つ（図 3.4）．

・児童期：小学生の 6～12 歳の時期で，体重・胸囲の増加が著しい時期である．6～8 歳では身長は年間約 6 cm，女子は 10～11 歳までに男子よりも身長，体重とも大きくなり，成人に近い女子らしい体型になってくる．

・少年少女期：13～15 歳のジュニア期である．第二次性徴期がおとずれ男女差が明確となり，発育の個人差が顕著になってくる．また，女子の成長率はしだいに低下して成人女子の体型に近づいてくる．男子は逆に 13 歳を過ぎると，身長，体重の年間増加率が大きくなり，女子を追い越して成人男子の体型に近づいてくる．成人値に達する年齢は女子のほうが男子より約 2 年早い（図 3.5，3.6）．

② 成人の体型：　一般的に男性の骨格は女性よりも大きく，筋肉も発達している．また，肩幅が広く胴のくびれが小さい逆三角形型である．女性は肩幅は狭いが，バストとヒップがウエストに対して大きい胴くびれ型といえる．また，女性のほうが皮下脂肪が多く，からだつきに丸みがある．図 3.7 に年代別に男子の身体計測値を 100 とした場合の女子の比率を示す．総合的に男子のほうが大きく，女子は年齢の増加に伴ってウエスト，バスト，ヒップの体幹部の比率が大きくなることがわかる．

20 歳代で成人に達した体型は，その後も加齢に伴って変化し続ける．図 3.8，

3.1 衣服と人体

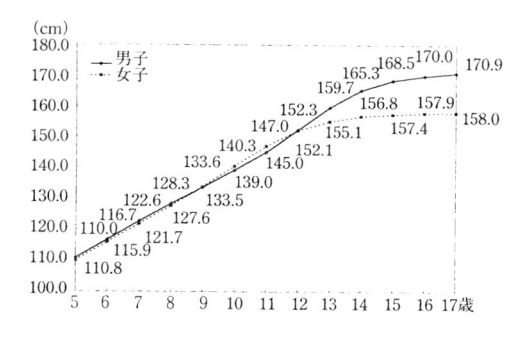

図 3.5 年齢別身長の平均値（資料「学校保健統計調査」，1998）

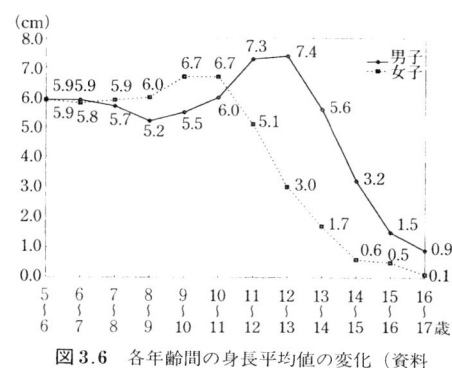

図 3.6 各年齢間の身長平均値の変化（資料「学校保健統計調査」，1998）

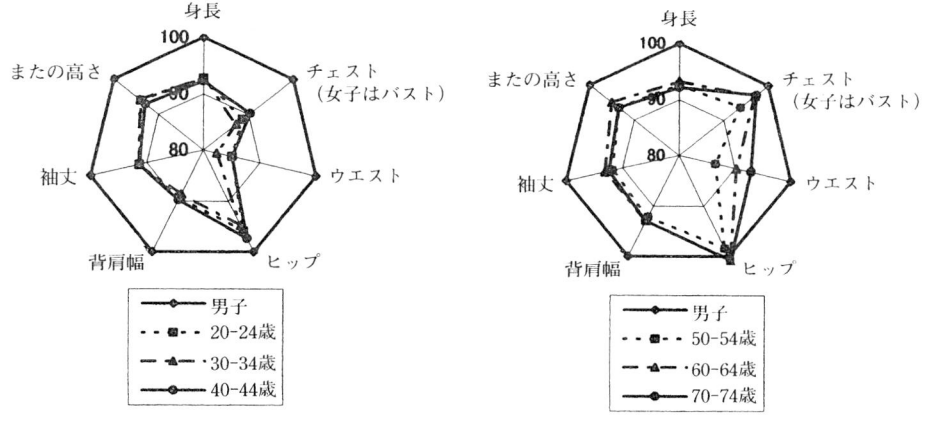

図 3.7 男子の測定値を 100 とした場合の女子比率
（資料 （社）人間生活工学研究センター：成人女子の人体計測データ，1997）

3.9 に，基準集団を男子は 20〜24 歳，女子は 20〜29 歳としたモリソンの関係偏差折線のグラフを示す．男子では 30 歳代以降でウエストが大きくなり，その結果ドロップが著しく小さくなるという変化を引き起こしている．また女子については 40 歳代を過ぎると急激にバスト，ウエスト，頸側乳頭点距離，アンダーバストが大きくなっていることから，年齢の増加に伴い身長が低く体幹部が太くなっていることがわかる．

2) 既製衣料のサイズシステム

i) JIS 衣料サイズの制定と改正

1970 年代に入ると既製服産業の発展はめ

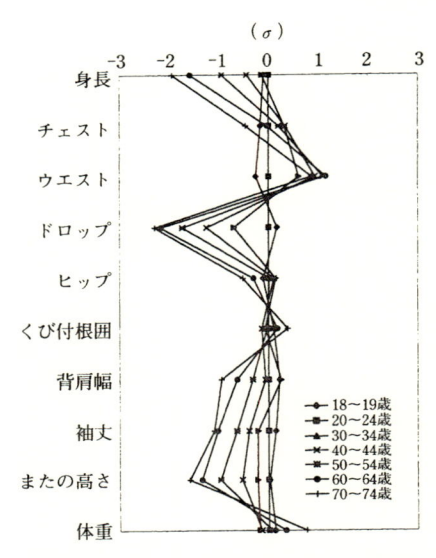

図3.8 モリソンの関係偏差折線による年齢別体型変化（男子）
（資料 （社）人間生活工学研究センター：成人男子の人体計測データ，1996）

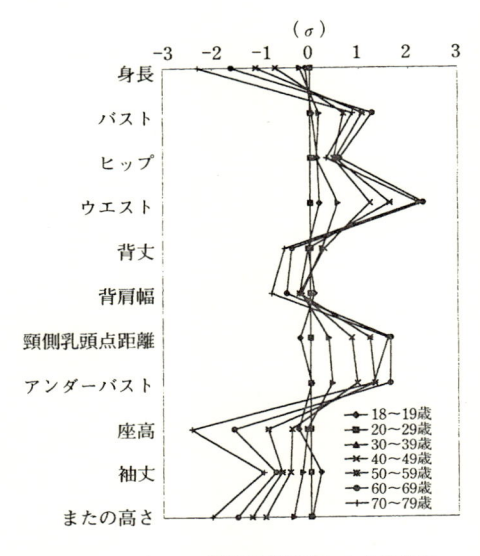

図3.9 モリソンの関係偏差折線による年代別体型変化（女子）
（資料 （社）人間生活工学研究センター：成人女子の人体計測データ，1997）

ざましく，市場には多品種の既製服が出回った．しかし，既製服のサイズ表示はメーカーや服種によって異なる場合も多く信頼性も低かったために，消費者からのクレームが多発した．そのような状況を一掃するために，1980年に「既製衣料品のサイズ及び表示に関する通則」ならびに関連するいくつかの規格（日本工業規格：Japanese Industrial Standard）が公示された．しかし，これらの規格には日本人の体格に関するデータが直接的に採り入れられていないという欠点があった．そのために，現在にいたるまでに2回の大規模な日本人の体格調査（第1回：1966～67年，1971～72年追加調査，第2回：1978～81年）が行われ，乳幼児から高齢者までの身体寸法の分布状況に関する詳細なデータが把握され，そのデータを反映させたサイズシステムが構築された．さらにその後，1992～1994年に(社)人間生活工学研究センターが中心になって日本全国の7～97歳の約33600人の男女を対象にした人体計測が行われた．その結果に基づき，成人男子用（JIS L 4004）が1996年に，成人女子用（JIS L 4005）が1997年に改正された．改正の理由としては，現代の若年齢者の体型の長身化，スリム化に伴い，前

規格（成人男子用は 1980 年，成人女子用は 1985 年に制定）との不適合が多く指摘されていたことがあげられる．このように国民の体型変化の状況をとらえたうえで，JIS 規格は見直され改正されてきている．

ii) JIS 衣料サイズシステム　　わが国の JIS 衣料サイズは，原則的には ISO（国際標準化機構：International Oragcnization for Standardization）で制定されている国際規格の，着用者の基準部位の身体寸法，すなわち基本身体寸法（control dimension）で表すという考え方に基づいている．サイズシステムの構成要素として，以下のものがあげられる．

・着用者の分類　　乳幼児・少年用・少女用・成人男子用・成人女子用の 5 区分
・衣服の着用区分　　上半身用・下半身用・全身用の 3 区分
・基本身体寸法　　胸囲またはチェスト（男子）・胸囲またはバスト（女子）・胸囲またはウエスト・腰囲またはヒップ・アンダーバスト・身長・足長・体重の 8 項目
・基本衣料寸法　　また下丈（ズボン類）・スリップ丈・ペチコート丈・ブラスリップ丈の 4 項目
・表示区分　　フィット性を必要とするもの（単数表示）
　　　　　　　フィット性を必要としないもの（単数表示・範囲表示）
・表示方法　　絵表示による方法・寸法列記による方法

これらの要素は，品目別に必要に応じて組み合わせて用いられる．

iii) 成人男子用衣料サイズ　　体型をドロップサイズ（チェストとウエストの差）によって定義し，J, JY, Y, YA, A, AB, B, BB, BE, E の 10 体型に区分している．基本身体寸法として身長・チェスト・ウエストの 3 項目の身体寸法が定められている．コート，背広服，上衣類のなかの「フィット性を必要とするもの」については，体型別の 3 元単数表示（チェスト，ウエスト，身長）が，「フィット性をあまり必要としないもの」については 2 元単数表示（チェスト，身長）で表す全身用と上半身用がある．またズボン類はウエストで表す．「フィット性をあまり必要としない」上衣類や伸縮性のある素材のシャツ類やセーター類では，チェストと身長，チェストまたはウエストの範囲表示を用いる．前規格の S, M, L などの表示にチェスト A（標準），Y（細め），B（太め）を組み合わせ，MA, MY などとし，身長の高い人用の TY，低い人用の PB が設定された．表

表3.3 体型区分とサイズ数

体　型	J	JY	Y	YA	A	AB	B	BB	BE	E
ドロップ(cm)	20	18	16	14	12	10	8	6	4	0
サイズ数	7	7	8	15	22	22	12	12	6	6

表3.4 身長番号

番号	2	3	4	5	6	7	8	9
身長	155	160	165	170	175	180	185	190

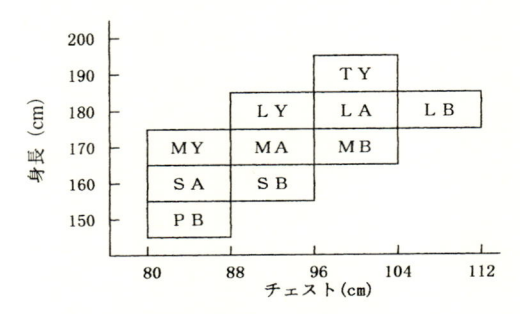

図3.10 範囲表示（成人男子用）

体型区分表示例
```
サイズ
チェスト   92
ウエスト   80
身長      165
   92 A 4
```

範囲表示例
```
サイズ
チェスト  88～96
身長     165～175
      MA
```

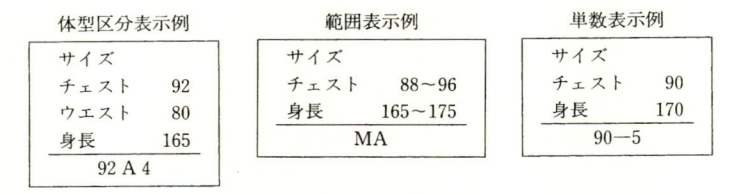

単数表示例
```
サイズ
チェスト   90
身長      170
   90—5
```

図3.11 成人男子用衣料サイズ表示の例

3.3, 3.4に，体型区分と身長番号を，図3.10に範囲表示の規格について示す．また図3.11にサイズ表示の例を示す．

iv) 成人女子用衣料サイズ　体型をA, Y, AB, Bの4体型に区分しているが，A体型以外のものは，すべてA体型を標準としたヒップサイズの差で定義しているところが特徴的である．基本身体寸法として身長・バスト・ウエスト・ヒップの4項目の身体寸法が定められている．コート類・ドレス類・上衣類のなかの「フィット性を必要とするもの」については，基本身体寸法を「単数」で表示することを基本とした3元単数表示（バスト，ヒップ，身長）が，「フィット性をあまり必要としないもの」については2元単数表示（バスト，身長）などが用いられる．またセーター・カーディガン類・シャツ類などの「フィット性をあ

3.1 衣服と人体

表3.5 バスト区分(単位：cm)

記号	3	5	7	9	11	13	15	17 … 31
中心値	74	77	80	83	86	89	92	96 … 124

表3.7 身長の中心値および範囲(単位：cm)

記号	PP	P	R	T
中心値	142	150	158	166
範囲	136～146	146～154	154～162	162～170

表3.6 体型区分

体型	意味
A体型	日本人の成人女子の身長を142 cm，150 cm，158 cmおよび166 cmに区分し，さらにバストを74～92 cmを3 cm間隔で，92～104 cmを4 cmで区分間したとき，それぞれの身長とバストの組み合わせにおいて出現率が最も高くなるヒップのサイズで示される人の体型
Y体型	A体型よりヒップが4 cm小さい人の体型
AB体型	A体型よりヒップが4 cm大きい人の体型．ただし，バストは124 cmまでとする
B体型	A体型よりヒップが8 cm大きい人の体型

表3.8 身長154～162 cmの場合の基本身体寸法とそのよび方(単位：cm)

よび方	S	M	L	LL	3L
バスト	72～80	79～87	86～94	92～101	100～108
ヒップ	82～90	87～95	92～100	97～105	102～110
身長	154～162				
ウエスト	58～64	64～70	69～77	77～85	85～93

体型区分表示例

```
サイズ
バスト    83
ヒップ    91
身長     158
    9 AR
```

範囲表示例

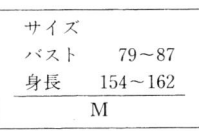

```
サイズ
バスト   79～87
身長    154～162
      M
```

絵表示例

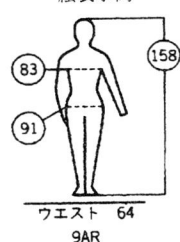

(図：83, 91, 158, ウエスト 64, 9AR)

図3.12 成人女子用衣料サイズ表示の例

まり必要としないもの」では，バスト範囲と身長範囲を組み合わせて表示する2元範囲表示などが用いられ，S，M，Lなどと示される．スカート類，ズボン類については「フィット性を必要とするもの」はウエスト・ヒップが，「フィット性をあまり必要としないもの」はウエストが用いられる．表3.5～3.8に，バスト区分，体型区分，身長区分および範囲表示の規格について示す．また図3.12に

サイズ表示の例を示す．

3.2 衣服設計の要素

a．衣服のデザイン

デザイン（design）の語源は，ラテン語のデーシグナーレ（designare）である．広義の意匠計画を指し，材質，機能，技術，生産，消費を総合的にとらえた造形計画を表すことばとして用いられている．

衣服のデザインは，色，素材，シルエット（衣服の輪郭の形），ディテイル（細部のデザイン）によって構成され，アイテム（服種）別に独立してデザインされるのみではなく，各アイテムをどのようにコーディネイトするかにより，トータルイメージが提案される．色は衣服のデザインイメージを大きく左右し，かつ社会経済情勢を反映するため，流行トレンドの分析上，大きな要素となる．また，衣服をデザインするうえで素材の効果は大きく，いかに素材で新しさや衣服のデザインコンセプトを表現するかが，衣服デザインの根幹と考えられている．光沢のある，ざらざらした，軟らかいなど素材の風合いや外観のみならず，機能性をもつ素材，ハイテク素材など，衣服素材は多様化しており，衣服デザインにおいて素材に向ける期待は大きい．衣服のシルエットは，大きくストレート，トラペーズ（台形），ベル型の三つに分類でき，ストレートはナチュラルな，ベル型は構築的なシルエットを形成するなど衣服のデザインイメージを左右する．ディテイルは最もバリエーションが多いのが衿の形であり，袖の形，丈，ポケットなどのディテイルの組み合わせにより，デザインが具体化される．衣服のデザインはファッション動向をさまざまな角度から分析し，着装者を引き立たせ，満足させるものでなければならない．

1）デザインの基本

デザインには美しさを生みだす効果的秩序があり，主なものにシンメトリー，バランス，プロポーション，リズム，ハーモニーがある．衣服のデザインにおいては配色や切り替え線の配置に応用される．

① シンメトリー（symmetry）： 語源はギリシア語のシンメトロスであり，対称点・対称軸・対称面を基準とし，原型を移動・反射（対称）・回転・拡大す

3.2 衣服設計の要素

るなどの操作によって反復することによって新しい形を創作していく方法をいう．さらに四つを組み合わせて，移動反射・反射回転拡大等々に発展させることもできる．人間の体型がほぼ左右対称であることから，感覚的に受け入れやすいデザインとなる．

② バランス (balance)： 力の釣り合いを意味する．てこの原理で支点からの距離と重さの積が左右等しいとき，軸は静止することからバランスのよいデザインは落ち着いた，静的な安定感を与える．

③ プロポーション (proportion)： 比率・割合の意味をもつ．美しい人体を比率で表現することは，紀元前4世紀のころのギリシアにおいて行われていたといわれる．頭長を1としたときの身長の割合が7のときが美しいと考えられ，7頭身の人体図や彫刻がさまざまな場所に使われてきた．現在は8頭身か9頭身が美しいといわれ，美しい人体比率は時代とともに変化している．また美しい分割のラインを示す方法として黄金比が古代ギリシアの時代からさまざまなデザインにおいて用いられてきた．これは計算によって割りだされたのではなく幾何学的作図によってつくりだされたとされるが，以下の数式に示して，与えられた線分を大小に2分割するとき，小を1とし，大をXとすると$1:X$の比がXと線分全体の比に等しいとき，黄金分割になるとする考え方が理解しやすい．

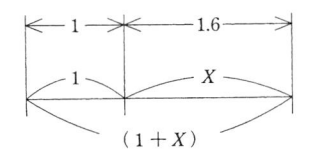

$$1:X = X:(1+X)$$

$$X^2 = 1+X \quad X^2 - X - 1 = 0 \quad X = \frac{1 \pm \sqrt{5}}{2}$$

$$X > 0 \text{ であるから} \quad X = 1.618\ldots$$

このとき求められた1：1.618を黄金比といい衣服デザインばかりでなく絵画・建築・彫刻などあらゆる分野で用いられている．さらにこの比を簡単にして1：1.6または5：8として扱うことも多く，衣服のデザインでは切り替えラインの位置を決めるときのめやすになったりする（図3.13参照）．

④ リズム (rhythm)： 音の時間的現象を意味するが，衣服デザインにおいても繰り返して表現される形態やラインを目で追ったときに生まれる連続性に一定のリズムを見つけることは，躍動感や安心感を与える．

⑤ ハーモニー (harmony)： 調和を意味し，一つ一つの個性を統一することでより美しい全体へと発展してハーモニーが生じる．衣服においては例えば

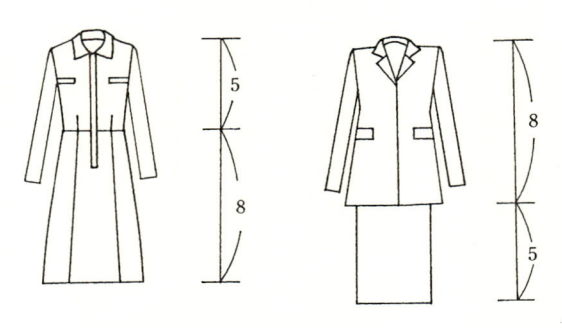

図 3.13　黄金比を利用したデザイン

衿・身頃・袖のそれぞれのディテイルが組み合わされたときに調和が保たれているようにデザインする．

2) デザインの基本条件

デザインの基本条件には，① 機能性，② 経済性，③ 審美性，④ 独創性があげられる．これら四つの条件を満たすときに理想的なデザインとなる．機能的には，動きやすさや着やすさ，安全性を考慮した形態と目的に適した材料の選択，経済的には，縫製や製作工程の無駄を省き，衣服生産の経費を最小限に押さえられるように効率のよい計画が望まれる．人は衣服を着装することで人体をより美しく見せたいという要求をもつため，審美性は衣服デザイン上不可欠な条件であるが，審美性に対する価値観は，その時代背景や社会現象などにより変化する．独創性をもつことは，デザインの使命である．消費者のニーズを的確にとらえ，リバイバルやコピーにとらわれない独創性のあるデザインを行うことが望ましい．

3) デザインの要素

衣服デザインの基本条件を理解したうえでデザインする衣服の着用目的を明確にさせる必要がある．衣服デザインの方向性を決定する要素を次にあげる．

① 誰が着るのか：　着装者の性別と年齢層でデザインの要求は異なることが多い．子供服・少年少女服・ミス，ミセス，シニアの服などに大別すると理解しやすい．次に着装者の体型・肌の色・髪型などのイメージとファッションマインドを分析する．

② TPO（Time, Place, Occasion）の把握：　いつ着るのか：季節や時間に応

3.2 衣服設計の要素

じて，防寒・防暑・防護・衛生などの機能的要素を加味する．どこにどのような目的で着ていくのか：冠婚葬祭や入学式・卒業式などの儀式用衣服，職業やライフスタイルにあわせた衣服，制服のようにアイデンティティを示す場合や標識の役割を果たすときは，遠くから目立つ要素も必要である．

③ 価格設定はどの程度か： 素材，縫製，流通におけるコスト計算が必要である．予算に応じてデザインを変化させる場合もある．

④ 衣服素材には何を用いるか： 素材の色，柄，織組織のデザイン効果を生かし，さらに伸長性，弾性，ドレープ性など，布の造形性と関係が深い素材の力学的特性を考慮する必要がある．また，布の厚さや硬さなどの基本物性を把握して選択しなければならない．

4) 人体の動きとデザイン

衣服設計のための計測値は静止立位時の値であるのに対し，衣服着用時は動作を伴う．したがって日常生活のなかでは，関節可動域の範囲で，その動作に対応できるゆるみが必要となる．また，関節の動きだけでなく，例えば腰囲計測値のように，立位腰囲＜椅座位腰囲＜正座位腰囲の順に大きな値を示す部位もあることから，動作に伴う体表面の皮膚の伸び，筋肉の伸びや移動量も考慮してゆるみを決定する必要がある．また，ゆるみは素材の伸度や服種，用途により異なり，例えば寝衣やホームウエアなどゆるみを多く必要とする衣服や女性のファンデーションのようにストレッチ性素材を用いることにより，マイナスのゆるみの衣服もある．また，身体の部位や体型によってもゆるみの必要量に違いがある．

衣服の着脱しやすさ，快適性，活動性は開口部や明きの設計（大きさ，形態，位置など）にも左右される．適切な設計を行うためには，人間工学的に衣服をとらえ，人体の動きを十分に理解した衣服をデザインする必要がある．とくに障害者や高齢者用の衣服を設計するときは，着脱の方法をボタンのみではなくファスナーやマジックテープを利用して，容易に着脱できるよう工夫したり，目立たないところにタックやプリーツを入れてゆるみを加え，関節を大きく動かさなくても着やすく，かつ着せやすい衣服デザインにするなどの工夫が必要である．

5) デザインのモチーフとディテイル

衣服のデザインにおいては，柄のモチーフ（motif）が自然界に存在する植物やさまざまな生物または景色であったり，形態のモチーフが民族服であったりす

スリムライン	プリンセスライン	Tライン	Yライン

図3.14　シルエットラインの例

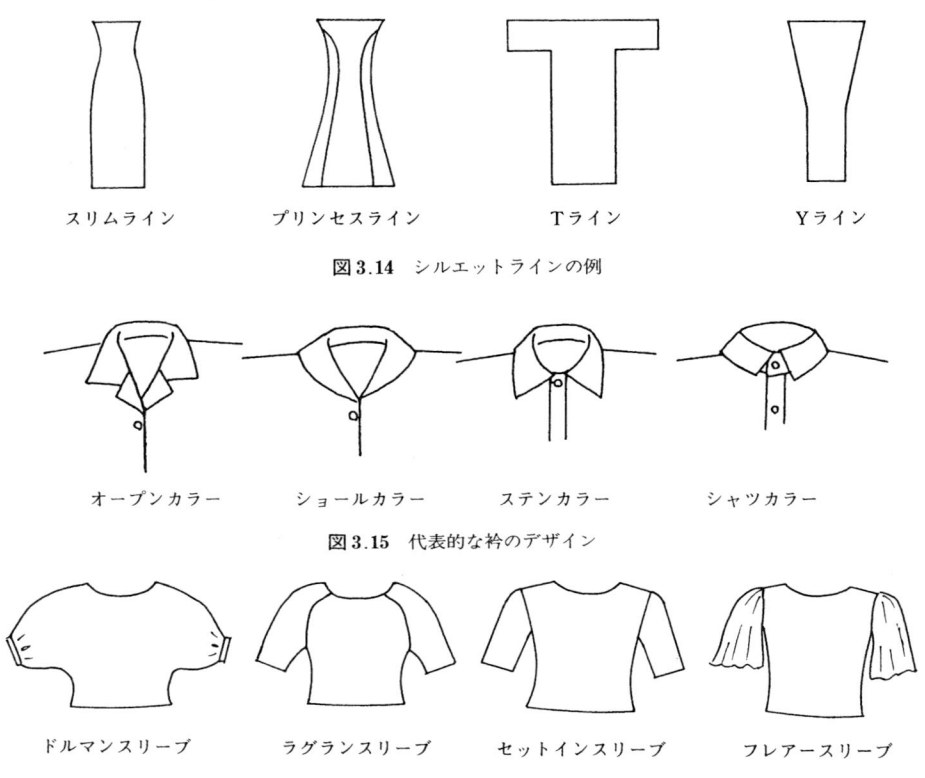

オープンカラー	ショールカラー	ステンカラー	シャツカラー

図3.15　代表的な衿のデザイン

ドルマンスリーブ	ラグランスリーブ	セットインスリーブ	フレアースリーブ

図3.16　代表的な袖のデザイン

ることは多い．例えば日本の和服を洋服に取り入れた，きものスリーブやロングの巻きスカートなどがそれである．またパイロットやスチュワーデスらの制服がデザインのモチーフとなることもある．子供服では，話題性のある憧れの人物が対象となり，スポーツ選手のユニフォームやアニメの主人公が着ている衣服のデザインを取り入れることも多い．

　衣服をデザインする際には，まずシルエットライン（輪郭線）を決定して，衿や袖などのディテイル（detail）を組み合わせていくが，逆にディテイルのデザインからスタートする場合もある．図3.14〜3.16に代表的なシルエットラインと衿・袖のディテイルの代表的なデザインの一部を示した．

b. 色彩とファッション性

　色は，素材やデザインとともに衣服を構成するうえで重要な要因となる．衣服の色は，言葉と同様にコミュニケーションの道具となり，社会集団への連帯感とともに個性を表現する．この個性をもとにファッションの多様性が生まれる．

1) 色の基本

　物体の色は，色相，明度，彩度により変化するが，これを色の三属性とよんでいる．それらの色は，白，灰，黒などの色みをもたない無彩色と，赤，青，黄などの色みをもつ有彩色に分類できる．色相は，赤，黄，緑，青，紫などの色の違いを表す．明度は，色の明るさの度合を示す．無彩色のなかで明度の最も高いものが白，最も低いものが黒である．彩度は，色の鮮やかさの度合いを表す．同じ色相のなかで最も彩度の高い鮮やかな色を純色という．この三属性の関係を立体的に組み合わせたものを図3.17に示す．この立体のなかにあらゆる色が含まれ，これは色立体とよばれる．

　一般に，一つの色に他の色を混ぜて別の色をつくることを混色という．この混色の基本となる三原色は，カラーテレビのような色光の場合，赤，緑，青紫であり，混色すると原色より明るくなる加法混色である．カラー写真のような色料の三原色は，赤紫（マゼンダ），黄（イエロー），青緑（シアン）であり，原色より暗くなる減法混色である．

2) 色の表示

　色を定量的に表す方法は，混色系，色票系（カラーオーダーシステム）ならび

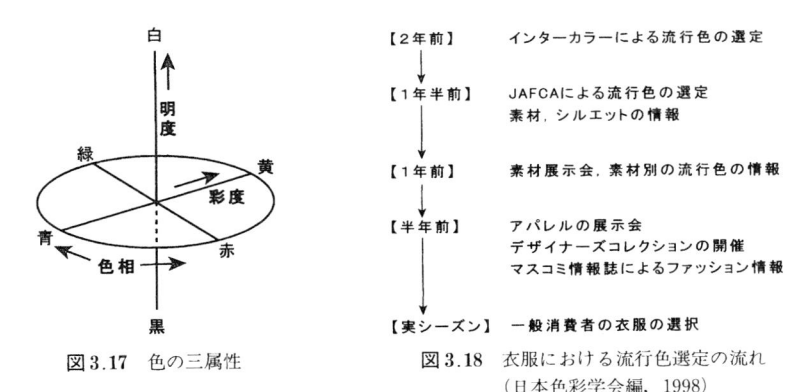

図3.17　色の三属性

図3.18　衣服における流行色選定の流れ
（日本色彩学会編，1998）

に色名系に分けられる．混色系による色表示はCIE表色系であり，色票系の代表的なものは，マンセル表色系，オストワルト表色系，PCCSなどである．色名系では色名による表色法がある．

① CIE表色系： 混色系のなかで代表的なもので，CIE（国際照明委員会）が定めた色刺激を表示するシステムである．このなかには，混色に用いる原色を赤青緑とするRGB表色系と，X，Y，Zという3刺激値を仮想して，この正量混合によりあらゆる色を表すXYZ表色系がある．

② マンセル表色系（修正マンセル表色系）： 色相をヒュー（H），明度をバリュー（V），彩度をクロマ（C）とよび，これら三つの感覚量を尺度化したものである．

③ JIS標準色票： 修正マンセル表色系に基づき，1958年にJIS Z 8721「三属性による色の表示方法」を制定し，翌年「JIS標準色票」が日本規格協会から発行された．

④ オストワルト表色系： 加法混色を基礎とし，理想的な黒（B），白（W），純色（F；完全色）の混色量を表し，$B+W+F=100(\%)$である．

⑤ PCCS： 日本色彩研究所が1964年に「日本色研配色体系」として発表し，色彩調和を主な目的としている．ファッション界において配色や流行予測に用いられる．

⑥ 色名による表色法： 色名には，系統色名と慣用色名があり，JIS Z 8102「物体色の色名」とJIS Z 8110「光源色の色名」により制定されている．

3） 色のイメージ

ある色を見た場合，その色の違いのみならず，それとともに関連するイメージをいだく．それらの代表的な色と感情の関係を表3.9に示す．一般に，暖色系の赤は明るく，活動的なイメージをもち，寒色系の青は冷たく，消極的なイメージをもつ．このように色がもつ感情を色のイメージという．

衣服の色についても，その色のもつイメージは，着用している人の印象に結びつくたいせつな要因の一つとなる．衣服の場合は，単色のイメージ以外に，色の調和について考慮する必要がある．このようにして衣服は，色彩とともに素材やデザインの要素を含み，総合的なイメージが形成される．

3.2 衣服設計の要素　　　89

表3.9 色と感情の関係（日本色彩学会編，1998）

属性種別		感情の性質	色の例	感情の性質
色相	暖色	暖かい 積極的 活動的	赤	激情・怒り・歓喜・活動的・興奮
			黄赤	喜び・はしゃぎ・活発さ・元気
			黄	快活・明朗・愉快・活動的・元気
	中性色	中庸 平静 平凡	緑	安らぎ・くつろぎ・平静・若々しさ
			紫	厳粛・優えん（婉）・神秘・不安・やさしさ
	寒色	冷たい 消極的 沈静的	青緑	安息・涼しさ・憂うつ
			青	落着き・淋しさ・悲哀・深遠・沈静
			青紫	神秘・崇高・孤独
明度	明	陽気 明朗	白	純粋・清々しさ
	中	落着き	灰	落着き・抑うつ
	暗	陰気 重厚	黒	陰うつ・不安・いかめしい
彩度	高	新鮮 はつらつ	朱	熱烈・激しさ・情熱
	中	くつろぎ 温和	ピンク	愛らしさ・やさしさ
	低	渋み 落着き	茶	落着き

4) ファッションと流行色

　ファッションは，一般的に衣服における流行として扱われる場合が多いが，流行色は衣服のみに限定されるものではなく，生活全般に用いられるものに適用される．この流行色の予測は，主としてファッション情報企画会社や大手繊維素材メーカーなどで行われるが，自社内での予測には限界が生じる．そのため，商品計画や販売計画などに指針を与えることを目的として，インターカラー*やJAFCA**により色彩情報が提供されている．

　衣服に限定して流行色の選定の流れを図3.18に示す．婦人服，紳士服，皮革製品，和装において，JAFCAの流行色は春夏，秋冬の年2回発表されている．近年，企画・生産・販売を一体化して行うSPA (Specialty store of Private lebel Apparel, アパレルの製造小売業）により，これらの流行色の選定の時期が短縮される傾向にある．

　色とともに現在のファッションはめまぐるしく変化しているが，われわれ消費

者は，これらの流行に惑わされることなく，デザインや色の調和を考慮しながら，自分の個性にあった色を選ぶ必要がある．

* インターカラー（国際流行色委員会）は，世界のファッションカラーに関する研究団体など各国の代表が集まり，世界的な共通認識に立った流行色を選定している公共的な流行色の研究機関である．
** JAFCA（Japan Fashion Color Association，日本流行色協会）は，現在の生活者の意識やライフスタイル，色彩調査とともに，インターカラーを日本向けに調整して流行色を選定している．この流行色は，衣服だけでなく，家庭用品，リビング・家電，自動車，化粧品などのあらゆる商品に使用されている．

c. 形態と素材の選択

衣服を設計する際，素材の色・柄・風合い・基本物性は重要な条件となる．素材の視覚的印象や触覚的印象は衣服のスタイル以上にデザイン効果を発揮することも少なくない．したがって衣服選びは素材選びから始まるともいえるのである．素材の視覚的要素は，着る人の個性を表現する役割をになうことにもなる．また，衣服の形態と素材がマッチしないと機能的な衣服にはならない．例えば，開口部の多い涼しそうなデザインであるのに，着装してみると吸湿性や通気性が劣り，暑くて夏に適さない衣服である場合もある．これは素材の性能が着装時期に適していないことから引き起こされるデザインと素材のミスマッチである．素材は着心地を大きく左右するので，慎重に選択しなければならない．

1) 素材選択の条件

衣服素材を選択する際には，以下の基準を把握しておく必要がある．

① 素材の物理的性能： 衣服形態や着用目的によって素材に求める性能は異なるが，吸湿性・通気性・透湿性・保温性・含気性・伸縮性・ドレープ性・染色性などをあげることができる．さらに素材の重量・厚さ・張り・しなやかさ・光沢感・透明感などの基本物性や，風合いは造形性のみならず着心地にも影響する．

② 素材の加工： 繊維の製造加工技術の進展により，素材は多様化し，視覚的には何の繊維であるか判定しにくい素材が多い．近年アパレル素材として多用されている新合繊素材にはニューシルキー，超ドレープ，薄起毛調，ピーチ調，リネン調，かさ高性や弾力性を加えた梳毛調，可縫性素材など，多岐にわたっている．また繊維の性能が改善されると同時に，高い機能性をもつハイテク繊維も

3.2 衣服設計の要素

衣料用素材として注目されている．例えば抗菌・防臭繊維，蓄熱・保温素材，温感変色繊維（カメレオン繊維），透湿・防水素材，芳香繊維，紫外線遮蔽繊維などの機能性繊維は，介護用，医療用のみならずファッション素材として期待されている．

③ 扱いやすさ： 素材の扱いやすさ，ほつれにくさ・印しつけのしやすさ・可縫性などは素材選択の第一条件である．深い凹凸がある素材，厚い素材，かたい素材，薄い素材，ひっかかりやすい素材，すべりやすい素材，伸びる素材は縫製時に問題が生じやすい．また，素材の耐熱性はアイロン仕上げ，くせとり，接着芯の取り扱いなどに関係する．アイロンによって縫い代が表に響いたり（あたり），光ったり（てかり），変色が起こることもあるので注意を要する．化学繊維素材のなかには，アイロンによる成型がむずかしい素材もある．

④ 管理のしやすさ： 洗濯方法はウェットかドライか，形態安定性・染色堅牢度はよいか，乾きやすいか，収納しやすいかなどの要素も考慮して素材を選ぶ．

⑤ 価格は適正か： 布地は，デザインによって合理的な要尺を割り出し価格を計算するが，一着の衣服には，表地・裏地・芯地・ボタン・ファスナー・糸などの副資材も必要となるため，合計額を算出して検討する．また，柄合わせを必要とする素材，添毛素材のように差し込みで裁断できない素材は要尺が多くなり，割高となる．

2) 素材のデザイン効果

素材特性を生かした衣服形態は衣服デザインの基本である．素材のデザイン効果に関係する特性としては，厚さ，硬さ，粗密感，表面の凹凸感，ドライ感，ウェット感，透明感，光沢感などをあげることができる．例えば薄く軟らかい素材はフレアーやタックでドレープを表現するとシルエットに変化が出て効果的である．また薄い素材は涼しく，フェミニンなイメージをもつ．一方，厚い素材は，すっきりとした単純な形態のほうが適している．また量感があるため，大きく太った印象になりやすいので裾が広がった形態は適さない．平面的な素材はプリーツ・タック・ギャザーなどを用いて立体的に表現したり，切り替えラインを利用して変化をだすと効果的である．表面に凹凸やうねがある素材には，素材のもち味を生かしてシンプルな形態が適する．光沢のある素材はインパクトが強く，光

を反射して大きく見え，シルエットが強調される．張りのある素材は，かたい印象を与える．

3) 素材のファッションイメージ

代表的な8種類のファッションイメージに対応する素材を以下に示す．

① モダン (modern)：　人工的で新しいものに挑戦するイメージである．サテン・ラメ・オーガンジーなどが対応する．

② カントリー (country)：　綿や麻などの天然素材を主とし白・生なり・アースカラーなどが多く，素材はギンガム・サッカー・デニムなどが対応する．

③ フェミニン (feminine)：　軟らかく落ち着いたかわいらしいイメージからローンやボイル・ジョーセットのような素材が対応し，部分的にレースやリボンなどで女性らしさを強調することもある．

④ クラシック (classic)：　流行にとらわれず，伝統的なデザインが多いので，素材も保守的なものが多く，ギャバジン・ツイード・ブロード・ドスキンなどが対応し，色も紺・グリーンなどのダーク色や格子・縞柄が用いられる場合もある．

⑤ ソフィスティケート (sophisticate)：　洗練された都会的イメージなので，シャープで直線的なデザインが多く無彩色や冷たい色があてはまる．素材もかたいイメージの風合いのものが対応する．

⑥ マニッシュ (mannish)：　男性的なデザインで背広姿をイメージした，テーラードスーツ・シャツとパンツルック・ミリタリールックなどが多いので素材もしっかりと張りのあるギャバジン・サージなどが対応する．

⑦ スポーティ (sporty)：　レジャーウェア・セーラーカラー・マリンルック・カジュアルウェアなどを総称する．洗濯に耐えるラフな感じの素材でピケ・コーデュロイ・デニムなどが対応し，伸縮性のあるものも好まれる．

⑧ エレガント (elegant)：　上品で優雅なイメージであるから，オートクチュールの衣服やフォーマルウェアに使われるような素材で，ジョーセット・ビロード・フラノ・カシミアなどが対応する．

このように素材特性は衣服の形態にさまざまな要素で関係する．今後も衣服素材はますます多様化し，その扱い方も複雑化していくと考えられるため，素材の特性を十分に把握してデザインに生かす必要がある．

3.3 衣服の製作

アパレル（apparel）の生産は，図3.19のフローチャートに示すとおり，商品企画から始まる．まず，社会経済情勢，市場動向，トレンドを多角的に分析し，着用者の要請を的確にとらえ，商品のターゲット（客層）や，コンセプト（基本的な考え方）が設定される．これらを具体化させるものがデザインイメージである．デザインの要素は素材，色，シルエット（silhouette），各種ディテイル（detail），コーディネイト（coordinate）であるが，とりわけ多様化し，進歩する衣服素材への期待は大きく，衣服デザインにおいて重要な役割をになっている．また同時に，衣服素材は可縫性に優れていなければならない．したがって，企画段階で可縫性テストを経て，慎重に選定される．さらに商品アイテムが検討され，パターンメーキング，サンプルメーキングを経て，アパレルCAD（computer aided design）により，プロダクトパターンの作成，マーキングが行われ，縫製仕様書（図3.20）に従って生産が行われる．

a. パターンメーキング

デザインされた衣服のイメージを，縫製に必要な型紙として平面的に表現する作業をパターンメーキング（pattern making）という．パターンメーキングに際しては人体形態，サイズ，素材特性とシルエットを把握して製図に反映させ，同時に可縫性や合理性も考慮する必要がある．

アパレルの生産においては，広範囲の消費者に対しフィット性のある，体型カバー率の高いパターンメーキングを行うことが重要である．その基本はJISサイズに基づく衣服サイズ，体型区分であり，またターゲットとする消費者の体型

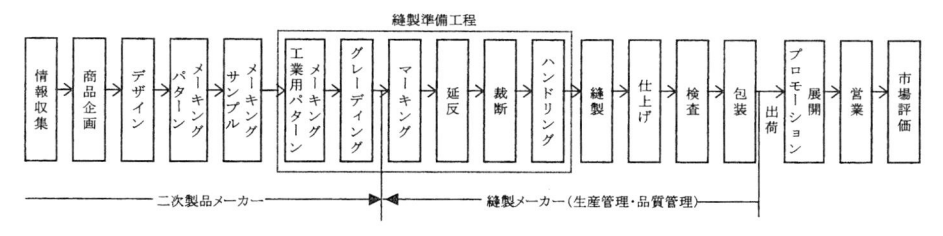

図3.19 アパレル生産システムフローチャート（佐藤：消費科学より作成）

縫製仕様書

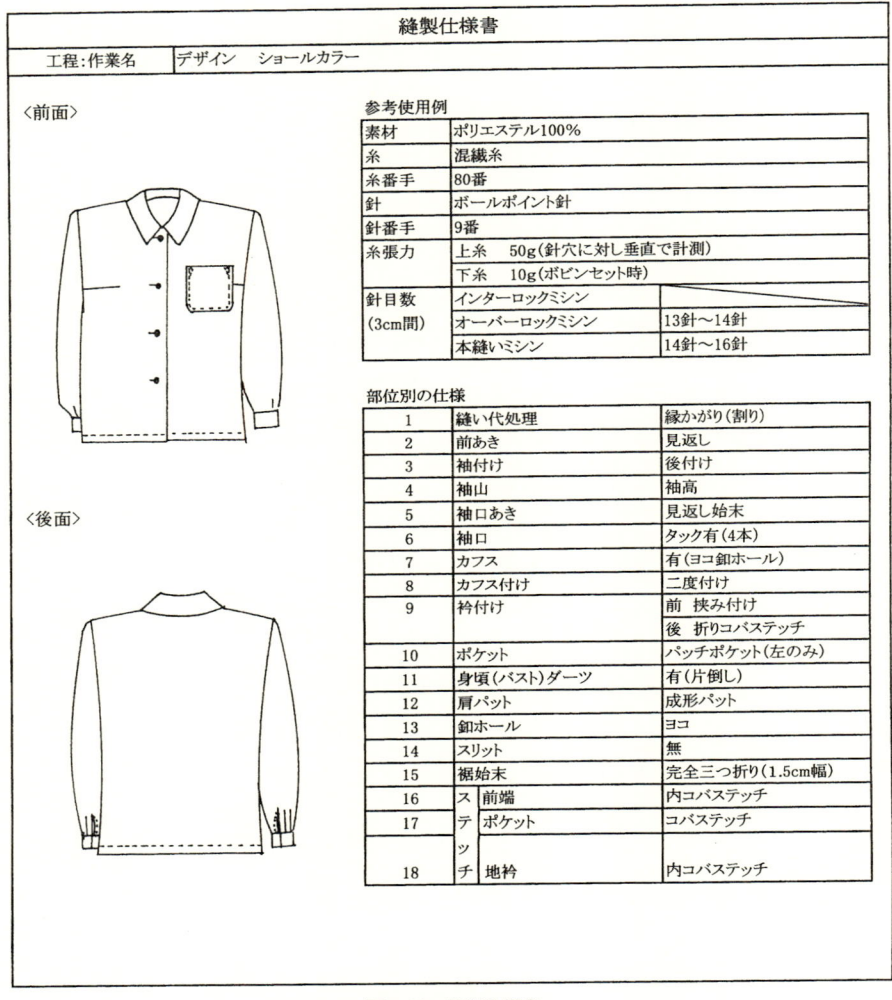

工程：作業名	デザイン　ショールカラー

〈前面〉

〈後面〉

参考使用例

素材	ポリエステル100%	
糸	混繊糸	
糸番手	80番	
針	ボールポイント針	
針番手	9番	
糸張力	上糸　50g（針穴に対し垂直で計測）	
	下糸　10g（ボビンセット時）	
針目数	インターロックミシン	
(3cm間)	オーバーロックミシン	13針〜14針
	本縫いミシン	14針〜16針

部位別の仕様

1	縫い代処理	縁かがり（割り）	
2	前あき	見返し	
3	袖付け	後付け	
4	袖山	袖高	
5	袖口あき	見返し始末	
6	袖口	タック有（4本）	
7	カフス	有（ヨコ釦ホール）	
8	カフス付け	二度付け	
9	衿付け	前　挟み付け	
		後　折りコバステッチ	
10	ポケット	パッチポケット（左のみ）	
11	身頃（バスト）ダーツ	有（片倒し）	
12	肩パット	成形パット	
13	釦ホール	ヨコ	
14	スリット	無	
15	裾始末	完全三つ折り（1.5cm幅）	
16	ス	前端	内コバステッチ
17	テ	ポケット	コバステッチ
18	ッチ	地衿	内コバステッチ

図3.20　縫製仕様書
（東京婦人子供服工業組合技術委員会編，ブラウス縫製仕様を参考に作成）

を代表するボディ（人台）である．ボディは立体裁断，平面パターンの調整，検品など生産の各段階で使用されており，アパレルではブランドコンセプトを表現でき，ターゲットを代表する形態をもつ企業独自の工業用ボディが用いられている．ボディの形態，サイズは衣服のイメージ，着用感を大きく左右するため，そ

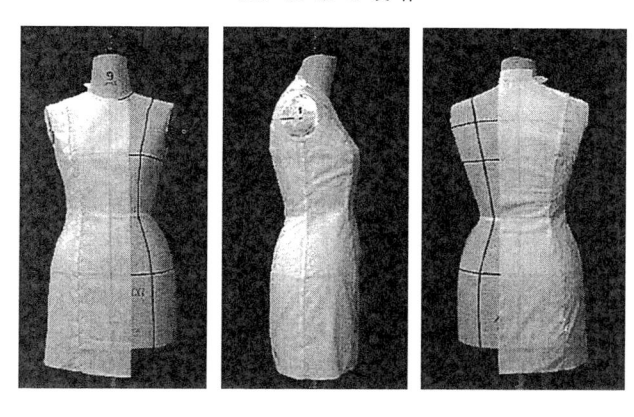

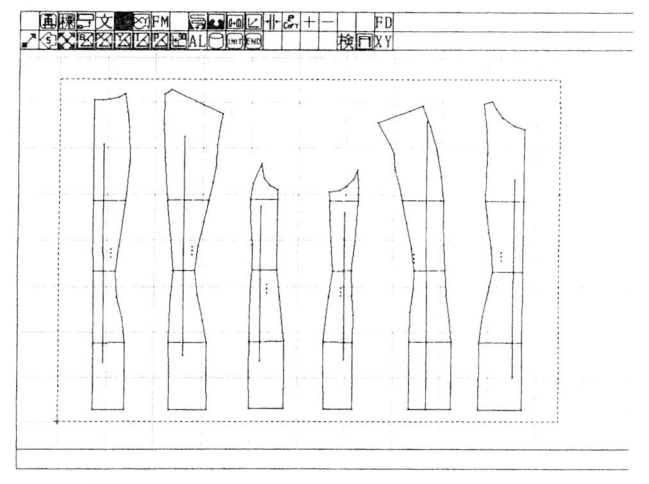

図 3.21 ドレーピングとドレーピングによるパターン

の時代時代に好まれる適正なボディの開発が常に必要となる.

パターンメーキングの主な方法は，①立体裁断法（ドレーピング，draping）（図 3.21），②平面製図法（ドラフティング，drafting），③ラブオフ（rob off）の 3 種がある．アパレル生産におけるファーストパターン（デザイン画から起こされる最初のパターン）は，これらの方法を組み合わせて作成される．

1) ファーストパターンの作成
 i) **立体裁断法**　ボディに布をピンで直接止めつけてパターンを取る方法で

ある．ボディのもつ形態情報，素材の風合い，カッティングによる布の表現性や，布のせん断変形，自重による伸びややせなどの力学的性質を同時に把握することができ，シルエット，風合いを確認したパターンメーキングが可能である．また，デザイン表現の自由度も高い．しかし適切にゆとり量をパターンに配分し，着用感，シルエットともに優れたパターンメーキングを行うためには，熟練を要する．また，より立体的であるため，パターン形状が複雑になり，生産性の点でも考慮を要する．

ii) 平面製図法　代表的身体サイズ項目，およびそれらとの相関から割りだされる値や定数を用いて，直接製図用紙に作図する方法である．正確で適切な身体サイズが得られれば，誰でもすぐに作図することができる．また，ダーツや切替え線，ギャザーなど立体化のための作図を組み合わせることで，さまざまな衣服のパターンメーキングを行うことが可能である．平面製図法は測定されたデータに基づいた，一定ルールに沿った作図法であるため，コンピュータによる画像処理，量産パターンへの展開が容易である．しかし人体の繊細なライン，立体形状，素材の造形性を十分にパターンに反映させることは困難であり，パターンの感性を高めるためには，パターンをシーチングで組み立て，シルエットを確認する必要がある．

平面製図法には上衣，下衣，袖などの原型を利用してデザイン展開していく方法と，身体サイズだけで製図する囲み製図がある．囲み製図はフィット性を必要としない，直線裁ちに近いデザインに用いられるケースが多い．

iii) ラブオフ　すでに製品化されている衣服と同じパターンを要するとき，またパターン研究を目的とするとき，製品の地の目，縫合線を写し取り，コピーしてパターン化する方法である．市場評価を得られた製品からのパターンメーキングであるため，企業リスクが少なく，生産効率のよいパターンメーキングが可能である．しかし著作権などの知的所有権に関しては慎重に配慮しなければならない．

2) プロダクトパターンの作成

アパレル生産における工業用パターンをプロダクトパターンという．プロダクトパターンは製品の均一性を確保し，縫製に関する情報の統一性をもたせ，作業の効率化を図るため，アパレル生産に関する必要情報をパターン上に提供するも

のである．デザインに応じて表地，裏地，芯地などの副資材を含むすべてのパーツパターンを作成し，それぞれに適切な縫い代を設定し，縫製のための指示を記載する．さらにグレーディング（grading）により，生産対象となる消費者の体型をカバーするすべてのサイズを用意する必要がある．

i) 各種表示記号 プロダクトパターンの各パーツには，縫い代，ノッチ（合い印），パターンの種別，サイズ，パターン枚数，および，表3.10に示すような地の目線，見返し線，中心線，線の交差の区別などが工業用パターンの記号で表記される．

ii) 縫い代幅の設定 縫い代幅は，素材，デザイン，縫製仕様を考慮して，縫製する順序に沿って設定される．ほつれやすい素材，織り糸が滑脱しやすい素材，伸びる素材，厚い素材の縫い代は多めに，伸びにくい素材，薄い素材，張りのある素材，透ける素材の縫い代は少なめに設定する．また，パターンのカーブ

表3.10 表示事項および表示記号（JIS L 0110 より一部抜粋）

番号	表示事項	表示記号	摘要
1	地の目線		地の目を表す線．細い実線に矢印をつけて示す．矢印は片方だけに入れる
2	中心線		パターン設計上の前身頃，後身頃などの中心線を表す線．細い実線で示す．前中心は，CF(Center Frontの略)，後中心は，CB(Center Back)の記号を付記する
5	見返し線		見返しをつける位置と大きさを表す線．原則として細い一点鎖線で示す
11	柄合わせ線	柄合わせ	柄合わせ裁断の案内に使用する線．柄合わせの必要なパーツごとに柄合わせの文字をつけて細い実線で示す
12	しん(芯)地指示線		芯地が必要であることを表す線．芯地の大きさおよび位置を表す細い実線の内側に3本の斜線（1 cmをこえない幅に3本引く）を端から端まで細い実線で示す
17	線の交差の区別		フレア分など1枚の型紙からだしたいとき，左右の線を交差させ同じ寸法にすることを表す．細い実線で示す
23	伸ばす		伸ばす位置を表す．細い実線の両端に外向きの矢印をつけて示し，ノッチがある場合は，その間ごとに示す
24	いせる		いせる位置を表す．細い実線の両端に内向きの矢印をつけて示し，ノッチがある場合は，その間ごとに示す

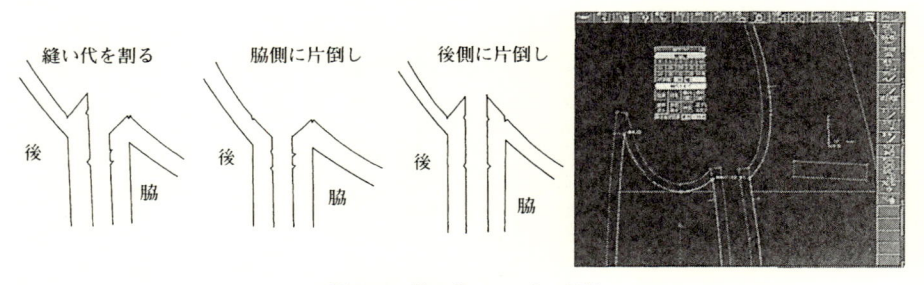

図3.22 縫い代のコーナー処理

形状の程度，くせとりの有無，裏つきの有無，縫い目仕様や縫い代始末の種類により，縫い代の量を変化させる必要がある．

iii) 縫い代のコーナー処理　　縫い始め，縫い終わりの角形状の選択をコーナー処理という．角形状はパーツの種類，縫製する順序，縫製仕様によって設定される．基本的には，縫い目の交差する位置において，先に縫う縫い代を延長し，もう一方の縫い代を延長線に対し，対称または直角に設定する（図3.22）．

iv) ノッチ（合印）　　縫製効率を高め，裁断ずれを防ぐため，縫い合わせのための目印となるノッチ（合印，notch mark）を設定する．ノッチは，縫い始めから2～3 cmの箇所，カーブの強い箇所，カーブが変化する箇所に設定し，切り込みを入れる．また，パーツの種類，縫い合わせや柄合わせのための合印，前後，上下，左右の区別にもノッチの個数を変化させて用いられる（図3.23）．

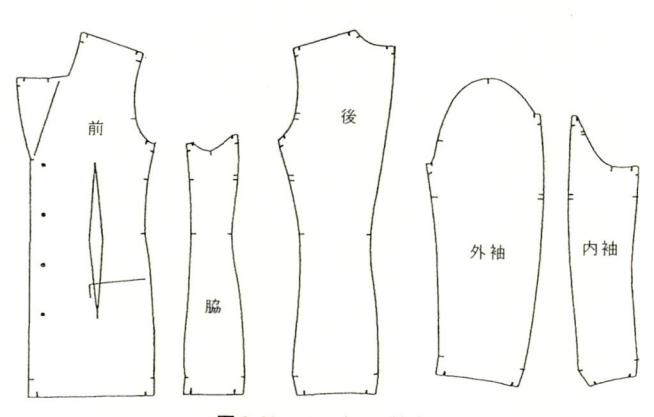

図3.23 ノッチのつけ方

3) アパレル CAD

アパレル CAD（computer aided design）とは，アパレルの設計をファーストパターンの入力からデザイン修正，パターン形状や長さの適否の検討，プロダクトパターンの作成，縫い代つけ，グレーディング，マーキング（marking），3Dサンプルモデルの作成，パターンの出力までをコンピュータにより行うデザインシステムである．これにより，設計時間の短縮，生産コストの低減，製品の均一化が実現する．さらにインターネットの利用により，企画された衣服情報はリアルタイムで縫製工場に送られるので，生産の効率化，細部情報の正確な伝達に貢献している．

アパレル CAD の基本システム構成は図 3.24 に示すとおり，デジタイザー（パターン入力装置），パソコン本体，プリンター，プロッターカッター（パターン出力装置）である．また，大量のパターンを入力する場合には，入力装置にスキャナーを用いることがある．

CAD 本体

静電吸着デジタイザー　MO ドライブ　レーザプリンター　縦型カッター＆プロッター

図 3.24　システム構造図（東レ株式会社カタログより）

アパレルCADの主な機能は，前述のプロダクトパターンの作成をコンピュータで行うことである．デジタイザーで入力されたファーストパターンをパソコン本体に取り込み，パソコン上ですべての処理を行う．まず表地，裏地，見返し，ポケットなど縫製に必要な全パーツのパターンを作成し，各パーツを登録する．この際，各種リファレンスの設定をしておく．次に縫い代を設定し，コーナー処理を行う．このようにプロダクトパターンが作成されるとグレーディング，マー

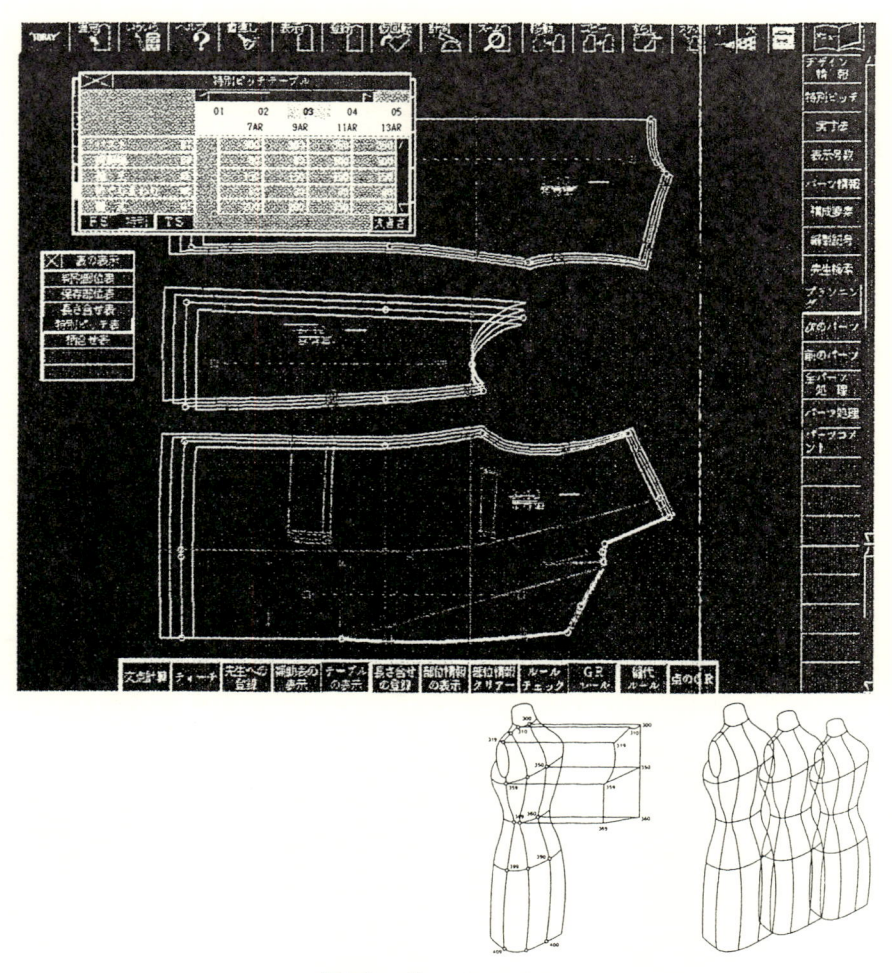

図3.25 グレーディング画面

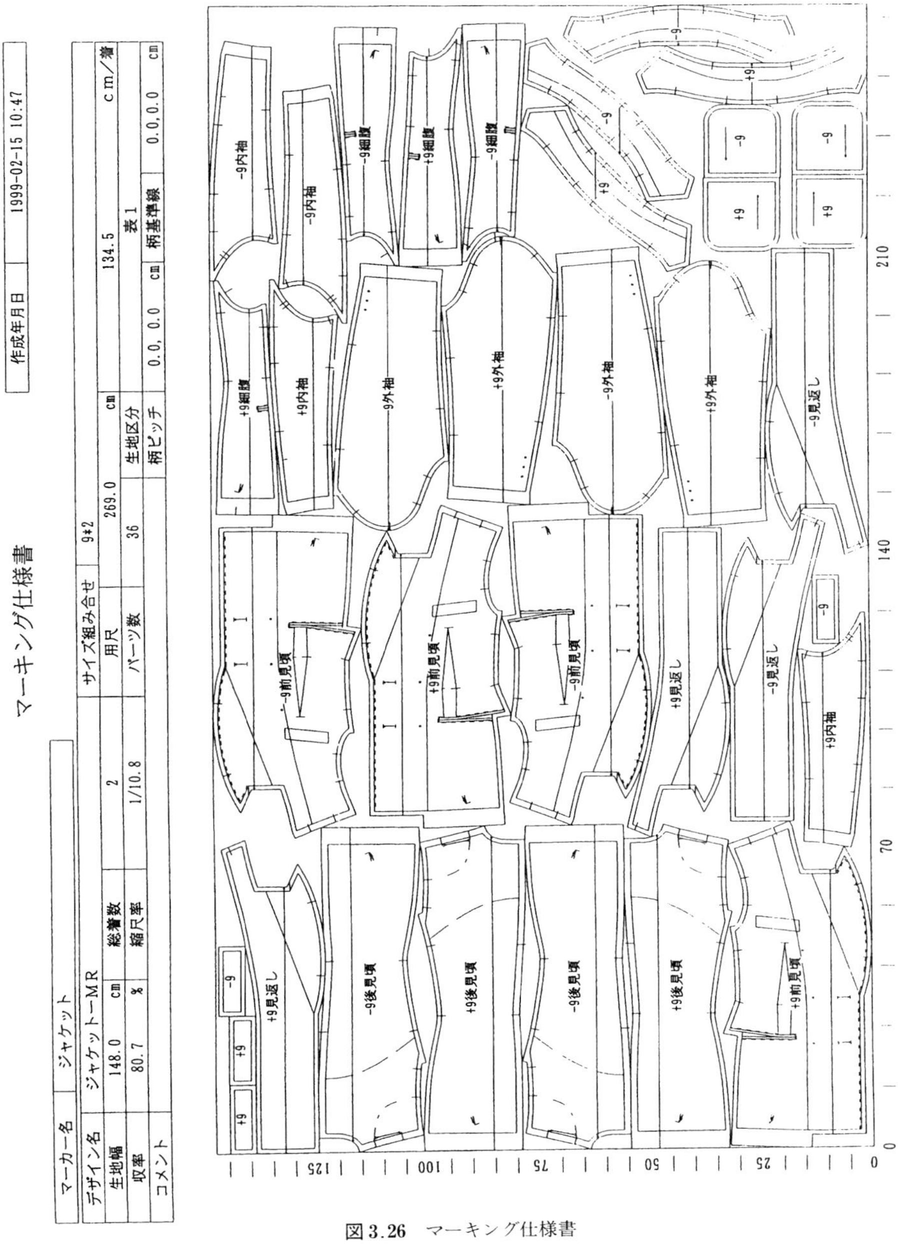

3.3 衣服の製作

図 3.26 マーキング仕様書

キングへと処理を進めることができる．これらデータの保存，組み合わせにより，多様なデザインファイルを作成することができる．

i) グレーディング　衣服を製品化するためには，さらに対象となる消費者層のサイズデータに基づき体型分析を行い，サイズを増減し，サイズ展開を行う必要がある．プロダクトパターンの基本となるマスターパターンのサイズを拡大縮小することをグレーディングという．グレーディングの基本となるのが，サイズピッチで，サイズピッチは JIS のサイズピッチを念頭におき，服種やデザインにより企業独自に設定されている．このサイズピッチに基づきパターン上の各ポイントのグレード量が設定される．

グレーディングの方法には，マスターパターンの線形状を垂直水平の方向に必要量だけ移動させるトラック方式と，パターンの各コーナーポイントやデザインイメージを左右するグレーディングポイントにグレード量を設定し，そのポイントに関係する線分を進行グレーディングするシフトバリュー方式がある．図3.25にはグレーディング図を示す．

ii) マーキング　マーキングとは布地上にパターンを配置する型置きを指す．マーキングは布地の使用量を決定し，衣服の生産コストを左右する重要な工程である．アパレルCADでのマーキングに際しては，使用する布地の有効幅を入力し，布地の方向性，柄合わせの有無などを配慮し，布地のロス率を最小限に工夫してより効率的なパターン配置のシミュレーションを行う．図3.26にマーキング例を示す．

iii) 3次元シミュレーション　パソコン，ワークステーションの高速化により，人体形状モデルのコンピュータ処理をよりリアルに行うことが可能となった．さらに，さなざまなグラフィック機能を利用し，パターンへ布地を貼りつけ，プロダクトパターンの3次元シミュレーションを行う次世代型3次元CADは，サンプルメーキング工程のサポート，さらにアパレルに

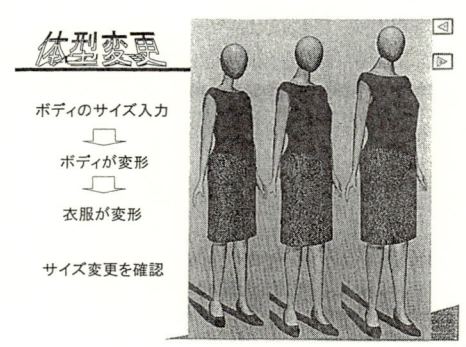

図3.27　3次元シミュレーションの画面

おけるインターネットビジネスの進展に大きく貢献するものである．今後は，素材の力学的挙動，風合い特性を数量化して衣服の立体形状をリアルに表現したり，可動リアルマネキンを開発し，人の体型や動きを想定した，より完成度の高い着装形態を表現できる衣服3次元シミュレーションのためのデータを構築していくことが課題である（図3.27）．

b．裁　断　法
1）布地の前処理
　布地の裁断，縫製に先立ち，原反をチェックする検反が行われる．検反では布地の表裏，長さ，幅，地の目のゆがみ，耳の変形，染めむら，織傷，汚れなどがチェックされる．裁断時には，これらの箇所を避ける必要がある．この工程は，主に人の目によって行われているが，自動化も実現している．

　また，延反に先立ち，地直しが行われる．地直しには，布を広げて放置し，製織時のテンションを除去する放縮とスチームで収縮させる地づめがある．

2）延　反
　延反とは，一定の生産着数分を同時に裁断できるよう，マーキングによって設定された布地方向，長さに布地を重ね合わせる作業工程である．布地の重ね枚数は，布の厚さ，伸縮性などの布地の性質によって増減されるが，ニットやストレッチ素材などの伸びやすい素材や裏地などの滑りやすい素材は裁断時のずれや変形が発生しやすく，とくに配慮する必要がある．

3）裁　断
　延反された布にはマーカーシートが配置され，裁断が行われる．複雑な柄合わせを要する素材や裁断枚数が少ない場合は，ロータリーカッターや鋏を使用して少ロットで裁断する．量産の場合は，裁断機を用いて裁断するが，裁断ずれを生じるおそれがあるので，布地を圧縮したり，滑り防止用のシートを使用する．

　裁断機には，タテ刃裁断機，丸刃裁断機，バンドナイフ裁断機などがある．タテ刃裁断機は上下運動により，丸刃裁断機は回転運動により裁断を行う．パターンコーナーでの裁断ロスや裁断ずれはタテ刃裁断機のほうが少なく，量産においてはタテ刃裁断機が広く使用されている．さらにコンピュータマーキングシステムの拡張機能でレーザーやウォータージェットによる裁断も行われている．

4) バンドリング

裁断されたパーツを一定枚数単位に束ねることをバンドリングといい，パーツ縫製の流れを容易にする工程である．

5) ソーバリング

同一素材の原反でも反ごとに色合いなどが異なってくる．したがってより近い色目，風合いを組み合わせるための配慮が必要となる．そのため，裁断パーツごとに一連のラベルを貼りつけ，縫製時に同一ラベルのものを裁断できるようにする．このラベル貼りの工程をソーバリングという．

c. 縫製の基本

裁断された布地をパーツごとに接合することにより，衣服の立体形状が構成される．パーツ同士を接合する方法は主として縫い糸による縫合によるが，接着剤を用いて接合する接着，加熱接合，溶（融）着による方法もある．

1) 縫い目の種類

2枚の布を接合する，何枚かを重ね合わせる，縫い代をおさえる，始末する，布地を装飾するなどを目的として縫製されるときに含まれる縫い目線中の縫い糸が構成する一単位をステッチ（stitch）という．連続したステッチを施した縫い目線部分の構造をシーム（seam）という．日本語においては，この両方を縫い

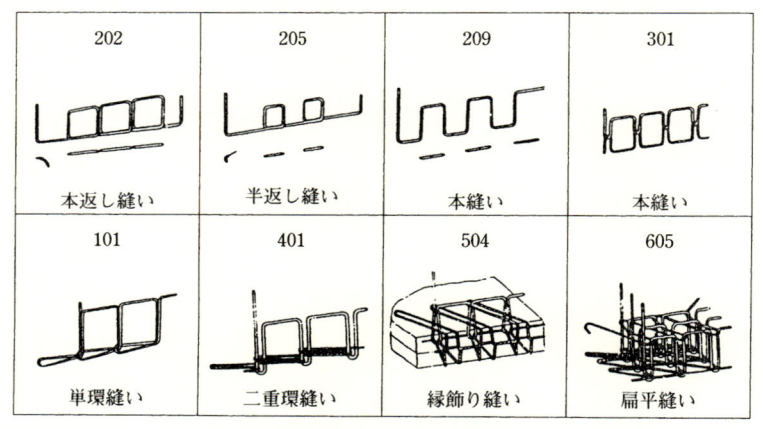

202	205	209	301
本返し縫い	半返し縫い	本縫い	本縫い
101	401	504	605
単環縫い	二重環縫い	縁飾り縫い	扁平縫い

図3.28 ステッチとシームの分類
主なステッチとその表示（JIS L 0120「ステッチ形式の分類と表示記号」より部分抜粋）

目と表現するので注意を要する．JIS L 0120「ステッチ形式の分類と表示記号」から抜粋した代表的ステッチ形式を図3.28に示す．

i) 手縫い　　アパレル生産においても服種や素材により，またミシン工程で処理できない箇所には手縫いが用いられている．手縫いは糸を針の根元に通し，針を布に貫通させることにより布に糸を通し，縫い目を構成する本縫いが基本である．和服やシルクジョーゼットなど，糸の剛さの影響を最小限にとどめ，軟らかく仕上げる必要のある衣服の縫製に用いられる技法である．また容易に糸を抜くことができるので繰り回し，リフォームを目的とする衣服の縫製にも適している．手縫いの縫い目には前進した表縫い目のすべてを戻り，表目の2倍前進するという動作を繰り返す本返し縫い，表縫い目の1/2を戻りながら前進する半返し縫い，縫い代の始末に用いられるまつり縫いなどがある．

ii) ミシン縫い　　ミシン縫いでは針の先端に通された糸を針の上下運動により布に貫通させ，ミシンのかま，ルーパーなどにより上下の糸を交叉，ルーピングさせ，縫い目が構成される．

① 本縫い：　パーツの接合に最も多用されている縫い目で上糸と中釜にセットされたボビン糸による下糸が一つの縫い目ごとにループをつくり，からみあい裏表のない連続した直線的縫い目を構成する．ほどけにくいが，伸縮しにくい．

② 単環縫い：　表目は連続した直線縫いの縫い目と同様であるが，裏目はルーパー糸によって鎖目となっている．したがって伸縮性に富み，軟らかい縫い目であるが，ほどけやすい．

③ 二重環縫い：　ルーパー糸が二重に針糸と交錯して縫い目が構成されているためほどけにくく，丈夫で伸縮性に富む．ニット，ストレッチ織物などに広く利用される．

④ 縁かがり縫い：　布端をかがるための縫い目である．1本針，3本糸が一般的で，伸縮性に富み，あらゆる布の縁かがり，飾り縫いとして用いられる．

⑤ 扁平縫い：　地縫いや縁かがり縫いを行うことなく，片面，両面飾りミシンで形成される縫い目で，丈夫で伸縮性に富み，ニットや肌着の縫製に用いられる．

2) 縫い合わせの種類

前述のとおりパーツの組み立てに用いられる縫い合わせのための縫い目がシー

①割り縫い　②割り伏せ縫い　③半伏せ縫い
④平伏せ縫い　⑤両伏せ縫い　⑥重ね縫い
⑦突き合わせ縫い　⑧袋縫い

図 3.29　縫い合わせの種類

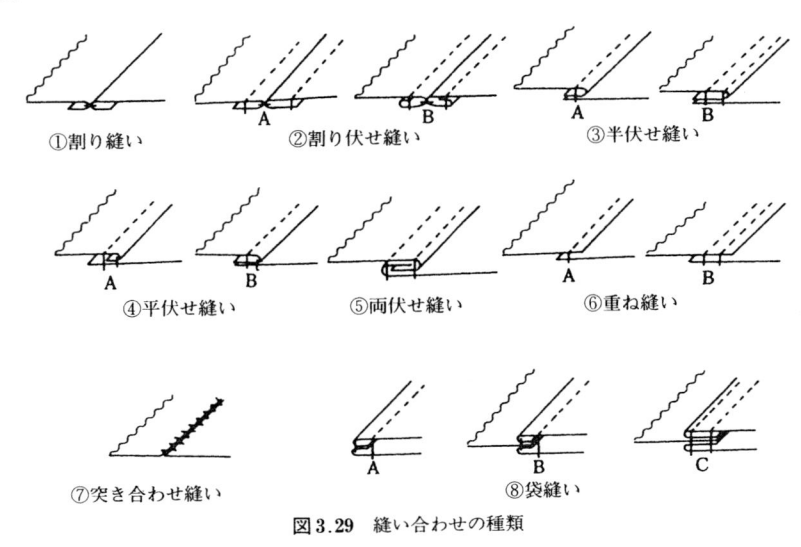

ム (seam) である．シームは縫製箇所や用途により使い分けられる．主なシームの種類を図 3.29 に示す．

3) 縫製機器

アパレルの生産に用いられる主な縫製機器は各縫製工程により，布端ほつれ防止用の縁かがりミシン，芯接着用プレス機，各種工業用ミシン，くせとり，伸ばしなどの立体処理を行う中間プレス機，仕上げ工程に用いられる仕上げプレス機などがあげられる．

4) 縫製上の問題点

衣服の品質評価の基準となる縫製の良否は，素材，ミシン，ミシン糸，縫製技術に関係する．とくに素材の性質の影響は大であり，多様化する素材の可縫性を高めるために，さまざまな角度から，検討が行われている．

i) 可縫性　可縫性とは，素材の縫いやすさ，縫製後の形態の安定性を意味する．可縫性は素材の基本物性や，力学的挙動に左右される．とくに，素材の厚さ，糸密度，剛軟度，摩擦特性，伸長弾性，せん断性などの性質が関係する．例えば薄く，軟らかい素材は縫いにくく，シームパッカリングなどの問題が発生しやすい．また，ニット素材，ラミネート素材，ネップヤーンなどの特殊糸を用いた織物の縫製にはとくに配慮を要する．

3.3 衣服の製作

ii） シームパッカリング　　シームパッカリング（seam puckering）とは，縫い目部分に発生した布地のしわ状の歪みを指す．原因として，素材の性質，ミシンの送り機構，ミシン針の形態，糸と布の関係などがあげられる．シームパッカリングの現象には縫いずれ，針貫通抵抗値の増大，布の座屈，アイロンプレスによる縫い糸の熱収縮，洗濯による形態変化などがあげられる．

iii） その他の縫製上の問題　　織組織が粗い布，滑りやすい布は，縫い目に引張りなどの力が負荷された場合，織り糸のずれや滑脱により，シームスリップが発生しやすい．また，ニットは裁断，縫製時に編み目にラン（ほつれ）を発生することがある．ラミネート素材は布の送りが悪いため，針板や押え金にはテフロン加工のアタッチメントを使用するなど布に対応させる必要がある．

iv） ニットの縫製　　ニットは連続したループ構造のため，伸縮性，柔軟性に富む．反面，こしがなく，カールや耳まくれが発生したり，ほつれやすく，可縫性の点では問題がある．また，形態安定性の点で織物より劣るため，パターンメーキング上も縫製上も配慮しなければならない．ニットの縫製には伸縮性のある縫い目が必要なので，ミシン糸にはウーリーナイロン糸やウーリーポリエステル糸などのニット用を用い，ミシン針にはボールポイント針を用いる．ミシンは主に環縫いミシンが使われている．

d．立体化のための縫製技術

衣服設計に関係する主な布地の性質として，伸長回復性，防しわ性，弾性回復性，せん断変形性，ドレープ性，熱可塑性などがあげられる．

これらの性質を生かし，熱と水分を利用し，平面の布を曲面に成形することもできる．例えば，アイロンやプレス処理のみで立体化するくせとり，袖山，肩甲骨，バストなどの立体化のために，縫い合わせ線の寸法差を利用し，織り糸間隙を縫い縮めて凸に立体化するいせこみ，逆に寸法差をアイロンで伸ばし，凹に立体化する伸ばしなどの技法がある．また，立体シルエットを構成する3次元形状の切替え線，寸法差を矢状に縫いつまむダーツ，寸法差をたたむタック，プリーツなど，デザイン効果を与える立体化の技法もある．

保形性，変形性，可塑性をバランスよく具備した素材はシルエットの構築も，自在に行えるが，張りが強すぎるときれいなドレープ形状が出ず，衣服の表情を

把握することがむずかしい．逆に，変形性が大きすぎると布がだれて，安定したシルエットが得られない．また，毛織物特有の性質で，水分率が高くなると伸び，低くなると縮むハイグラルエキスパンションも縫製上も保形性上も，配慮しなければならない性質である．

e．副資材

衣服のシルエットを安定させ，構築するため，また可縫性を高めるために必要な，表地以外の資材を副資材という．主な副資材は裏地，芯地，肩パッド，テー

表3.11 裏地の種類と消費性能

繊維別			特　徴	風合い・手触り	滑り	吸湿性	制電性	防しわ性	ほつれにくさ	摩耗強さ
天然繊維		綿	天然繊維のなかでは最も多く使用されている腰裏地，袋布としての用途が多い（スレーキ）	○	△	◎	◎	△	◎	△
		毛	紳士スーツの胴裏として仕様（アルパカ）本来たて糸に綿糸，よこ糸にアルパカの毛を使用した織物であるが，現在では綿／毛交織裏地をすべてアルパカと称している	◎	△	◎	◎	○	◎	×
		絹	ほとんど和装用である．洋装用には一部の高級婦人服にわずかに使用されている	◎	◎	◎	◎	△	○	×
化学繊維	再生繊維	キュプラ	裏地に使われている繊維では，ポリエステルとともに最も多く広範囲に使用されている．吸湿性，耐熱性，制電性などセルロース繊維の特徴がある	◎	◎	◎	◎	△	△	△
		レーヨン	キュプラと同様にセルロース繊維の特徴がある	○	◎	◎	◎	△	△	△
	半合成繊維	アセテート	光沢，色彩のきれいさ，風合いの軟らかさに特徴があり，婦人服裏地としての用途が多い	◎	○	○	△	○	○	×
	合成繊維	ナイロン	ナイロン6とナイロン66がある．汎用性のあるナイロン100％のタフタからレーヨンやキュプラとの交織による高級裏地，ポリノジックや綿との交織によるポケット裏地までいろいろ使われている	△	○	△	×	○	○	◎
		ポリエステル	セルロース繊維に比べて吸湿性，制電性の点では劣るが，強度，W&W性に優れている．レーヨンやキュプラとの交織，仕上げ加工法の改良などにより，風合いや着心地の向上が図られている	△	○	×	△	◎	○	◎
		ビニロン	綿やポリノジック，ポリエステルテープと同様，腰裏地，ポケット裏地として使用	○	△	○	×	△	△	○

注) 1) ◎優秀，○中程度，△やや劣る，×劣る．
　　2) 糸使い，組織，加工方法などによって，上記特性は変化する．

プ，ボタン・ファスナーである．

1) 裏地

裏地に求められる機能は，滑りやすく，着脱，着用の容易性を高めることである．また防汚性，保温性を高める，表地の形態安定性を補う，表地の透過を防ぐことなども，裏地の重要な機能である．裏地の種類は表3.11に示すとおり，組成もキュプラ，ナイロン，ポリエステル，アセテート，絹など，さまざまであるが，表地の性質に対応させて選択する必要がある．風合いのみならず，新合繊タイプの制電性素材，ストレッチ性素材，透過性の低い素材など機能性の高い裏地素材も広く利用されている．

2) 芯地

芯地に求められる機能は，衣服のシルエットを構築させること，表地の伸びやせん断変形による着用時の型くずれを防止すること，必要な部位を補強すること，シームパッカリングを軽減させ，可縫性を高めること，寸法安定性を向上させることにある．しかも素材の風合いを保ちつつ，部位により張りをもたせたり，シルエットのコントロールを行う役割も求められる．芯地の種類は表3.12に示すとおり，布帛タイプ，不織布タイプ，トリコットタイプ，布帛ストレッチタイプがあり，その組成もさまざまであり，表地の力学的挙動に最もよく対応す

表3.12 芯地基布による接着芯地の分類

基布	繊維	組織	特徴
織物	綿 ポリエステル ポリノジック レーヨン 毛 麻	平織 朱子織 綾変わり織	平織が多いが，たてよこ同番手からたてに細番手，よこに太番手を用いた物まで用途に応じて種類が多い．糸は単一糸，混紡糸などの紡績糸が多いが，最近では伸縮性のあるタイプとしてポリエステル加工糸も使われている
編物	ナイロン ポリエステル アクリル レーヨン 毛	トリコット よこ糸挿入 トリコット ラッセル	トリコットは主にナイロン，ポリエステルのフィラメント糸が用いられる．よこ糸挿入はアクリル，レーヨン紡績糸が多いが，最近では伸縮性のあるタイプとしてポリエステル加工糸も使われている
不織布	ポリエステル ナイロン レーヨン 毛	乾式タイプ ランダムウエブ カードウエブ クロスラップウエブ	風合い，動きの点でサーマルパターンボンド方式が主流であるが，用途によってはバインダー接着方式も使われている

るタイプの芯地が用いられる．芯地は常に表地の開発に対応しつつ進歩しているが，近年の衣服素材は，風合い重視傾向が強まり，新合繊，新世代ウール，複雑な交織繊維など，芯地の物性を表地と対応させることが困難なケースも多い．また，ドライクリーニングにおける接着芯地の剥離も，芯地のかかえる大きな問題である．

3) ミシン糸

縫糸にも可縫性が求められる．工業用高速回転ミシンによる縫製時でも，糸切れ，目飛び，熱収縮，シームパッカリングなどのトラブルが発生しないミシン糸であると同時に，糸の染色性，光沢などの外観にも優れていなければならない．縫糸の組成は表地にあわせることが望ましいが，ウール，絹は強度が低く，物理的，化学的耐久性も低いため，工業用高速回転ミシンの縫糸としては適さない．アパレル生産においては，生産効率，機能上，布帛にはポリエステル糸が，ニット，ジャージ，ストレッチ素材にはウーリーナイロン糸が多く用いられている．縫糸にはフィラメント縫糸とスパン（紡績）縫糸の2種があるが，同一の品番でも組成，種類により糸の太さ，強度が異なる．

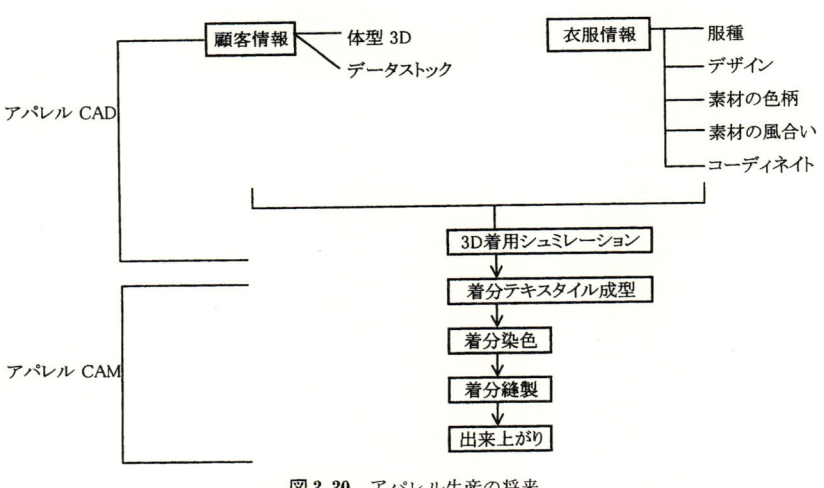

図3.30 アパレル生産の将来

f. 今後のアパレル産業における生産形態

　人に優しい感触をもつ素材，エコロジー素材を意識しつつ新素材の開発が進められ，テクノロジーへの期待が高まっている．また現在，素材の色，風合い，力学的挙動の数値化，3次元身体情報に基づく可動3次元マネキンの開発が進められ，3Dによるファッションショーも試みられている．今後はアパレルCADの延長上に，これらの情報を発展させ，インターネットを利用することにより，パソコン上で，消費者個人のサイズ，個人の好むデザイン，色，素材による着装形態を表現でき，個人用の単品生産，すなわちオートクチュールレベルの生産も可能となる．生産工程も，SPAをさらに進めた形態となり，生産リスク，無駄が軽減されるであろう．

　アパレル生産の将来像をフローチャートで示す（図3.30）．

4 人体と着装

4.1 衣服の機能

a. 衣服を着る

　人類は，亜熱帯地方で発生したといわれている．そこでの温熱環境条件は，裸体でいても暑くもなく，寒くもなく，ちょうどよいという温度域に属している．この環境においては，生活するには裸体で十分であり，主として衣服は自己表現の手段として装飾や身分を誇示するために用いられていた．その後，文明の発達とともに，衣服は暑さ寒さや危険物などの自然環境から身体を保護する手段として用いられるようになった．その結果，人類は行動範囲を拡大し，種々の環境に適応できるようになった．このように，人は衣服による身体保護・自己表現をとおして，さまざまな自然・社会環境に適応し生活文化を創造してきた．

b. 衣服に必要とされる機能

　衣服を人体-衣服-環境というシステムでとらえるとき，衣服は，自然・人工環境に対して，身体を快適にかつ安全に保護する機能があり，社会環境に対しては衣服を着用することにより，自己を表現する機能がある．

　一方，衣服を快適に着用するには，動きやすさや着脱のしやすさなどの動作を快適に行うための機能と，個人の嗜好や肌触りのよさなどが関係する個人の感性を満足させる機能も必要である．さらに，衣服を消費する過程においては，耐久性，取り扱いやすさなどの機能も重要である（表4.1）．

1) 種々の外環境に対する衣服機能

　i) 暑さ，寒さに対する身体保護機能　　人が，裸で快適に過ごせる気温範囲

は29℃から31℃というごく狭い温度範囲に限られている．そのため，それ以外の気温では体温を36.5℃に維持するために衣服を着用する．このように，衣服は体温調節を補助する機能をもち，衣服を着ることにより，自然環境や冷暖房などの人工環境により引き起こされる暑さ寒さに対して身体を保護することができる．

衣服は外界と身体との境界層となり，寒冷環境においては，衣服の保温効果のために身体から外界への放熱量を少なくするこ

表4.1 衣服の機能

外環境に対する衣服機能
・身体保護機能（暑さ，寒さ）
・安全性保持機能（危険物，汚染物）
社会活動に対する衣服機能
・自己表現機能
・集団識別機能
動作環境に対する衣服機能
・動作適応機能
・感性適応機能
消費過程に対する衣服機能
・耐久性
・形態安定性
・染色堅牢性
・取り扱いやすさ，など

とができる．一方，輻射熱の強い暑熱環境においては，衣服が断熱効果を示し，外界の輻射熱が身体側に侵入するのを防ぐ役割を果たす．

ii) 危険物，汚染物に対する安全性保持機能 衣服着用により，身体の安全や衛生を保持することができる．衣服には，外界からの危険物，汚れや細菌から身体を安全に保つ機能がある．さらに，皮膚から発生する汗，皮脂，種々の気体などの物質を衣服が吸着することにより，身体を清潔に保つ機能もある．これらの機能は，日常的な一般の衣服だけではなく，輻射の強い作業環境内で着用される耐熱服，消防服，放射能防護服，農薬などの化学薬品の防除服，宇宙服などには重要である．

一方，身体から発生する物質により外環境が汚染され，悪影響を及ぼす場合がある．このようなときは，衣服が身体から環境を保護する機能として働くこととなる．例えば，クリーンルームでの作業服や手術用の衣服などが相当する．

2) 社会活動を支援する衣服の諸機能

i) 自己表現 衣服着用は，私たちが種々の環境へ行動範囲を広げ，社会活動を円滑に行うために必要なものである．衣服は，デザインや色の組み合わせを変えることによりそのときの気分までをも変化することができる．自分の好みにあった着心地のよい衣服は着用者に快適さを与え，生活を活性化することも可能である．

一般に，衣服は個人の自由な意志で自由に着用されるものであり，さまざまな

自己表現が可能である．ところが，慣習的な装いのなかで自己表現を行う場合もある．例えば，冠婚葬祭などに儀礼服を着用する慣習があるが，この場合は，個人の自由が制約された状況で，特定の衣服により喜びや悲しみを表現することもできる．このように，衣服は，いろいろなライフシーンに応じて，個人の主義主張，趣味，好み，美意識などを，社会に対して表現する機能がある．

  ii) 集団識別 衣服を着用することにより，集団を識別することができる．この例として学校や職場などの制服がある．制服は，第三者に着用者の所属する団体や職種を無言で容易に認識させることができる．着用者にとっては，生活行動が規律化され，能率化されるなどの効果がある．

3) 動作環境を快適にするための衣服機能

 衣服は人に着装されてはじめて機能するものであるため，衣服には，動きやすさや着脱のしやすさなどという着用者の動作環境を快適にしたり，活動を支援する動作適応機能が要求される．この機能は，衣服着用による人体への疲労感の軽減や仕事の能率を向上させることができる．衣服着用により，日常の動作やスポーツを支援することができる．

 さらに，着用者の動作環境を満足させるためには，衣服には，個人の嗜好や肌触りなどに関する感性適応機能も重要である．

 個人の感性が満足され，動作のしやすい衣服を着用している場合，心身ともに動作環境が快適であると感じる衣服を着用することができる．

4) 消費過程において要求される衣服機能

 着用中，衣服にはさまざまな刺激が加わるため，製品性能の品質が長期間保持されていなければならない．消費過程において要求される衣服機能として，衣服材料や縫製に関して機械的な強さなどの耐久性，形態安定性や染色堅牢性，洗濯やアイロンがけや保管に関する取り扱いやすさなどの機能がある．

4.2 人体動作と衣服の機能

 人体動作に伴う皮膚の伸びは，衣服のゆとり量，ずれ，衣服素材の伸びによって順次補われる．衣服が皮膚の伸びに追従できなくなると，人間は衣服によって動作を妨げられ，不快や疲労を感じるようになる．人体動作を容易にしたり，人

間の運動能力をサポートするような衣服の機能を運動機能性あるいは動作適応性といい，これは衣服の着心地を左右する重要な因子の一つである．衣服には，運動機能性が要求されるスポーツウェアやワーキングウェア，皮膚に密着するファンデーションやスパッツ，ストッキングなどがある．ここでは，衣服の運動機能性に関することがらについて述べる．

a. 人体動作と各部の変化

人体動作は主に関節の運動によって行われ，種々の関節はそれらの形状によって運動範囲が異なっている．衣服に大きく関与する関節は，肩関節，股関節，肘関節，膝関節である．肩関節は球関節で運動範囲が最も大きく，多軸方向に自由に動くことができる．股関節も球関節であるが，肩関節よりも運動がやや制限される．肘関節と膝関節は蝶番関節であり，屈曲と伸展のみの一軸運動である．このような関節の運動によって関節を構成する骨の位置が移動し，体形の変化に即応して皮膚が伸縮変形する．

図4.1に，各種基本的動作に伴う皮膚の伸び率を示す．これらは，寸法基準線を衣服に対応させて設定しているため，一般的な衣服を設計するときの材料に必要な伸びに関する情報を提供することができる．例えば，図4.1中の1はワンピースやコートに，2はスカートやバミューダショーツに，3と6および12は下衣全般に，4と5はスラックスやストッキングに，7と8および11は長袖に，10は半袖に，9は上衣全般の材料の伸びに対応できる．深く屈む動作では，12の腰部のたて方向が股関節の運動により約50%の大きな伸び率を示している．上肢前挙動作では11が約13%であるのに対し，10では約31%の大きい伸び率を示しており，肩関節の運動の影響の大きさが理解できる．肩関節を構成する肩甲骨は，上肢前挙動作に伴って傾き，肩甲骨の下部が外側へ移動するため大きな皮膚変形を生じる．11では，肩関節の運動に加えて肘関節の屈曲により，伸び率が約24%に増加している．

図4.2に，ラジオ体操第1，第2を連続して行ったときの，皮膚の各部位の面積変化率を示す．これにより，種々の動作を包含した運動の，皮膚の最大変化量の分布傾向をとらえることができる．図4.2中のdは面積変化率が最も大きい部位であり，逆にaは最も小さい部位である．体幹部では前後とも側方の面積

変化が大きく，前正中線付近は小さい．前面では胸部より腹部に，後面では肩甲部および腰部に最大変化が多く分布している．これらは肩関節，股関節の影響によるものである．上肢では肘部が大きく，肘関節の影響が見られる．下肢では下

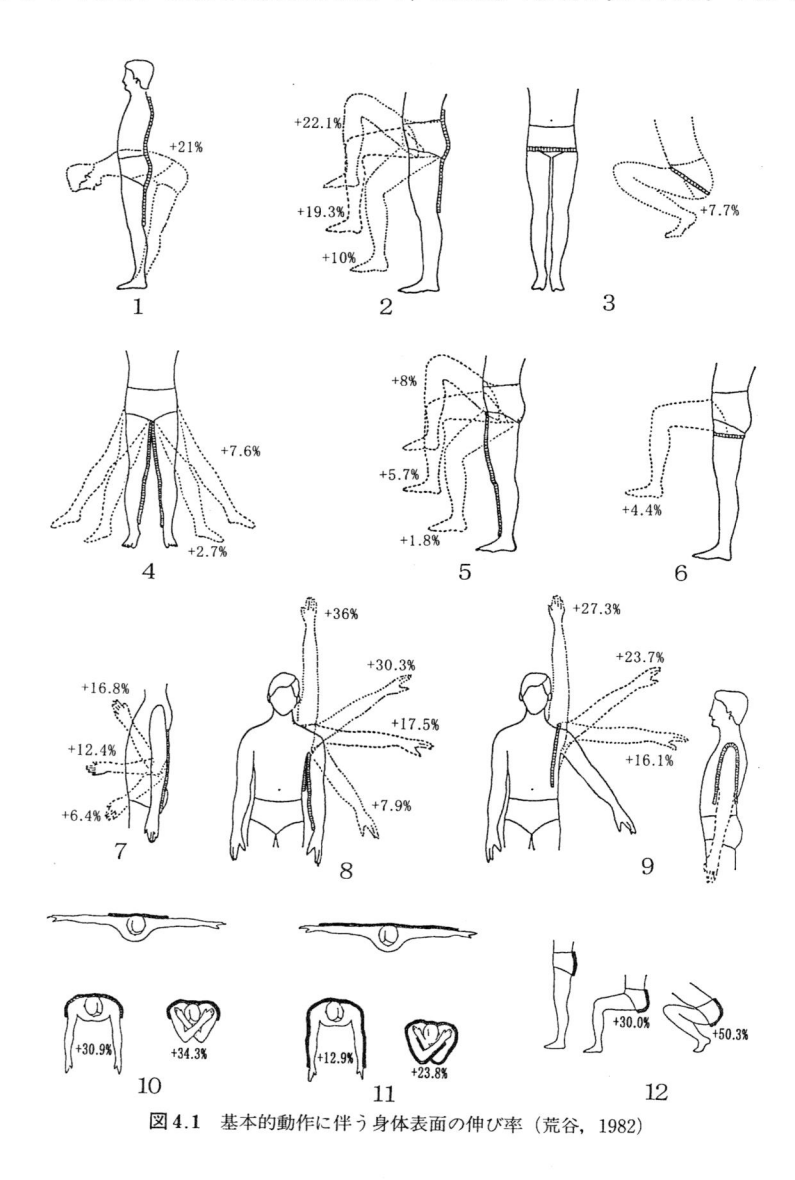

図 4.1 基本的動作に伴う身体表面の伸び率（荒谷, 1982）

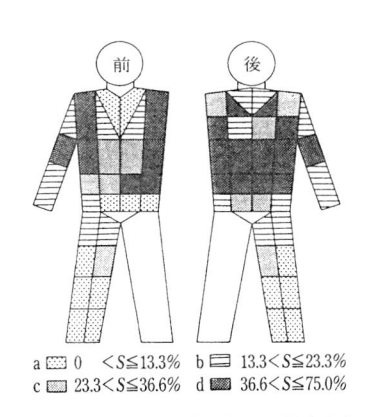

図4.2　体操による各部位の面積変化率
　　　（多屋，1981）

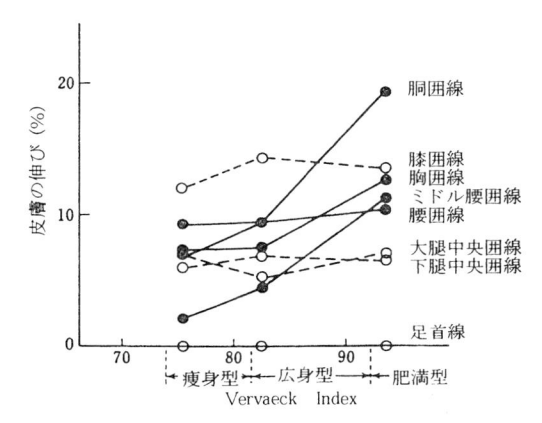

図4.3　体型指数と周長方向伸び率との関係
　　　（多屋，1981）

腿の面積変化はきわめて小さく，膝囲線と大腿中央線との間の内側が大きい．これは膝関節の影響が下肢全体ではなく局所的に生じることを示している．

図4.3は体型と皮膚の周長方向の伸びとの関係を示したものである．下肢部の伸び率（点線）は，体型指数（Vervaeck Index）にかかわらずほぼ一定であるが，体幹部の伸び率（実線）は体型指数が大きくなるほど増化している．とくに胴囲線，ミドル腰囲線は皮下脂肪の沈着しやすい部位でもあり，体型差が顕著である．

b. 衣服の変形と拘束

衣服の変形は，衣服の材質や形状，人間の体形や動作など，種々の要因が複雑に関与して起こる．衣服全体の変形は，例えば，次式で示されるような着用による変形率（R）としてとらえることができる．

$$R(\%) = \frac{(衣服でおおわれた皮膚面積) - (着用前の衣服面積)}{(着用前の衣服面積)} \times 100$$

このとき，R値が正であれば，衣服がそれでおおう人体表面積よりも小さいことになり，負であれば，衣服のほうが大きいことになる．

R値が正となる衣服には，ファンデーションや伸縮性肌着，ストッキング，レオタードなどがある．これらは衣服素材の伸縮性によって皮膚に密着し，皮膚

—衣服間のずれと素材の伸びによって動作時の皮膚変形を補う．衣服素材の伸縮性や摩擦特性には多種多様なものがあるので，同一素材の衣服ならば，一般にR値が大きいほど拘束の程度は大きいといえるが，異素材の衣服では，一概にR値の大小関係から拘束の程度を推定することはできない．また，皮膚変形は動作に対して一様でないため，局所ごとの変形傾向をとらえる必要がある．図4.4に，ストレッチ性ナイロン肌着の着衣による局所変形を示す．図4.4のaは着衣して立位静止時に正円を捺印した状態を，bは直ちに脱衣したときの状態を示し，歪みの著しい円に短軸方向の線を書き入れている．乳房部や下腹部，腰部の人体凸面が横方向に大きく変形している．これは，静止時の状態であるが，動作時においても円形の歪みから衣服の変形傾向を知ることができる．図4.5は，着衣前に正円を捺印したサポートタイプとノーマルタイプのパンティストッキングの局所変形を示す．サポートタイプは全体的にたて，よこ方向とも変形は小さいが，素材の異なるノーマルタイプは両方向とも大きく変形し，とくに大腿部のよこ方向が著しい．R値は，サポートタイプが50%，ノーマルタイプが300%であり，R値が小さいほど局所変形も小さく，サポートタイプは変形しにくい素材を用いて脚部をしめつけていることがわかる．

　R値が負となる衣服は，ゆとり量が加えられているもので，スカートやスラックス，ジャケット，シャツ，ワンピースなどのほとんどの衣服がそれに相当する．R値が小さいほどゆとり量が大きいことを表すが，動作などによって衣服

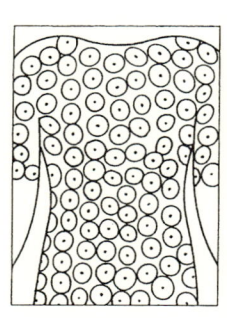

　　(a) 着用時—後—　　(b) 脱衣時—前—
　　図4.4 ストレッチ性ナイロン肌着の変形傾向
　　　　　（大野，1967）

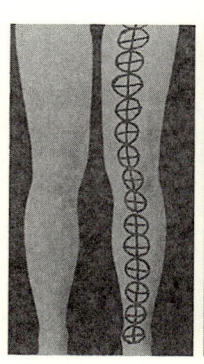

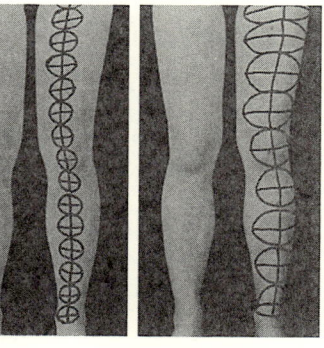

　　(a) サポートタイプ　(b) ノーマルタイプ
　　図4.5 パンティストッキングの変形傾向
　　　　　（棚橋他，1996）

4.2 人体動作と衣服の機能

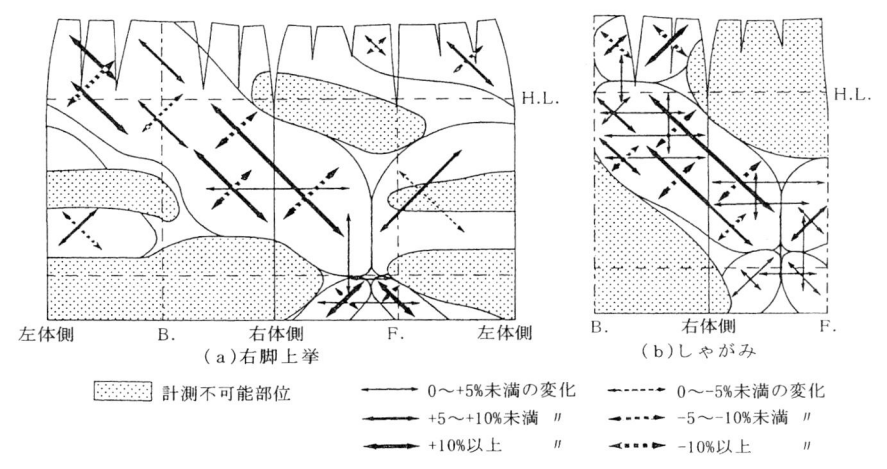

図 4.6 タイトスカートの各動作時の変形（間壁他, 1986）

(a)右脚上挙 　(b)しゃがみ

凡例：
- 計測不可能部位
- ──→ 0～+5%未満の変化
- ┈┈▶ 0～-5%未満の変化
- ══▶ +5～+10%未満 〃
- ┈┈▶ -5～-10%未満 〃
- ══▶ +10%以上 〃
- ┈┈▶ -10%以上 〃

が伸長されると，局所的な部分で人体を拘束する．図4.6は，ウール平織のタイトスカートの変形とその方向を示す．各動作において，バイアス方向に大きく伸び（実線），それと直交する方向に縮み（点線）が現れており，織物の変形はよこ糸とたて糸の交差角度が変化するせん断変形であることが認められる．また，図4.6のaの動作では膝部付近がたて，よこ方向に，bの動作では膝部，大腿部，臀部付近がたて，よこ方向および両バイアス方向に伸長し，膝や臀部の突出により，局所的に大きな力が作用していることがわかる．タイトスカートの腰囲にゆとり量を加えると，ずれが増加し変形量は減少する．一般に，ゆとり量はずれやすさや変形の大きさを左右する．図4.7は，ウール平織のスラックスについて，ゆとり量と変形の関係を示したものである．aは膝囲のゆとり量をS（小），M（中），L（大）に変化させたときの伸長変形率を示し，ゆとり量が小さいほど変形は大きく，広範囲に及ぶことがわかる．また，たて方向よりよこ方向の変形が大きい．bは，腰囲，膝囲，裾囲のゆとり量を変化させたときの膝部の伸縮率である．伸縮変形はバイアス方向に生じ，ゆとり量が小さいほど変形は大きく広がっている．とくに，膝囲のゆとり量による変形の差異は明らかである．cはせん断変形量を示している．いずれのゆとり量においてもせん断変形が大きく現れ，織物はそのせん断性によって皮膚の伸びに追従していることが理解できる．

(a) 膝囲のゆとり量と伸長変形率 ―たて方向― ―よこ方向―

(b) 膝部における伸縮率
腰囲　膝囲　裾囲

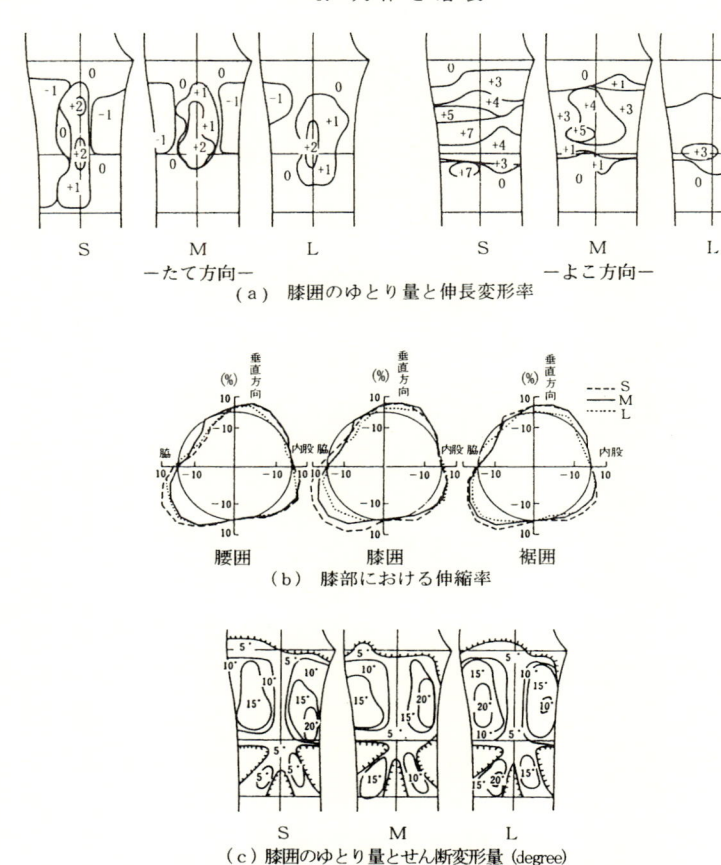

(c) 膝囲のゆとり量とせん断変形量 (degree)

図4.7　スラックス膝部のゆとり量と変形（伊藤他，1977）

c. 衣 服 圧

　衣服圧には，衣服重量によって肩などに加わる圧や，衣服が伸長されたときに身体各部に加わる圧がある．過度の衣服圧が持続的に加わると，血行障害や内臓の変位，変形，機能障害をきたし，さらには自律神経系への影響も心配される．その顕著な例として，中世期ヨーロッパのコルセットや日本の帯があげられる．帯圧においては，40 gf/cm² 以上になると内臓の変位，変形が生じ，生理機能に影響を及ぼすといわれており，また，心臓や横隔膜は 27 gf/cm² で，胃のような腹腔部は 13.5 gf/cm² で変形を起こすという指摘がある．和服は儀式などのフォ

一マルな場で着用されることも多く,着付けによる帯の締めつけには十分な注意が必要である.しかしながら,現在の日常着には,衣生活の変化とストレッチ素材の進歩により健康を脅かすようなものはほとんど見あたらない.その一方で,靴の圧による外反母趾やハンマートウ(指の屈曲)などの足の変形が女性に多発している.足の極端な変形は,古くは中国のてん足に見られるが,足の障害は,全身疲労や頭痛など他の疾病を誘発する原因ともなるため,過大な圧は避けなければならない.一般的に,衣服圧は小さいほど望ましいが,運動選手が用いるサポーターやバンド,腰痛症や脊椎疾患に用いられる治療用コルセットなど,適度な衣服圧は運動時の傷害予防や治療に役立つ.また,体型補整や作業能率の向上にも有効に作用する.

図4.8は,下腿部を覆う衣服を着用したときに生じる圧迫の,後下腿部の腓腹筋に及ぼす影響を示している.(a)の静的作業時では,着用のほうが早く痛みはじめ筋放電も大きく,衣服圧がマイナスに作用している.しかしながら,(b)の動的作業時では,着用のほうが筋放電は小さく痛みはじめも時間的に遅く現れ,プラスの作用が認められる.安静時や静的作業時において衣服圧が持続的に加わることは,血流を妨げ健康を阻害するといわれ,動的作業では適度な衣服圧が断続的に加わることにより血流が促進されるといわれている.このように,衣服圧はプラスとマイナスの両面の作用をもっており,快適値や許容値を求める研究が行われている.

衣服圧の快適値,許容値は,個人の好み,年齢,性別,健康状態,活動状態,姿勢,人体の部位などによって異なり,そのうえ,環境温度や衣服の種類,圧迫

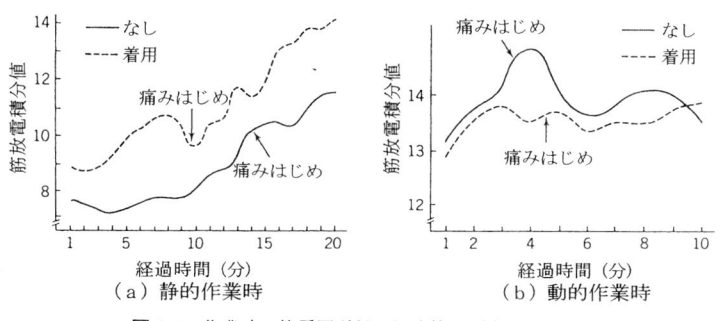

図4.8 作業時の筋電図所見―腓腹筋―(生田,1975)

表4.2 ガードルの各部位の衣服圧 (gf/cm²) (大野, 1973)

部位 体位	1	2	3	4	5	6	7	8
立 位	23.1	15.1	33.3	32.3	38.6	27.1	23.7	15.1
正座位	26.2	15.6	—	46.3	29.0	43.5	46.4	14.2

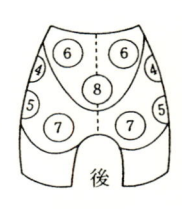

図4.9 ガードルの圧測定部位 (大野, 1973)

面積, 素材の伸縮性, 圧迫時間などによっても異なる. 表4.2はガードルの衣服圧の測定例を, 図4.9はその測定部位を示している. 正座位では衣服圧が増大することがわかる. 立位では⑤が比較的大きく, 正座位では④, ⑥, ⑦が最も大きい. これらの内④, ⑤, ⑦は, 腰部, 腹部において曲率が小さい部位である. 衣服圧が大きくなる部位は, 動作によっても左右されるが, 概して, 同じ大きさの張力が作用する場合は, 曲率の小さい部位のほうに大きな衣服圧が加わる. 図4.10は, 大腿部に10 mmの圧縮変形を与えるのに要する力と, 圧縮面積との関係を示している. 面積が大きいほど小さい力で圧縮変形することから, 衣服圧を受ける面積が大きいほど快適値, 許容値は小さくなることがわかる. 図4.11は, 伸縮性の異なる各種腹帯について, 快適に着用しているときの衣服圧の測定例を示している. 伸縮性のないさらしは, 伸縮性のあるコルセット型, ガードル型よりも衣服圧の快適値が大きくなっている. 伸縮率の小さな素材は, 着用中の衣服圧変化が大きく現れ, 血流が伸縮性素材よりも促進される. また, 人体各部の衣服圧では, 下肢は上肢よりも, 前腕は上腕よりも, 胴部は頸部や胸側部よりも許容値は大きいようである.

衣服圧の測定法には, 皮膚と衣服の間に受圧部を直に装着する直接法や, 衣服にかかるたて, よこ方向の張力 T_1, T_2 と, その人体部位における曲率半径 r_1, r_2 から, 計算式 $P(衣服圧) = T_1/r_1 + T_2/r_2$ によって求める間接法などがある. 直接法には, ひずみゲージや半導体圧力センサによる電気抵抗法, 蒸留水を封入した小袋（ポーチ）を受圧部とし, ポーチに加わる圧をトランスデューサにより電気信号に変えて測定する液圧平衡法, 空気を注入したエアパックを受圧部とし, エアパックに加わる圧を外部に導いて圧センサにより測定するエアパック法など

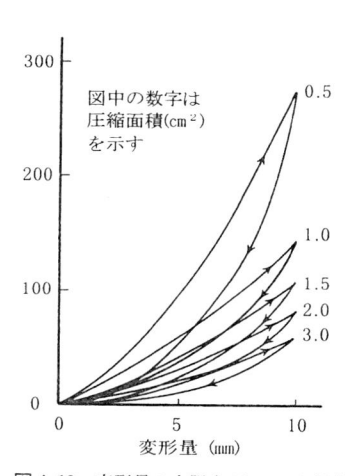

図4.10 変形量の上限を10 mmと規定したときの人体大腿部の応力-変形量曲線（伊藤，1985）

図4.11 各種腹帯の衣服圧（前面）（伊藤，1987）

がある．これらは，操作が比較的簡便であるが，それぞれに長短があるので，目的に応じた最良の方法を選択することがたいせつである．衣服圧を表す単位には，gf/cm² や mmHg などが多く用いられているが，国際単位系（SI）の普及により，1999年10月以降，パスカル Pa に統一されている．各単位の換算率は，1 gf/cm² ＝ 0.736 mmHg ＝ 0.098 kPa である．

4.3 衣服と衛生的機能

ここでは，人体と外環境との間にある衣服の役割を温熱的な面から解説する．

a. 体産熱と放熱

人間の平均的な体内温度は約37℃である．他の動物よりも比較的広範囲の気候条件下でこの体温を維持することができる恒温動物である．人間は，体内に摂取した水分，種々の栄養素，呼吸によって得た酸素とを酵素などの助けを得て，体内で複雑に化学反応をさせる．この過程はエネルギーの出入りを伴う代謝であるため，エネルギー代謝とよぶ．食物摂取によって得られたエネルギーは，骨格

筋の収縮，体内機能の維持，組織構成の維持へと用いられ，最終的にはその75～100%が熱エネルギーとなる．覚醒時心身ともに静穏な状態で生命を維持するために必要な最小エネルギー量を基礎代謝量（basal metabolic rate）という．基礎代謝量は体格，性別，年齢によって異なるが，体表面積との相関が高い．睡眠時のエネルギー代謝は基礎代謝量の95%程度，座位安静時のエネルギー量は120%程度とされている．動作・運動の大きさにかかわらず，体を動かすときは筋肉の運動の程度に応じたエネルギーと酸素を体内に取り込む必要がある．筋肉の運動に用いられたエネルギーは，やがて熱エネルギーに転換するため，動作・運動の程度に応じて産熱量は異なる．動作・運動の程度を表す単位は，日本独自のものとしてはRMR（relative metabolic rate），国際的に広く用いられているものとしてはMETS（metabolic equivalents）がある．それぞれ次式により計算できる．また，海外でRMRは安静時代謝率（resting metabolic rate）を示すので注意を要する．

$$\mathrm{RMR} = \frac{運動時代謝量 - 安静時代謝量}{基礎代謝量} \qquad \mathrm{METS} = \frac{運動時代謝量}{安静時代謝量}$$

表4.3に日常動作のエネルギー代謝率を示した．

以上が産熱の仕組みである．一方，人間は体熱がほぼ恒常的に一定になるように，同時に放熱を行っている．図4.12は，環境温度（図中の作用温度）に対する人体の熱収支を示したものである．放熱は環境温度との関係から，冬季は主に乾性放熱，夏季は湿性放熱によって，体熱を放散させる．図中の伝導，対流，輻射は乾性放熱，蒸発は湿性放熱である．この産熱と放熱のバランスは次式によっても表される．

$$M - (\pm R \pm C \pm K + E) = \pm S$$

産熱（M：metabolism）と放熱（heat loss）が同時に機能し，両者がバランスして，一定の熱量が貯熱（S：storage heat）される．この貯熱量が体温として保持される．輻射や伝導・対流によって，外界から人体に熱がもたらされるとき，式中のR, C, Kは負となる．体内

表4.3 日常動作のエネルギー代謝率

作業名	作業内容	RMR
歩行	普通歩行，71 m/分，通勤時	2.1
階段を昇る	45 m/分	6.5
炊事		1.6
洗濯（洗濯機）		1.2
買い物	歩く，品定め	1.6

4.3 衣服と衛生的機能   125

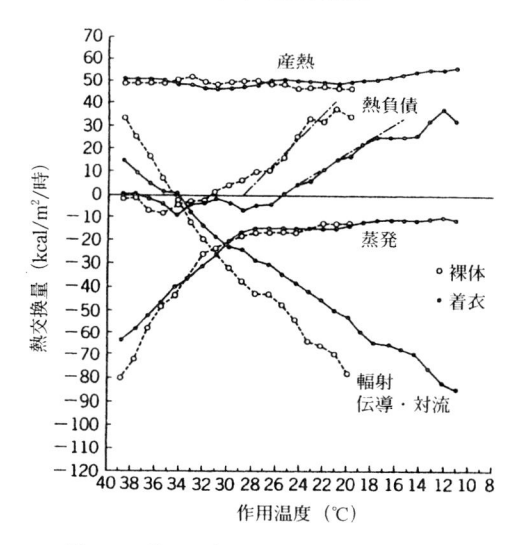

図 4.12 作用温度と人体の熱収支（Gagge ら）

で産生された熱は，血液によって全身くまなく運ばれ，皮膚面から外界へと放散され，その量は人体からの全放熱量の約 85% に及んでいる．人間は日常的に衣服を着用することにより，放熱の大部分を衣服を介して行っている．いいかえると，ヒトは衣服を着ることにより，輻射（R：radiation），伝導（K：conduction），対流（C：convection）および蒸発（E：evapolation）という手段で放熱量を調節し，体温調節を補助することができる．

　衣服を介した放熱を考えてみると，まず伝導による放熱については，衣服素材である繊維の熱伝導率が低いだけではなく，繊維が糸に，そして布・編物にと段階を経るごとに，熱伝導率が最小である空気を多量に含有するため，布の熱伝導率は繊維そのものよりも小さくなる．さらに，衣服の設計の仕方，着装方法の工夫によっても空気量は調節可能であるため，衣服は外界から人体を熱的に保護する役割を果たすことができる．

　対流による放熱の場合も，空気の存在を考えることになる．体温により暖められた衣服が人体にごく近い部分（境界層）の空気に伝導で伝えられ，加熱された人体周囲の空気は流体分子となり熱を運ぶ．流体の移動が温度上昇に伴う浮力のみにより起こるものを自然対流，動作時や，外風により境界層が壊れて起こるも

のを強制対流とよぶ．衣服下においても，適度の対流において，快適感を得ることができる．暑熱時は開口部の開放などにより，衣服下の対流を促進させ，寒冷時は衣服下に対流を起こさないよう着装方法を工夫し，衣服によって放熱を調節することができる．

輻射による放熱では，衣服は断熱層としての役割を果たしている．暑熱時の帽子や日傘はよい例であるが，輻射の強い気候をもつ地域の民族服は全身を被覆するデザインである．最近では，寒冷時に輻射熱を取り込みやすい素材の開発などによって，積極的に衣服気候への輻射熱の利用が考えられている．

蒸発による放熱では，気温や運動量に応じて衣服のあり方を考える必要がある．寒冷時は体温調節上，蒸発による放熱が小であるが，不感蒸泄とよばれる蒸発が常に生じている．この不感蒸泄を衣服は吸湿し，外界への直接的な蒸発を緩和している．その結果，体温の低下を防ぐことが可能である．暑熱時や運動時は，蒸発する汗を十分に吸湿すると同時に放湿を促進し，さらに透湿させる衣服の選択が必要となる．また，蒸発せずに噴出した汗を皮膚表面からすばやく吸水し，皮膚表面を清浄に保持するとともに，吸水した衣服が乾燥するときの二次的な蒸発による放熱経路も考えられる．

以上のように産熱と放熱のバランスを取り，体熱平衡を保持することによって，恒体温が維持される．体温は厳密に見るとヒトが健康状態のとき，図4.13に示した体温の上昇と下降を繰り返している．ほぼ24時間のサイクルで変動することから，概日周期（circadian rhythm）とよばれる．同時に女性は約28日間の性周期が存在し，排卵を境に高温期と低温期が存在する（図4.14）．また，スポーツに限らず，動作は筋肉の運動であるところから，筋肉内で発熱し作業が長時間に及ぶと体温は上昇する．一方で，望ましくない体温の変動は，① 熱性の疾患による発熱，② 極端な環境温度の変化に暴露された場合に，産熱と放熱のバランスが崩され，体温の変動が起こる．これは生命の危険につながる．近年，盛夏駐車中の車内に残された乳幼児が，車内温度の上昇に伴い，脱水症状を起こしたり，熱気のために命を落とすというようないたましい事故が，日本においても見受けられる．人間の体温は例外はあるが，高体温の限界は約42℃，低体温の危険下限は約28℃といわれる．乳幼児にはことに十分な配慮が必要である．

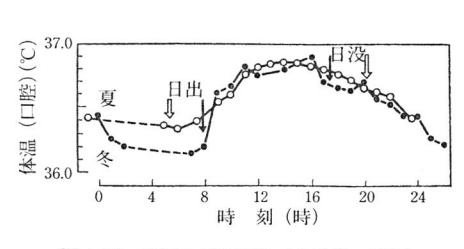

図 4.13 体温の日内変動（大野他，1989）

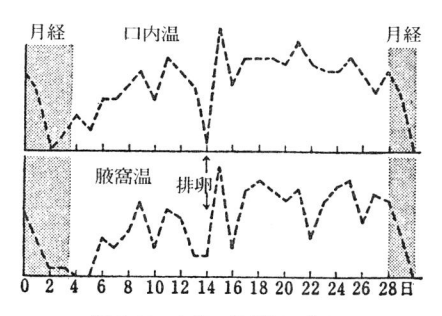

図 4.14 女性の性周期と体温

b. 衣服気候

人類は衣服を得る以前は、亜熱帯気候のなかに裸体で生存し、その初めは発汗能力をもたなかったと推測されている。この環境においては、衣服による放熱の調節や積極的な蒸発による体温制御は必要ではなかったのであろう。しかし、しだいに、ヒトは行動範囲を拡張するなかで、徐々に発汗能力を獲得し、いまやその行動範囲は北極圏から赤道直下、そして宇宙へと広がってきた。行動範囲を広げることを可能にした背景には、放熱のところで述べたように衣服の存在が大きな役割を果たしている。暑熱時には、衣服が断熱層となり輻射を防ぎ、開口部や布地の通気性を利用して人体からの放熱を促進し、人体周囲の空気を暖めすぎないように、外環境へ体熱を放出する。寒冷時には、自分の体温で暖めた空気をできるだけ人体周囲にとどめ、外界の冷気を人体に近づけないように断熱する。衣服はエアーコンディショナーの役割なのである。衣服気候の調節には、素材のみならず、衣服により身体をおおう被覆面積・被覆部位、開口や衣服下空気層の状況などの影響が考えられる。気候条件にあわせて、これらの要因を効果的に生かし、衣服の着装をすることが望まれる。図 4.15 に温熱的快適時の衣服気候の1例を示した。温熱的に快適であるとき、体幹部での衣服の最内空気層は、気温 32 ± 1℃、相対湿度 50 ± 10%、気流 25 ± 15 cm/秒である。私たちは衣服を着用することにより、外界の気温や気湿とは異なった微気候を人体周囲につくりだしていることがわかる。図 4.15 では、外界の気温は約 20℃ で、最内空気層との温度差は 14℃ である。衣服を1枚ずつ重ね着するごとに、気温が上昇していることから、衣服を重ねて着用する効果が認められる。衣服で人体を被覆すると、被

128   4. 人体と着装

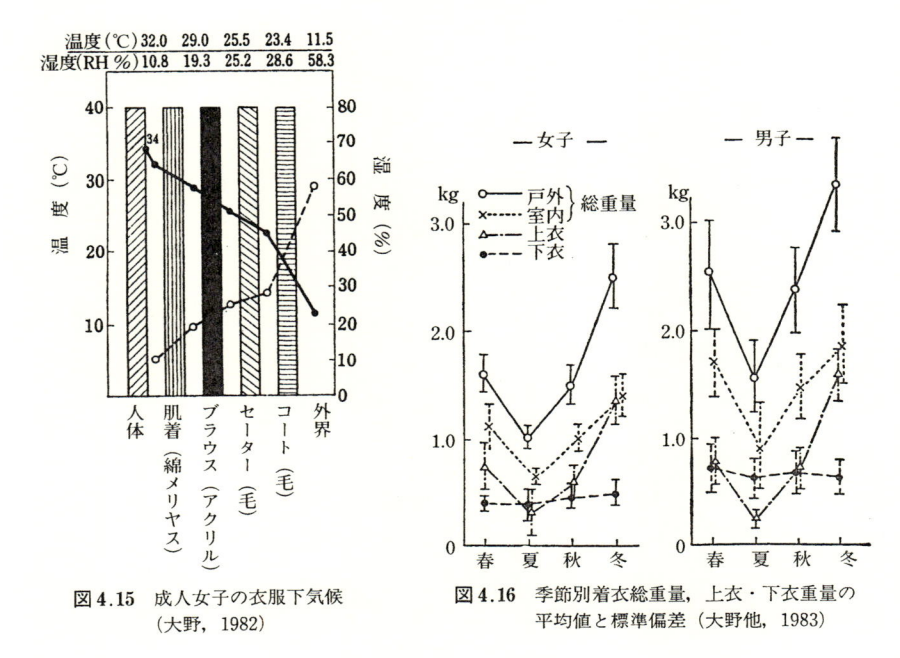

図4.15 成人女子の衣服下気候
(大野, 1982)

図4.16 季節別着衣総重量，上衣・下衣重量の平均値と標準偏差（大野他, 1983）

覆された部分の空気層は静止空気層となり，熱や水分の移動を抑制する．重ね着はその抑制効果を高める．

　一方，筋作業に伴い体温が上昇し，さらに発汗が生じると不快になるが，私たちは重ね枚数を減らし，袖をめくって被覆面積を減らし，衿や袖，裾などの開口部を開放することにより，熱や水分の移動を促進させ，前述の快適時の最内空気層の温湿度条件に戻そうとする．

c. 着衣重量

　衣服素材である布地のほとんどは，その体積の50％以上が空気であるところから，衣服に重量があることを私たちは意識せずに日常を送っていることが多い．着衣している衣服の重量は，繊維の集積状態や重ね着により，その重量を増加させる．つまり着衣衣服の重量は布の粗密，厚さ，重ね枚数などと関連が深く，着衣衣服の総合的な傾向を知る手がかりと考えられる．これまで，多くの着衣重量調査が行われている．図4.16は1979～81年に実施された，男女大学生を

対象にした全国調査の季節別着衣重量に関する結果である．男女ともに，室内の着衣総重量は冬＞春＞秋＞夏の順で，春と秋の差は小さいことがわかる．同時に，男子の春と冬の重量差も小さく，男女ともに標準偏差も含めて季節全体を見ると，夏以外は重量差が小さい．全国的に室内の空調化が進み，衣服の季節差に影響を及ぼしているものと考えられる．一方，冬の戸外と室内の着衣総重量差は1.3kg以上で，他の季節の重量差より大きく，戸外の低気温に対応するために，着衣量を増加させていることがわかる．以上のように着衣重量を知ることは，着衣全体の保温力を知ることにつながる．

現在，着衣衣服の保温力はクロー単位で表される．クロー単位は，以下のような定義によっている．1クローとは，「環境気温21℃，相対湿度50％以下，気流0.1m/秒の室内で，椅子に腰をかけて安静にしている成人が，快適さを感じ，なおかつ平均皮膚温が33℃を維持できる着衣の保温力」である．各種衣服のクロー値と重量を表4.4に示した．

しかし反面，着衣衣服の保温力は繊維そのものの保温性能だけではなく，衣服が包含している空気の量にも依存することから，着衣重量のみで衣服の保温性能を判断することができない面もある．例えば天然の素材では真綿や羽毛，合成繊維ではその形状が中空状のもの，糸自体が超極細の集合体のものなど多量の空気を含む．これらの保温性は衣服重量から求められる保温性能よりも高い．また，重ね着した際は，やはり衣服下空気層の状態が変わり，多少の誤差が生じる．着衣重量から衣服の保温力を求める場合は，以上のことを考慮に入れる必要がある．

表4.4 衣服のクロー値の一例（女子用）

	種別	材質	重量(g)	熱抵抗(clo)
Tシャツ	半袖・丸首	綿100％	112	0.2
ポロシャツ	半袖	綿40％，ポリエステル60％	145	0.16
トレーナー	長袖・丸首	綿100％	320	0.32
ブラウス	長袖	ポリエステル100％	77	0.18
セーター	長袖・丸首	毛100％	225	0.39
スカート	セミタイト（丈67），裏なし	アクリル，レーヨン	207	0.14
ズボン	ロング丈	綿100％	450	0.21
オーバーコート	ベルトなし	表地毛95％，ナイロン5％裏地キュプラ100％	1174	0.74

4.4 着衣の快適性（着心地）

着心地とは人が衣服を着用したときに感じる感覚であり，着用時の衣服を総合的に評価するときに用いられる表現である．一般的に，着心地は着用者の主観的な判断によるところが大きいため，衣服を客観的に評価することはなかなか困難である．

着心地は，表4.5に示すように，生理的・機能的要因，心理的要因および社会的要因から構成され，これらが複合的にあるいは総合的に組み合わさって評価されるものである．生理的・機能的要因は，衣服の着心地の向上に対して基本的に必要な性能であるが，心理的要因および社会的要因は，環境や時代背景や文化などによって変化する．一方，着心地に対する要求は同じ衣服であっても，着用者がおかれた自然あるいは社会環境のなかでどのような状況にあるのかによって異なり，表4.5の着心地を構成する要因のなかにおいて，どの要因が重視されるかは着用目的により決定されるものであり，必ずしもすべての衣服に対して同一ではない．したがって，着心地はきわめて流動的な要素を多く含み，感性的であいまいさを多く含む複雑なものであるといえる．

a．生理的・機能的快適性

生理的・機能的快適性に関する着心地は，衣服に要求される基本的な性能である．着ているものを重く感じたり，窮屈に感じたり，圧迫感を感じたりすることがないか，暑くも寒くもなくちょうどよいかなど，である．表4.6は官能検査で用いられる着心地の感覚的表現用語の一例を示したものである．生理的・機能的

表4.5 着心地を構成する要因

【生理的・機能的要因】
人間側から見た要因
温熱的快適性，サイズ適合性，運動機能性，着脱の容易性，など
材料側から見た要因
材料の力学的特性，材料の熱水分特性，材料の衛生学的特性，など
【心理的要因】
嗜好，着装シルエット，デザイン，色柄などの視覚的・心理的特性，など
【社会的要因】
社会環境適応性，流行適合性，など

4.4 着衣の快適性

表 4.6 着心地の生理的・機能的表現用語

生理的	機能的
暑い 暑苦しい 冷たい 寒い 涼しい 蒸し暑い 湿っぽい べとべとした じめじめした じっとりした さわやかな さらっとした すーすーした じっとりした ひんやりした むれる 乾いたなど	動きにくい 締めつけられる 圧迫されている フイットしている 伸縮性がある きつい 重苦しい ストレッチ感がある だらっとした ゆるい たっぷりした 痛い 重い 軽い ぴったりしている 脱ぎにくい 着やすい 軽やかなど

　快適性において，人間側に起因する要因としては，温熱的快適性，サイズ適合性，運動機能性，着脱の容易性などがある．衣服の材料に起因する要因としては，材料の力学的特性，熱水分特性，衛生学的特性などがあげられる．両者の要因が互いに関連して着用感に寄与する．

　一般に人が衣服を着ていて快適と感じているときの身体体幹部最内空気層の衣服気候は，温度が $32\pm1°C$，相対湿度は $50\pm10\%$，気流は 25 ± 15 cm/秒以下の状態にあるといわれている．この快適な領域からはずれたときに人は着用している衣服が不快であると感じるようである．図 4.17 は衣服着用時の衣服気候の快適域を模式的に示したものである．外気温の上昇や，運動などにより身体からの産熱量が増加すると，衣服内温度が上昇して発汗が生じ，相対湿度が高くなる．その結果蒸し暑く感じるようになり，不快感が生じる．一方，気温の低下や換気により衣服内へ冷気が流入すると，肌寒く感じるようになり，この場合にも不快感が生じてくる．衣服気候は，衣服材料，衣服デザイン，着衣量，着装の仕方などの衣服側の条件と，身体の熱容量が関係して変動する．

　ところで衣服を着ることは空気を身にまとうことである．衣服は平面でなく，立体形状として着用されるため，身体と衣服との間には空気層が生じる．そして着衣の保温性はその空気の換気効果や，どの部位をどのぐらい被覆するかによって変化する．したがって保温性の大きい布を材料としても，被覆面積の少ない，衿や袖口の大きく開いた着衣は，それより保温性の小さい布でつくった，全身をおおう開口部の小さい着衣よりも寒く感じることもある．このように着衣の保温性は，布地の保温性とはまったく別に定義する必要がある．

　そこで着衣の保温力を示す単位としてクロー（clo）値が使われている．1941年に Gagge らにより提案されたクロー値は，人間がその気温で快適であるとき

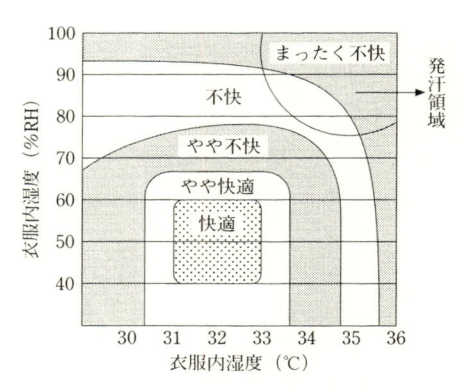

図4.17 快適な衣服内気候の領域は狭い
(原田, 1996)

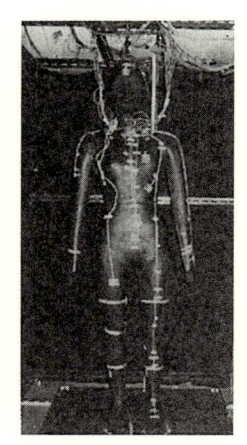

図4.18 サーマルマネキン

の衣服の熱遮断性能である．Gaggeらは気温21.2℃，気湿50%RH，気流0.1 m/s以下の室内で椅子に座って安静にしている成人男性が，暑くも寒くもなくちょうどよい衣服の熱抵抗を計算して，これを着衣量の基準とすることを提案した．この快適条件での平均皮膚温は33℃となり，代謝量は50 kcal/m²/hとなることから，工学単位に換算するとすると，1 cloは0.18℃/kcal/m²/hの熱抵抗を有する衣服ということになる．快適状態を維持するためには，気温12.4℃のとき2 clo，3.6℃のとき3 cloの着衣量が必要になる．着衣のクロー値を計測するには，実際に人が着用して測定する方法もあるが，煩雑で再現性を欠くために，図4.18に示すようなサーマルマネキンが用いられている．サーマルマネキンは，人体の形状，寸法，表面温度，表面放射率，熱放散量などを再現した等身大の温熱模型である．一般に市販されている男性用と女性用の単品衣服のクロー値の一例を表4.7に示す．それらを重ね着した着衣全体のクロー値は個々を組み合わせた単品衣服の和よりも小さい値となる．

次に，衣服の機能的要因の一つである着衣の人体に対する動作適合性は重要である．人間の皮膚の伸縮や関節の運動に追従する衣服は，動きやすく着心地がよい．動作時に人体の動きを妨害するような衣服では，着用中，疲労や苦痛を感じさせ，不快感を引き起こすことになる．このような不快感は，衣服の変形抵抗

4.4 着衣の快適性

表 4.7 単品衣類のクロー値（日本繊維製品消費科学会編, 1988）

分類	性別			
下着類	男性	パンツ類 0.01〜0.05,	ズボン下類 0.07〜0.17,	ランニングシャツ 0.07,
		半袖シャツ 0.09〜0.12,	長袖シャツ 0.12〜0.29	
	女性	パンティ類 0.01〜0.08,	ガードル類 0.02〜0.08,	ブラジャー類 0.01〜0.04,
		スリップ類 0.15〜0.22,	ペチコート類 0.08〜0.13,	シャツ類 0.08〜0.19,
		ストッキング類 0.03〜0.11		
外衣類	男性	半袖カッターシャツ 0.20,	ワイシャツ 0.24〜0.29,	カーディガン 0.34〜0.39,
		ジャンパー 0.32〜0.51,	ズボン 0.29〜0.31,	背広上衣 0.52,
		ダウンジャケット 0.98,	コート類 0.68〜0.73	
	女性	ブラウス 0.15〜0.34,	長袖セーター 0.23〜0.39,	カーディガン 0.23〜0.48,
		スーツ上衣 0.37〜0.42,	スカート 0.15〜0.35,	ズボン 0.16〜0.28,
		コート類 0.35〜0.73		
和製	男性	長じゅばん 0.70〜0.84,	ゆかた 0.60,	長着類 0.43〜0.74,
		丹前 1.10〜1.46,	羽織 0.38〜0.45,	帯類 0.03〜0.04
	女性	肌じゅばん 0.23,	裾よけ 0.23,	長じゅばん 0.43〜0.53,
		ゆかた 0.59,	長着類 0.63〜0.70,	半コート 0.48,
		ショール 0.29,	帯類 0.06〜0.14	

や，衣服と人体の摩擦抵抗によって起こるものであり，衣服材料の伸縮性と衣服と人体とのサイズ適合性が関係している．

　伸長率の大きな弾性糸で構成される水着やストッキングなどは，体表の伸縮に応じて衣服が変形するため，人体を拘束することがない．しかし，伸縮性に乏しい材料による衣服を動作に適合させるためには，適度のゆとり量を設定したり，スリットを入れるなどの設計上の工夫が必要となる．

　ゆとりの分布状態は着衣のフィット性やサイズ適合性に関与する．運動を吸収するのに十分なゆとり量が存在する場合には，拘束感は生じない．ゆとり量が少なければ衣服圧が発生し，不快感を与える．反対にゆとり量が多すぎると，着くずれやからみつきなどの原因になるので，適切なゆとりを考慮する必要がある．

　ほかに着心地を左右する要因として衣服の着脱の容易性があげられる．着替えや体温調節などのために着やすく脱ぎやすい衣服が望ましく，とくに幼児や高齢者にとって，衣服の開きや留め具への配慮が重要である．

　わが国でも人口の高齢化が進み，2025 年には高齢者が人口の 25% をこえるものと推定されている．病気や加齢によって身体機能が低下したり，障害をもつ人にとっては，それらをカバーする役割も必要である．着心地の向上のためには，

身体機能の低下や障害からくる不便さを補助し，生活を支援するような機能の衣服が要求される．

b． 心理的・社会的快適性

　衣服に対する価値観が，機能面中心の要求から，心地よさや使いやすさなどで表現される，快適性や健康という感性的な要求へと変化している．衣服は感性の表現手段でもあり，個人の価値基準は千差万別である．ある特定の人にとってある場合には最高の衣服が，別の人にとっては衣服としてまったく価値をもたないことさえある．特定の人にとっても，状況によって変化する．

　衣服は皮膚に接触して着用されるため，着心地に係わる人の感覚のなかで触感覚の影響は，大きなウエイトを占めている．表4.8に示すように日常用いられている触感覚を表現することばは非常に多く，皮膚と衣服の材料の接触によって感じられる肌触りや，触れたときに感じる暖かい感じや冷たい感じである接触温冷感は，衣服の着心地のよしあしを左右する感覚として重要である．肌触りなどの接触感は衣服材料の力学的性能と，接触温冷感は衣服材料と皮膚との熱水分特性と深い係わりをもっている．

　聴感覚も着心地に係わる感覚の一つである．衣服の着脱時や着用中の衣服材料の擦れ合いにより発生する音が，着用者や周囲の人に快・不快感を与えることがある．例えば着脱のときにパチパチと音がしたりすると着心地が悪いと感じる．一方，快適な表現としては絹鳴り，衣ずれなどの用語が用いられている．

　また，衣服は着用中にさまざまなにおいが吸着し，それらによって着心地が左右される場合もある．例えば，着用者の汗や尿あるいは体臭などが衣服に吸着してにおったり，生活環境のなかで調理や煙草の煙，動物のにおいなどが衣服に吸着し不快感を与え着心地を悪くする例が見られる．現在，生活が清潔志向となっているため，着心地に及ぼす嗅感覚の影響は大きく肌着や寝具類などににおいが

表4.8　触感覚を表す表現用語

接触感	柔らかい　肌触りがいい　しなやかな　なめらかな　ざらざらした　ちくちくする　滑りやすい　薄い　厚い　軽い　重い　はりのある　こしのある　ごわごわした　あらい　ばりばりした　ざっくりしたなど
接触温冷感	暖かい　冷たい　ひんやりしたなど

つきにくくした製品や，快適な睡眠や安らぎなど身体への効果を求めて，香りを付加した図 4.19 などのような構造の芳香繊維も開発されている．また洗剤などに配合されている香料が衣服に吸着し快適性に影響を与えることもある．

こうした清潔志向の社会のなかで衣服が衛生的にあるいは安心して着用されるように，抗菌防臭，防ダニ，抗アレルギー，防汚，制電・導電，防炎などさまざまな素材の開発や加工が行われている．着衣の目的によっては，これらの材料の衣服を着用することが着心地の向上に重要な場合もある．

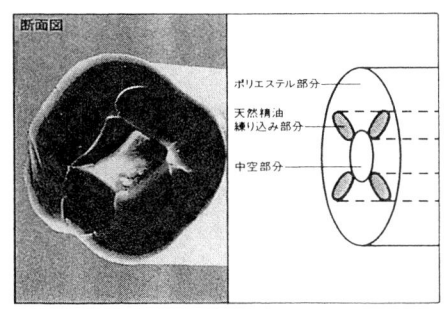

図 4.19 芳香繊維の構造例（クリピー®65）
（三菱レイヨン，クリピー®65 パンフレットより）

衣服の外観は主に視覚的に判断される場合が多い．衣服の柄や色彩，デザイン，着装シルエットなどが個人の嗜好に適合しているかどうかが着心地の良否を左右したり，これらや衣服の汚れ，しわなどが，他人からの印象のような対人的要因として着心地に影響を与える場合もある．

さらに，人は多くの人と集団を形成し社会生活をおくっている．その集団のなかで自己の表現手段として衣服を考えると，それがいま流行している新しいものであるか，自分の印象や個性を引き立たせているかどうか，あるいは自分の好みや心の状態が生かされているかどうか，などといった心理的な満足感も着心地として重要である．さらに社会生活を円滑に維持するうえでは社会との調和も必要である．すなわち冠婚葬祭などの慣習や社会活動を円滑に行うためには，職業や立場，社会的しきたりやその場の状況に適応した衣服を着用することが，着心地に必要な要因となるであろう．

5
衣服の取り扱い

5.1 衣服の洗浄

　衣服は着用することによって必ず汚れる．汚れは衛生面から人体に弊害をもたらし，着心地も悪くなる．もちろん，見た目にも不潔で美観を低下させ，そればかりか，汚れの付着した衣服地は損傷されやすく，耐久性も低下する．以上のような理由から，日常の衣生活においては洗濯が必要となる．

a．汚　れ（soil）
1）汚れの分類
　衣服に付着する汚れは，種々あるが，大きく分けると，
　① 人体から分泌されたり排泄されたりする汚れ
　② 外的な生活環境に由来する汚れ
の二つに分類できる．さらに，それらを化学的な性質で分類すると表5.1のようになる．

表5.1　汚れの種類

		汚れの種類	性　質
1)	水溶性汚れ	血液，汗，尿などの分泌物，牛乳，卵，果汁，糖類，でんぷん類，水溶性の染料やインク類	水に可溶あるいは水に分散
2)	油性汚れ	皮脂，油性食品類，化粧品の油分，機械油，燃料油，タール類など	有機溶剤に可溶，水には不溶
3)	固体汚れ	スス，泥，粘土，鉄分など	有機溶剤にも水にも不溶
4)	混合汚れ	衿あか，袖口の汚れなど	複雑

i) 水溶性汚れ　　水に溶ける，あるいは，水に分散する成分からなる汚れで，付着してすぐであれば水洗いだけで比較的容易に除去できる．しかし，長時間放置しておくと空気中で酸化し，着色し，除去困難となったり，また，血液などの蛋白質を多く含む汚れは高温にふれると変性凝固するので要注意である．

ii) 油性汚れ　　水には溶けず，アルコールやベンジンまたはドライクリーニングに使用するような有機溶剤に溶ける汚れである．実際には水溶性の汚れよりもこちらのほうが多い．水には不溶であるため，水洗いだけでは除去することができない．汚れの除去には洗剤かあるいは有機溶剤を使用せねばならない．

iii) 固体粒子汚れ　　水にも有機溶剤にも不溶な汚れで，空気中に浮遊しているチリや泥が代表的なものである．粒子が大きければ多くの場合，織物の表面に付着しているのでたたいたり，ブラッシングで除去できるが，小さな粒子は繊維の奥深くまで入り込むので除去されにくい．

iv) 混合汚れ　　実際の汚れを考えたとき，i), ii), iii) の汚れが単独で付着していることよりも，混じり合っていることのほうが多い．食品は，ほとんどの場合，蛋白質や脂質，糖質の混合物である．衿あかや袖口の汚れは，皮脂がボンドの役目をして皮膚のあかや空気中のチリ，ホコリを衣服に貼りつけている．煤煙や車の排気ガスに含まれる粒子汚れは，油膜でおおわれている．そのため，混合汚れの場合，除去が非常に複雑となる．

2) 汚れの付着

汚れ成分の性質などによって，汚れのつき方が異なるが，布地の構造によっても著しく影響を受ける．

まず，布地の表面構造に関係する．とくに固体粒子汚れの場合，汚れ粒子の入り込む隙間の大きい衣服地組織をもつほうが付着しやすい．すなわち，凸凹の多い表面構造をもつほうが平滑なものよりも汚れが付着しやすい．洗濯によって毛羽立った布地が新品よりも汚れやすいのもこのためである．

また，汚れと布地のおのおのの化学的性質も関係する．例えば，水溶性汚れはセルロース繊維などの親水性繊維に付着しやすく，また，油性の汚れは合成繊維などの疎水性繊維に付着しやすい．同時に，疎水性繊維は摩擦などによって静電気を帯びる性質があるため，空気中の微粒子を吸着して汚れやすい（静電気力による付着）．また，汚れと繊維との間には分子間力も働き，付着しやすい．

b. 洗　　剤 (detergent)
1) 洗剤の種類と特徴

衣料用洗剤は，主成分である界面活性剤が動植物の油脂を原料とする脂肪酸塩からなる石けんと，石油などから合成される界面活性剤が主成分である合成洗剤に分けることができる．

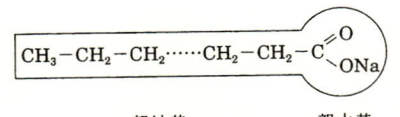

図5.1 界面活性剤（石けん）の構造

洗剤には，20～70%の界面活性剤と，洗浄補助剤が含まれる．補助剤は洗浄効果や仕上がり効果を高めるために配合されている．

i) 界面活性剤（surfactant）　界面活性剤は図5.1のように一つの分子のなかに，水になじみやすい部分（親水基）と油になじみやすい部分（親油基）をもつ．この特殊な構造から，界面活性剤は次のような作用で汚れを落とす．

① 浸透作用：　洗濯液を汚れや布にしみ込みやすくさせ，汚れに有効に働くようにする．

② 乳化作用：　本来水と油はなじまないが，界面活性剤を入れると油の粒の回りを界面活性剤分子が取り囲み，水と親しみやすくする．とくに油性汚れに対して有効な働きである．

③ 分散作用：　油と同様に水に溶けないススなどを細かくし，水のなかに分散させる．固体粒子汚れに有効である．

④ 再付着防止作用：　一度落ちた汚れを界面活性剤分子が取り囲み，再び布につくことを防止する．

これらの作用が同時に働き，機械力も加わり，図5.2のようなしくみで汚れが

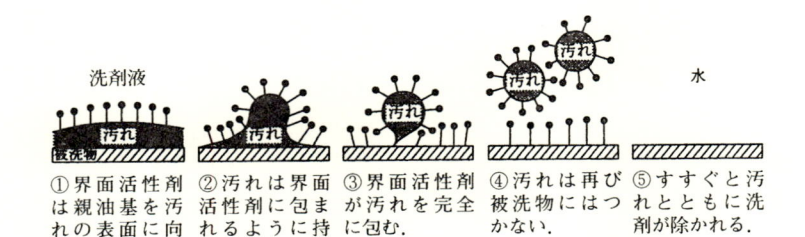

① 界面活性剤は親油基を汚れの表面に向けて集まる．
② 汚れは界面活性剤に包まれるように持ちあがる．
③ 界面活性剤が汚れを完全に包む．
④ 汚れは再び被洗物にはつかない．
⑤ すすぐと汚れとともに洗剤が除かれる．

図5.2 洗浄過程（藤井，1995）

落ちる．

ii) 各種補助剤　　洗剤には，主成分である界面活性剤のほかに，ビルダーやけい光増白剤，酵素，漂白剤などの性能向上剤が配合されており，これらを補助剤とよぶ．

① ビルダー（builder）：　そのもの自体は界面活性を示さないが，界面活性剤と一緒に使用すると洗剤の洗浄性能を著しく高める物質である．主な役割は，アルカリ緩衝作用，分散作用，金属封鎖作用であり，これらの一つでも欠けると洗浄効果は十分とはいえない．通常は，それぞれの効果作用をもつ物質を2～3種類配合する．また，脂肪酸塩（石けん）は水中でアルカリ性を示す．しかし，石けん以外の界面活性剤は中性なので，合成洗剤はこのビルダーの配合の仕方によって中性や弱アルカリ性の各種洗剤がつくられている．

② 性能向上剤：　界面活性剤だけでは除去しきれない汚れ成分（蛋白質汚れや油汚れ）を分解する酵素が代表的なものである．アルカリプロテアーゼやアルカリリパーゼなどが配合されている．その他，衣類の白度を増すためにけい光増白剤や漂白剤も配合されている．

2) 市販洗剤の表示

1997年12月に行われた家庭用品品質表示法の改定に基づいて，図5.3のような表示が洗剤のパッケージにのっている．

「品名」で石けんか合成洗剤の区別がつき，「液性」は「用途」と深い関係にある．つまり，「用途」によって「液性」を使い分ける必要がある．「成分」で配合されている界面活性剤の濃度や補助剤がわかる．さらに，「使用量の目安」だが，従来の表示には水量に対する「標準使用量」が設定されていた．ところが，洗濯機の大型化が進み，また，節水型の洗濯機の登場で浴比が低下してきたことから，水量を基準にすると洗剤量が極端に少なくなる可能性が出てきた．そのため，今回の改正で，洗濯物量の目安をつけ加えるなどメーカーが独自の適正な洗剤使用量を具体的にわかりやすく表示することになった．その他，「正味量」や「使用上の注意」，「表示者」などが記載されている．

3) 最近の衣料用洗剤の動向

わが国で家庭用合成洗剤が初めて市販されたのは1951（昭和26）年であるが，当時の使用量は水30 l に対して150 gであったといわれる．以来，優れた界面

140　　　　　　　　　　　　　　5．衣服の取り扱い

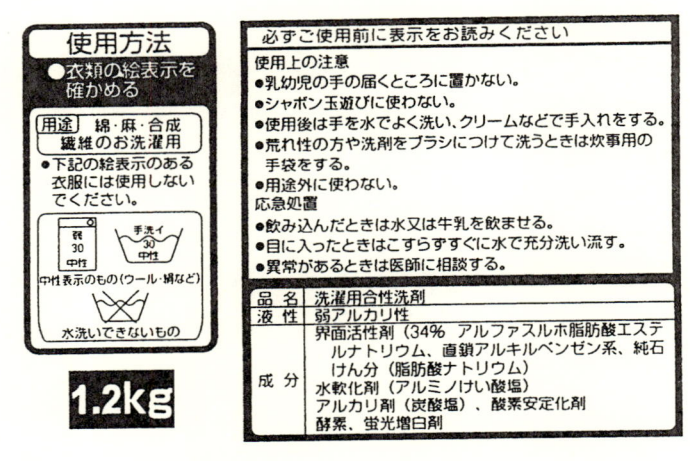

使用方法	必ずご使用前に表示をお読みください
●衣類の絵表示を確かめる	使用上の注意 ●乳幼児の手の届くところに置かない． ●シャボン玉遊びに使わない． ●使用後は手を水でよく洗い，クリームなどで手入れをする． ●荒れ性の方や洗剤をブラシにつけて洗うときは炊事用の手袋をする． ●用途外に使わない． 応急処置 ●飲み込んだときは水又は牛乳を飲ませる． ●目に入ったときはこすらずすぐに水で充分洗い流す． ●異常があるときは医師に相談する．
用途 綿・麻・合成繊維のお洗濯用 ●下記の絵表示のある衣服には使用しないでください．	

品　名	洗濯用合成洗剤
液　性	弱アルカリ性
成　分	界面活性剤（34％ アルファスルホ脂肪酸エステルナトリウム，直鎖アルキルベンゼン系，純石けん分（脂肪酸ナトリウム） 水軟化剤（アルミノけい酸塩） アルカリ剤（炭酸塩），酸素安定化剤 酵素，蛍光増白剤

洗濯機の大きさ（例）	高水位の場合		使用量の目安
	水量の目安	洗濯物量の目安※	
小型 2.2g	30L	1.5g	15g　「約15g」の線まで
中型 4.2g	45L	3.0g	23g　約1杯
中型 6.0g	60L	4.5g	30g　「約20g」の線まで＋「約10g」の線まで
大型 7.0g	65L	5.5g	35g　「約20g」の線まで＋「約15g」の線まで
手洗いの場合	2g（料理用小さじ1/2杯）を洗面器（水約4L）に溶かす．		

図5.3　洗濯用合成洗剤の表示例（西尾，1998）

活性剤の開発や洗浄性能剤の配合により徐々に使用量が減少し，1995年には20gにまで減少した．いまや，合成洗剤はコンパクト洗剤が主流になっている．

さらに，消費者のニーズに答え，さまざまな洗剤が開発されている．「塗布洗い」用の洗剤も，汚れの種類によって各種市販されている．色あせなどの色調変化を防ぐ「色あせ防止成分」の配合されたけい光増白剤無配合洗剤も出ている．泡立ちを押さえたドラム式洗濯機専用洗剤や遠心力洗濯機専用洗剤も売られている．また，「ドライマーク表示の衣料が洗える洗剤」も非常に多く出回っている．

省資源化に対応してパッケージなどにも工夫がこらされ，詰め替え製品が市販されたり，容器・包装には再生樹脂や古紙の利用が開始されている．

4) 洗剤と環境問題

いま，世界的規模で環境問題への関心が高まってきている．とくに，洗剤と水環境の関わりは，過去にも大きく取りあげられ，これからもますます重要な課題となる．

合成洗剤が発売された当初は，生分解性の悪い界面活性剤が使用されており，河川や井戸水などの発泡問題が起こった．その後，現在にいたって生分解性のよい界面活性剤が開発されてこの問題はほぼ解決された．さらに，1969年ごろから，合成洗剤に含まれているリンが原因の一つと考えられる湖沼における富栄養化問題がクローズアップされた．その後，リンの規制が行われ，現在はほぼ100％無リン化されている．

洗剤には，界面活性剤をはじめとしてさまざまな物質が含まれており，必要以上に使用すると，水環境ばかりでなく土壌や水生生物，植物へも影響を及ぼすことになる．

今後の課題として，洗剤業界はできるだけ環境負荷の小さい洗剤の開発をする工夫が必要とされる．私たち消費者は，洗剤による環境負荷を軽減するために，洗剤を正しく選び，洗剤の適正使用量を守り，できるだけ洗濯回数を減らして洗濯排水を増やさないように心がけるなど生活習慣を見直していくことが必要である．

c．洗濯法

1) 洗濯方法の分類

洗濯方法を分類すると，大きく二つに分けられる（表5.2）．

表5.2 洗濯方法の分類

商業洗濯	ドライクリーニング
	ランドリー
	ウェットクリーニング
家庭洗濯	洗濯機洗い
	手洗い

表5.3 洗濯方法の違いによる汚れの落ち方

	水溶性汚れ	油性汚れ	不溶性汚れ	特殊な汚れ（しみ）
家庭洗濯機洗い	◎	△	○	×
ランドリー	◎	○	◎	○〜×
ウェットクリーニングや家庭の手洗い	◎	△〜×	△〜×	×
ドライクリーニング	○〜×	◎	○〜△	×

（洗濯の科学，**43**(3), 25, 1998）

2) 洗濯方法の選択

i) 汚れの種類とクリーニング方法　表5.3からも明らかなように，水溶性汚れは水を使う洗濯でよく落ちる．反対に，油性汚れは有機溶剤を用いるドライクリーニングでよく落ちる．また，アルカリ，高温を使用するランドリーであれば水洗いでも落ちる．しかし，不溶性の汚れは，機械力を与えないと，水洗いでもドライクリーニングでもほとんど落ちない．このことからも，衣服についた汚れをよく知ることが洗濯方法を選ぶ一つのカギとなる．

ii) 繊維の種類とクリーニング方法　素材別にまとめた洗濯法を表5.4に示す．汚れの種類，繊維の種類の両方を考慮に入れて適切な洗濯方法を選ぶことが肝心である．最近では「ドライマーク表示の衣料が洗える」洗剤や洗濯機が出回っており，これらを利用すればさらに選択枠が広がる．

3) 家庭洗濯

家庭洗濯は，一般に図5.4に示すような手順によって行う．

i) 洗濯機の種類　現在，わが国の洗濯機の普及率は99.8%に及び，大部分の家庭で使われている．この洗濯機は，主に，代表的なものとして三つのタイプがある．表5.5に示すように渦巻き式，攪拌式，ドラム式で，文化・歴史・生活習慣の違いから世界各国で異なった方式のものが使われている．

わが国で主流となっている渦巻き式は，機械力が強いため洗浄力があがるこ

表5.4　各種素材でできた繊維製品の洗濯法（中西他，1990）

組成繊維	洗　剤	洗い方と仕上げ法
綿・麻	粉石けん 複合石けん 弱アルカリ性 合成洗剤	電気洗濯機（強水流），アイロンがけは高温
レーヨン キュプラ		電気洗濯機（中水流），アイロンがけは中温
ポリエステル		電気洗濯機（強水流），脱水は短時間に行う 洗濯中に，洗濯液の汚れがついて黒ずみやすいので，白いものは汚れの多いものと一緒に洗わないようにする．洗剤液を何度も使うときは，最初に洗う
毛・絹	中性洗剤	ドライクリーニングがよい．水で洗うときは手で押し洗い，つかみ洗い（液温30℃くらい）で洗う．アイロンがけは中温，防縮加工した毛製品は電気洗濯機の弱水流で洗ってもよい
アセテート ナイロン アクリル		電気洗濯機（中水流），編物は洗濯用ネットに入れて洗うとよい．脱水は短時間行う．アイロンがけは低温

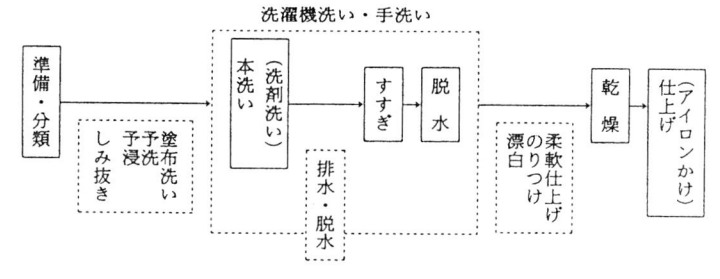

図5.4 洗濯の手順（中西他，1990）

表5.5 代表的な洗濯機と標準的な洗濯条件（花王生活科学研究所，1992）

タイプ		渦巻き式	攪拌式	ドラム式
構造模式図		攪拌翼 （パルセーター）	攪拌羽根 （アジテーター）	回転ドラム
主として使用されている国		日　本	アメリカ	ヨーロッパ諸国
洗濯条件	容量	2～4 kg	2～4 kg	3～4 kg
	水量	30～80 l	35～85 l	18～25 l
	洗濯時間	5～15分	10～15分	15～60分
	浴比 （洗濯物対水）	1対10～1対20	1対15～1対30	1対3～1対7
	温度	5～40℃	30～60℃	30～95℃

と，構造が比較的簡単で安価なために普及した．しかし，洗濯物がからみやすいなどの欠点がある．形式としては，二槽式と全自動があるが，近年では全家庭の7割近くが全自動を保有し，しかも大容量化が進んでいる．

一方，アメリカで主流となっている攪拌式は，大量の洗濯物が洗え，しかも布地の傷みが少なく，布のからみも少ない反面，洗浄効果がほかのタイプに比べやや劣るなどの特徴をもっている．また，ヨーロッパでよくみられるドラム式の洗

濯機は，少量の洗剤で大量の洗濯物が洗え，布の傷みも少なく，ヒーターが内蔵されているので高温洗濯が可能である．しかし，常温での洗濯では洗浄力が弱く，また，時間がかかるなどの欠点をもっている．

わが国では，ここ十数年で洗濯機が大きく変化してきている．1980年後半から「新水流」とよばれるさまざまな水流で洗濯できる機能がついたものが開発され，その後，「新制御による自動化」機能がついたファジイ洗濯機が現れた．最近では，「省エネ・省資源」の関心が高まり，風呂の残り湯を利用できるように自吸水ポンプがついたり，洗濯槽の構造やすすぎ時の水の出し方を工夫して使用水量を減らす「節水型」が多く見られる．その意味で，ドラム式洗濯機も国内で生産・販売されるようになった．ただ，節水型の洗濯機を使用すると，浴比が小さいため従来の洗剤使用量（つまり，使用水量に対して決める洗剤量）では洗剤が極端に少なくなる可能性があるので，洗濯物の重量を目安に洗剤量を使用する必要がある．また，「ドライクリーニング表示のついた衣料」を家庭で洗濯する消費者が増え，それに伴い，遠心力や超音波などを利用して，なるべく洗濯物を動かさずに洗う非機械系の新洗浄方式を採用した洗濯機も開発されている．

ii) 手洗い　次のような場合，手洗いを行う．
① 手洗い表示のある衣料（毛，絹など）
② 型くずれや色落ちの心配のある衣料
③ 泥汚れなどとくに汚れのひどいとき
④ 洗濯物が少ないとき

手洗いにも表5.6のように各種の方法があるが，洗い方により衣料の損傷の程度が異なるので繊維や汚れの種類に応じた適切な方法を選択する．とくに，デリケートな衣料は洗剤にも注意して，素材を傷めないように洗うことがたいせつで

表5.6　手洗いの方法（阿部他，1989）

洗い方		方　法
（弱い手洗い）	振り洗い	中心部を軽くつかんで，洗剤液のなかで左右，前後に振る
	押し洗い	両手で洗濯物を押し，もちあげるようにして押すことを繰り返す
	つかみ洗い	両手でつかんだり，離したりを繰り返す
もみ洗い		両手にはさんで，もみ合わせる
スポンジ洗い		洗剤を含ませたスポンジでたたいて洗う
ブラシ洗い		平板の上に布を広げ，たたいたり布目に沿ってブラシで軽くこする

ある.

iii) 洗濯条件

① 洗剤の濃度： 洗剤の適切な使用量といっても，最近では種々の洗剤や洗濯機が出回り，また，汚れ量がそのつど異なり，繊維の種類や織り方，その他の洗濯条件によっても汚れの落ち方が違うため，非常にむずかしい問題である．一般的には図5.5に示したように洗剤濃度が高くなるにつれて洗浄力もアップするが，ある一定濃度になるとそれ以上濃度を高くしても洗浄力はほとんど変わらない．その一定濃度が，洗剤のパッケージに表示されている使用量である．自分の使用している洗濯機の水量や洗濯物の重量を確かめ，それに応じた洗剤量を計量して使用する．それ以上使用しても，経済的に無駄であるばかりか，すすぎに時間がかかり水資源の浪費や，余分な洗剤が環境へ負担をかけることにつながるので，使用する洗濯機や洗剤にあわせた標準量をきちんと守ることがたいせつである．

② 洗濯温度： 洗濯温度は図5.6からもわかるように，高いほど洗浄効果があがる．ただ，綿や麻などの親水性繊維の白物なら高温で洗濯してもとくに問題はないが，ポリエステルのような合成繊維は，再汚染しやすく，温度が上昇するとさらにこの傾向が増すので注意が必要である．毛製品も温度が高いと収縮を起こす．わが国では，冷水で洗濯する人が多いが，とくに冬の水は温度が低すぎて洗剤が十分に働かず，汚れが落ちにくくなる．図5.7をみると，風呂の残り湯は真冬でも30℃近くあり，節水の面からも風呂の残り湯を使うことが効果的である．ただし，すすぎには新しい水を使う．

③ 洗濯時間： 洗濯時間は，繊維の種類や汚れの程度によっても異なるが，一般的には7～10分が適当である（図5.8）．10分以上洗濯しても，布に損傷を与えるだけでそれほど効果は変わらない．時間を長くするよりも，塗布洗いやつけ置き洗いを組み合わせるほうが効果が大きい．

④ 浴比： 洗濯槽の水量と，ここに入れる洗濯物の重量比を浴比という．例えば，1kgの洗濯物を30lの水で洗う場合，浴比は1：30となる．小さすぎても大きすぎても洗浄力は低下する．日本で一般的な渦巻き式洗濯機では1：20～30，手洗いでは1：10～15が最適である（図5.9）．最近ではさまざまなタイプの洗濯機が出回っているため，洗濯機に表示されている水量と洗濯物の重量を確かめ，それより少しゆとりをもって洗濯物を投入することが必要である．

図5.5 洗剤濃度と洗浄力

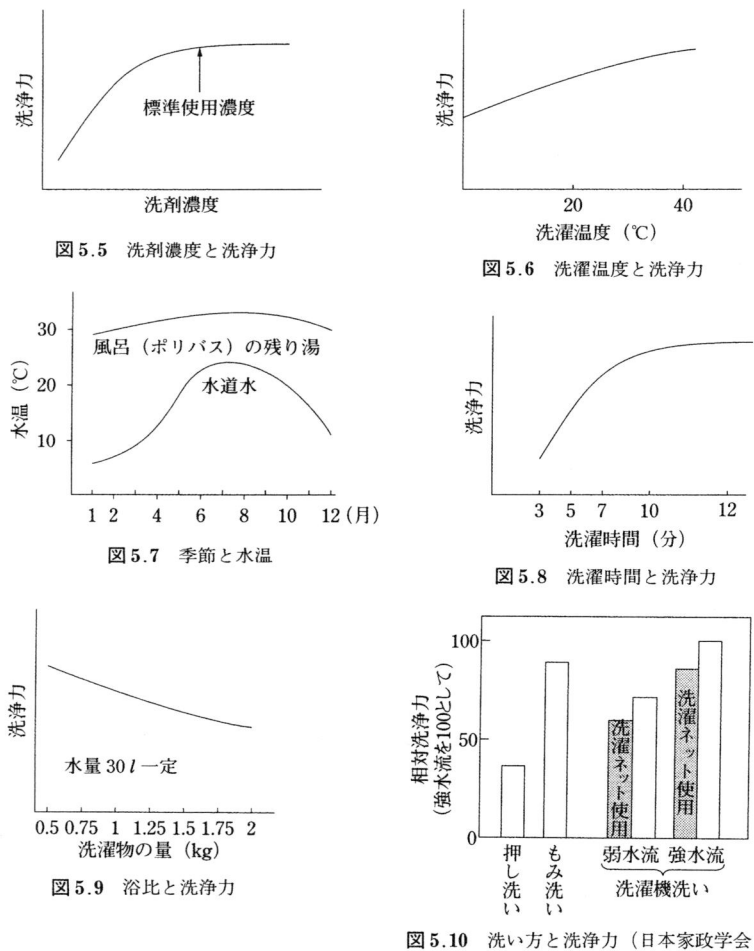

図5.6 洗濯温度と洗浄力

図5.7 季節と水温

図5.8 洗濯時間と洗浄力

図5.9 浴比と洗浄力

図5.10 洗い方と洗浄力（日本家政学会編，1990）
汚れ：人工皮脂汚染布（ウールモスリン），
洗剤：中性洗剤．

⑤ 機械力： 衣服に付着した汚れは，洗剤の働きと洗濯機などの機械力の助けをかりて取り除かれる．そのため，機械力の大きさも洗浄力に影響を与える．このことは図5.10からも明らかである．しかし，必要以上に機械力をかけると繊維の損傷をまねく．洗濯ネットを使用した場合，洗浄力は劣るが，布地の損傷はかなり防止できる．

iv）「ドライクリーニング表示のついた衣料」の上手な家庭洗濯法　　ドライマークの表示があり，「水洗いできる」という意味の絵表示のついたものはもちろん，「水洗い不可」の絵表示のついているものでも最近では家庭で洗濯できるものがある．そもそも「水に浸けるだけで衣類が形態変化などのダメージを受けるもの」については「水洗い不可」である．しかし，「機械力を加えなければ水洗いできる」衣料については，次の点に注意すれば家庭でも洗濯できる．

① 洗えるものか，洗えないものか，素材や色落ちなどを確認して判別する．
② 洗剤は「ドライマーク表示の衣料が洗える洗剤」（中性）を用いる．
③ 洗濯温度は 25℃ 以下とし，洗剤量もきちんと計算して入れる．弱い機械力で洗うので，汚れ落ちをよくするために，しみや汚れの部分にあらかじめ洗剤を直接つけて指で軽くたたいておく．
④ 手洗い，またはネットを使用して手洗いコースなどの弱い水流に設定した洗濯機で洗う．このとき，できるだけ洗濯物どうしがこすれ合ったり，動いたりしないようにする．
⑤ 必要に応じて仕上げ剤を使用し，軽く（15～30秒）脱水する．
⑥ 形を整え，型くずれしないように干す．
⑦ 適正温度で，あて布などをしてアイロンがけを行う．水洗いの欠点である収縮がどうしても避けられないが，ていねいにアイロンがけを行えばドライクリーニング以上の仕上がりが期待できる．

d．洗浄による衣服の損傷・劣化

　洗濯は衣服の汚れを除くために必要な作業であるが，洗濯を繰り返すことにより衣服の損傷・劣化が生じる．具体的には洗濯により，衣服の強度の低下，変形（収縮，伸び，ほつれなど），変退色，吸水性・通気性の低下，風合いの低下などを引き起こす．洗浄による衣服の損傷・劣化とその原因を表 5.7 に示す．これらの衣服の損傷・劣化を未然に防ぐためには，衣服の取り扱い絵表示に従って，衣服に適した洗濯方法を行うことが必要である．

表5.7　洗浄による衣服の損傷・劣化とその原因

衣服の損傷・劣化	原因
強度の低下	洗濯中の機械力 日光（紫外線）による脆化 衣類乾燥機の使用
変形 （収縮，伸び，ほつれ，しわ）	着用中の伸長ひずみ，しわ 洗濯時の温度，時間，機械力 機械力による羊毛のフェルト収縮（縮充） 脱水，乾燥によるしわ 合成洗剤のpH 衣類乾燥機の使用
変退色 （白度低下，黄褐変）	水道水中の塩素，鉄分 けい光増白剤の光分解 汚れの残留，再汚染 金属石けんの付着 乾燥時の日光(紫外線)照射 樹脂加工剤の変質
吸水性・通気性の低下	洗濯中の機械力 汚れの残留，再汚染
風合いの低下 （毛羽立ち，剛軟度の変化）	洗濯中の機械力 加工剤の脱落

e．すすぎ，脱水，乾燥

1)　すすぎ（rinsing）

　洗濯後の衣服中または洗液中の洗剤および汚れを取り除くためにすすぎを行う．すすぎには，オーバーフローすすぎとため水すすぎがある．

　オーバーフローすすぎは，水を流しながら，衣服中または洗液中の洗剤を取り除く方法である．ため水すすぎは，水を適切な水位にためた状態で数回水を取り換えながら，衣服中または洗液中の洗剤を取り除く方法である．図5.11にすすぎ方法と洗液中の界面活性剤残留量との関係を示す．

　この結果，オーバーフローすすぎを長時間行っても，ため水すすぎ3回での洗液中の界面活性剤残留量とほとんど変わらないことがわかる．オーバーフローすすぎでは3~5分程度，ため水すすぎでは3分2回程度でよい．節水の面から考えるとため水すすぎがよく，すすぎ効果をあげるためには，すすぎの前後で脱水を行うとよい．最近の全自動洗濯機では，すすぎ前に脱水を行い，2回程度のた

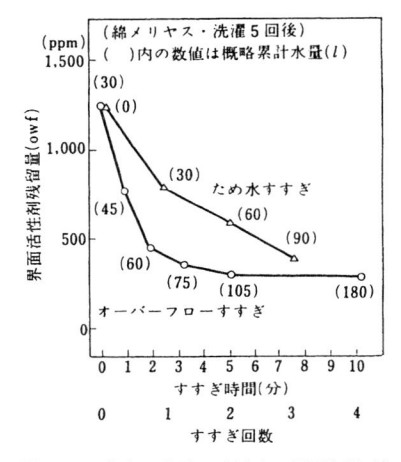

図 5.11 すすぎ方法と洗液中の界面活性剤残留量との関係（戸張，1985）

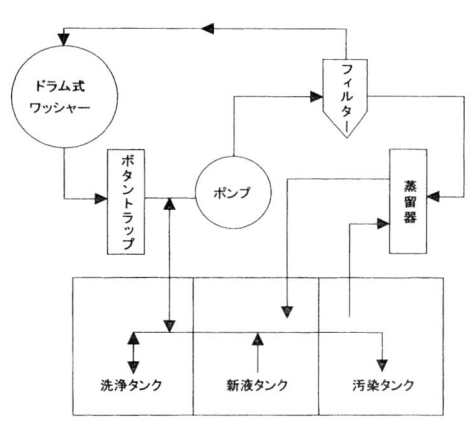

図 5.12 ドライクリーニングの洗浄設備（フィルター循環式）（海野，1995）

め水すすぎを行うように設計されており，なるべく少ない水量ですすぎが行われている．

石けんを用いた洗濯では，すすぎを十分に行わないと水に不溶性の金属石けんが繊維間に残り，保管中の衣服の黄変の原因となる場合もあるので注意が必要である．

2) **脱　水**（extraction）

脱水は，洗濯槽を回転させ，遠心力により水を振り切る遠心脱水が一般的である．すすぎの後，全自動洗濯機では自動的に脱水を行う場合が多いが，洗濯前に衣服の取り扱い絵表示を見て，適切な脱水時間と方法を確認しておく必要がある．合成繊維，W&W 加工製品，PP 加工製品，最近の形態安定加工製品などは，脱水しすぎた場合にはしわができ，アイロンをかけてもしわが取れにくいので，脱水には注意が必要である．

3) **乾　燥**（drying）

脱水後の衣服の乾燥を行うには，自然乾燥と人工乾燥がある．自然乾燥は，天候に左右され，空気中の粉塵による衣服への汚染の危険性があるが，太陽熱と通風を利用するため経済的には有効であり，殺菌効果も期待できる．洗濯物はできるだけ広げた状態で表面積を大きくすることにより乾燥しやすい．また，温度，

湿度，風速の影響も受ける．一般的な衣服はつり干しを行い，ニット類など形の崩れやすい衣服は平干し，毛，絹，ナイロン，ポリウレタン，柄物は陰干しを行う必要がある．

梅雨時や大気汚染が著しい都市部では，屋外に衣服を干せない場合がある．そのため，人工乾燥による衣類乾燥機が普及し，その加熱源にはガスまたは電気が利用される．熱に弱い羊毛製品や合成繊維製品は，しわ，変形，収縮，風合いの低下などが起こりやすいので，乾燥機の使用は控えたほうがよい．また浴室乾燥機や除湿機を用いることにより，室内で衣類を干したまま乾燥する方法もある．

f．商業洗濯

家庭で行う家庭洗濯に対して，専門業者により行われる洗濯を商業洗濯という．商業洗濯には，有機溶剤を用いるドライクリーニング（乾式洗濯）と水を用いるランドリーおよびウェットクリーニング（湿式洗濯）がある．

1) ドライクリーニングの特徴

ドライクリーニング（dry cleaning）は，有機溶剤を用いる洗濯法であり，水洗いをすると型くずれが起こりやすいスーツやコート，毛皮，皮革製品の洗濯を行う商業洗濯の一つである．ドライクリーニングの長所としては，有機溶剤を用いるため，油性汚れがよく落ちる．変形しにくく，色落ちも少ない．短所としては，水溶性の汚れが落ちにくい．また，有機溶剤の管理が悪い場合，衣服が再汚染されることもある．さらに，ボタンの溶解，変色などが起きる可能性がある．洗濯代が高い．これらのドライクリーニングの特徴をよく理解したうえで，効果的に利用することが望ましい．

表5.8 ドライクリーニング溶剤とその特性

ドライクリーニング溶剤		特性				洗浄・乾燥条件		
		比重 (20/4℃)	沸点 (℃)	引火点 (℃)	カウリブタノール価 (油溶性汚れの洗浄力)	洗浄時間 (分)	乾燥温度 (℃)	乾燥時間 (分)
石油系溶剤	脂肪酸・脂環族・芳香族炭化水素混合物	0.8	150〜210	38以上	26〜45	20〜30	60	30
塩素系溶剤	テトラクロロエチレン（パークロロエチレン）$CCl_2=CCl_2$	1.63	121	—	90	8〜12	60	15

2) ドライクリーニング用溶剤・洗剤

ドライクリーニングに用いられる有機溶剤は，石油系溶剤と塩素系溶剤（パークロロエチレン）の2種類である．これらの溶剤とその特性を表5.8にまとめる．あわせて洗浄・乾燥条件も付記した．

石油系溶剤は可燃性溶剤であり，揮発しにくいので乾燥に時間がかかる．溶剤が衣服に残留しやすく，皮膚炎を起こす可能性がある．しかし，比重が小さいため，洗濯中の衣服への負担が少なく，デリケートな衣服の洗浄に適している．

パークロロエチレンは，不燃性で洗浄力は強いが，廃液処理の問題がある．フッ素系溶剤とトリクロロエタンはオゾン層破壊の問題から使用中止になっている．今後，環境負荷の少ない，新しい溶剤の開発が望まれている．

ドライクリーニング用の洗剤は，油溶性界面活性剤が主成分である．陰イオン界面活性剤や非イオン界面活性剤が，それぞれ単独，あるいは混合して使用されている．洗剤を用いることにより，水溶性の汚れを落とし，固形汚れの再汚染が防止される．

3) ドライクリーニングの洗浄方法

ドライクリーニングの洗浄方法には，フィルター循環式，バッチ式またはそれらを併用した方式がある．

フィルター循環式によるドライクリーニングの一般的な洗浄設備を図5.12に示す．洗濯物を洗浄するドラム式ワッシャーと，汚れを除去するフィルターとの間にポンプが接続され，通常の洗浄工程では溶剤が循環している．洗濯物からの汚れは，ポンプによって速やかにフィルターに運ばれて除去される．フィルターは不溶性汚れを除去するろ過機能と，溶解性汚れを除去するろ過機能をあわせもつ．バッチ式は，汚れた溶剤を2～3回きれいな溶剤と入れ替えて洗う方式で，汚れた溶剤は蒸留して再利用される．

4) ドライクリーニング依頼時の注意点

クリーニングトラブルを未然に防ぐため，衣服についたしみの種類や場所および洗濯時の注意点をクリーニング店に報告する．また，ポケット内に品物が残っていないか確認する．ボタンの補修，衣服の破れやほつれの修理をしておく．高価なボタンはなるべくはずしておいたほうがよい．上下揃いの衣服や共布のベルトは必ず一緒にクリーニングを行う．図5.13に示した標識マークのある信頼で

LD マーク
厚生省が認可した全国クリーニング環境衛生同業組合の登録店のマークである．LDマークのLは「Landly」，Dは「Drycleaning」の略である．

S マーク
厚生大臣が認可した「クリーニング業の標準営業約款」の登録店のマークである．これらのクリーニング店は都道府県ごとに設置されている(財)環境衛生営業指導センターに登録することにより，Sマークの標識と要旨掲示板が支給される．SマークのSは，「Standard」，「Sanitation」，「Safety」の頭文字を表している．

　　LDマーク　　　　　Sマーク

図5.13　クリーニング組合登録店のマーク

きる店に依頼することにより，クリーニング後のトラブルを少なくできる．

　クリーニング店から受け取る際には，しみや汚れが落ちているか，付属品が傷んだり，取れていないかを確認する．衣服に異常が認められた場合は，その場で申し出る．戻ってきた衣服は，衣服に残った溶剤による皮膚炎を防ぐために，ポリ袋から出して風を通してから保管する．

5)　ランドリー（laundry）

　商業洗濯にはドライクリーニング以外に，水を使用するランドリーが含まれる．ランドリーの対象となる衣服は，ワイシャツ，白衣，浴衣，シーツ，テーブルクロス，おしぼりなどである．高温（60~70℃），高アルカリ（pH 10~11）で洗濯を行う．しみ抜き技術が高く，大型の洗濯物も洗え，仕上げ加工が優れているという点で利用されている．

6)　ウェットクリーニング

　ウェットクリーニングとは，ランドリーと同様に水溶性の汚れを落とす湿式洗濯の一つであるが，高温洗濯に耐えられないデリケートな衣服を30~35℃の温水で中性洗剤を用いて洗濯する方法である．近年，色落ち，収縮，型くずれおよび風合いを損なうことなく処理するウェットクリーニングが，アパレル業界，洗剤メーカー，洗濯機メーカーによって推進されている．

5.2 仕　上　げ

a. 漂白，増白

1) 漂　白 (bleaching)

　着用，洗濯を繰り返すことによって生じる黄バミ，黒ずみや洗濯では落ちないしみには漂白剤の使用が効果的である．漂白剤は汚れに含まれる色素に直接作用し，化学反応により分解し，無色にするという機能をもっている．この漂白剤には酸化型と還元型があり，さらに酸化型は塩素系と酸素系に分かれる．現在では，衣料用の漂白剤としては酸素系のものが約75％と主流になっており，なかでも直接汚れに原液をかけて他の洗濯物と一緒に洗濯機で洗うことができる液体の酸素系漂白剤の伸びが著しい．

　漂白剤は，誤った使い方をすると衣類をだいなしにしてしまうことがあるので，漂白剤の種類・性質をよく知り，衣服の素材や染料，汚れの種類などをよく確認したうえで，正しく使い分けることがたいせつである．表5.9に，主な漂白

表5.9　漂白剤の種類

種類	酸化型			還元型
	液体酸素系	粉末酸素系	液体塩素系	粉末
主成分	過酸化水素	過炭酸ナトリウム	次亜塩素酸ナトリウム	二酸化チオ尿素 ハイドロサルファイト
液性	弱酸性	弱アルカリ性	アルカリ性	弱アルカリ性
特徴	・色物，柄物そして絹，毛製品にも使える ・塗布漂白できて，強い漂白効果が得られる ・刺激臭がない	・色物，柄物に使える ・つけ置き漂白が効果的 ・刺激臭がない	・漂白力高い ・除菌，除臭効果大 ・白物専用 ・さわるとヌルヌルし，刺激臭がある	・鉄分による黄変を回復させる ・樹脂加工品の塩素系漂白剤による黄変を回復させる
使えるもの	すべての繊維	白物，色物，柄物（毛，絹を除く）	白物のみ 綿，麻，レーヨン，キュプラ，ポリエステルなど	ほとんどの繊維 ただし白物
使えないもの	水洗い不可の表示のついた繊維製品			色物，柄物の衣類
	金属製品（ステンレス漕洗濯機を除く）	毛，絹	・色物，柄物の繊維製品 ・毛，絹，ナイロン，アセテート，ポリウレタン	
注意点	衣料に塗布後，長時間放置しない	・衣料に直接ふりかけない ・よく溶かしてから衣料につける	・原液を直接つけない ・酸性タイプと一緒に使用しない	よく溶かしてから衣料につける

剤の特徴と注意点をまとめる．

なお，使用量や，使用温度，使用時間などは取り扱い表示を参考にして使用する．

さらに，洗濯時に，粉末酸素系漂白剤や液体酸素系漂白剤（衣類に塗布後）を洗剤と一緒に使用すると黄バミや黒ずみを防いで白さを保つことができる．

2) 増　白

衣類の黄バミや黒ずみを前記の漂白とは違った作用で白さを増す方法がけい光増白である．増白にはけい光増白剤を用いる．けい光増白剤は，染料の一種で無色であるが，白物衣料に染着させると紫外線を吸収して青白い色を発し，黄色みをおさえるのですっきりとしたきれいな白に見せることができるのである．

けい光増白剤は，洗剤に配合されている場合が多い．パステルカラーの衣料は，けい光増白剤により変色し，生成りの衣料は本来の色を失うため，けい光増白剤の配合されていない洗剤を使用するほうがよい．

b. しみ抜き (stain removal)

通常の洗濯で落ちそうにない汚れに対しては，しみ抜きが必要となる．しみ抜きでいちばんたいせつなことは，時間経過とともに落ちにくくなるので，しみがついたらなるべく早く，しみが乾かないうちに処理することである．洗濯同様，「何の繊維に何のしみがついたか」を知ることがたいせつである．しみ汚れに対して効果的に働く薬剤・操作を選び，かつ，それらが布地に損傷を与えないということが重要である．

水溶性のしみは水で，油性のしみはベンジンで落とすことが基本となる．方法

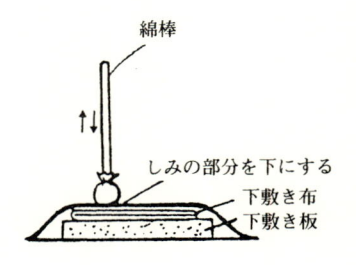

力を入れて直角にたたき，しみ抜き剤に溶けた汚れを下敷き布に吸い取らせる．しみを取ることばかりに気を取られず，布に変化が起きないように注意する．

〈綿棒のつくり方〉
● 用意するもの
　竹の丸棒（15 cm）
　ガーゼ（10×10 cm）2枚
　脱脂綿（固くまるめて直径2 cm）
脱脂綿をガーゼで包んで竹の棒の先につける．

図 5.14　しみ抜き

5.2 仕上げ

としては，綿棒，タオル，霧吹きなどを用意して図5.14のようにしみのついた部分を下にしてタオルなどの下敷き布にたたきだす．けっしてこすらないようにする．タオルが濡れてくれば，常に乾いたところが当たるように移動させる．

輪じみにならずきれいに仕上げるコツは，まず，しみとは別の見えないところで水またはベンジンをつけて，色落ち，輪じみができないかを確認する．それから，水溶性汚れの場合，あらかじめしみにスプレーで霧吹きをしておく．しみが取れた後もスプレーで水をぼかすように吹きつけ，余分な水分を上からタオルでたたくようにして吸い取らせる．最後に，布を上下に引っ張りながらドライヤーで濡れた部分を乾燥させる．なお，ベンジンを使用するときは，引火性の強い溶剤なのでまわりに火気がないよう十分に注意する．

必要に応じて，洗剤や漂白剤も使用するが，それらが残留して変色することもあるので落とすのが困難なものは応急処置にとどめて，専門店に依頼するほうがよい．また，最近では，各種しみ抜き剤が市販されており，これらを使用すると手軽に，簡単にしみが落とせる．携帯用のものもあるので万一のことを考えて常に持ち歩くのもしみを早くきれいに落とすための一手段となる．さらに，泡状のしみ汚れ用洗剤や，しみ汚れに直接塗布できる漂白剤も出ており，これらで処理した後洗濯機に入れて洗濯できるものも出回っている．これらを使用するときは，「使用上の注意」をよく読んでから処理する．

c. 仕上げ (finishing)

洗濯の後に，洗濯によって失われた風合いや形状を回復させ，さらに着心地よくするために各種の仕上げを行う．

1) 柔軟仕上げ (softening)

一般に洗濯を繰り返すと，衣類はゴワゴワして手触り，肌触りが悪くなる．これは，衣料がつくられる過程であらかじめ使用されている柔軟剤が落ちる，衣類の繊維の表面が傷んで滑りが悪くなるためである．そこで，洗髪する際にもシャンプーの後にリンスが必要なように，衣類の洗濯の後も柔軟仕上げ剤の処理が必要となる．

柔軟仕上げ剤の主成分は陽イオン界面活性剤で，衣類へ処理すると繊維の表面に薄い保護膜をつくる．このため，繊維どうしの滑りがよくなり，布全体がしな

やかで軟らかくなり風合いが回復する．また，静電気を防止する効果もある．最近はタオルや肌着用に吸水性を高めた柔軟仕上げ剤も開発されている．静電気防止スプレーもこの一種で，また，乾燥機に入れて使用するシート状のものもある．

2) のりづけ（sizing）

のりづけをすると，洗濯後の衣類にはりやこしが出て着心地がよくなる．また，光沢が増し，通気性もよくなるほか，洗濯のとき汚れを落としやすくする効果もある．

のり剤には天然のりと合成のりがある．天然のりを使用すると保存中に衣類にカビが発生する場合があるので，洗濯機でも手軽に処理できる合成のりがよく使用されている．処理を行う衣類の量に対しての標準使用量を水かぬるま湯によく溶かして使用する．スプレー式のものはアイロンをかけながら使え，部分のりづけができ，手軽に使えるのが特長である．

さらに，すすぎの水がきれいになったら，柔軟仕上げ剤とのり剤を同時に入れ，処理し，脱水後すぐに干すと，しなやかではりのある風合いに仕上げることができる．この場合，柔軟仕上げ剤とのり剤の使用量は標準使用量の半分を基本に，洗濯物の種類や量で加減する．

3) アイロン仕上げ（iron pressing）

洗濯によって生じた衣類の変形やしわはアイロン仕上げによって回復させる．これは繊維の性質である熱可塑性を利用し，しわを伸ばしたり，折り目や丸みをつけて形を整える．

アイロンは，サーモスタットによって指定した温度に一定の幅で保たれる．現在では，スチーム機能がついた電気アイロンが主流で，コードレスのものも普及している．「アイロンがけ」は，家事のなかで最も不得意という主婦が多いが，アイロン仕上げの良悪で衣服の外観の良悪に差がでるので，以下の点に注意して効率よく仕上げたい．必要に応じて，スプレー式のり剤やアイロンの滑りをよくし自然な感じに仕上がるアイロン補助剤を利用すると仕上がりがより美しくなる．

① 繊維によって耐熱性が異なり，表5.10のように各繊維の適正温度がある．必要以上に熱を与えると，黄変したり溶融し，変形が起こる．そのため，繊維の

5.2 仕上げ

表5.10 繊維とアイロンがけのポイント (ライオン, 1999)

繊維名	アイロンの適正温度(℃)	取り扱い絵表示 (例)		スチーム/ドライ
綿・麻	180～200	高	アイロンは210℃を限界とし、高い温度(180℃から210℃まで)でかけるのがよい	霧吹き＋ドライアイロン
毛	130～150			スチームアイロン
絹				生乾き＋ドライアイロン
ポリエステル,キュプラ,ビニロンなど	110～130	中	アイロンは160℃を限界とし、中程度の温度(140℃から160℃まで)でかけるのがよい	ドライアイロン
アセテート,ナイロン,アクリルなど				
アクリル系,ポリプロピレン,ポリウレタンなど	90～110	低	アイロンは120℃を限界とし、低い温度(80℃から120℃まで)でかけるのがよい	

性質をよく理解しておくことがたいせつである．

② 綿や麻などの天然繊維のしわをとるには，まず水分の供給が必要である．しかし，スチームアイロンを使用すると綿独特の「はり」が出にくいので，あらかじめ霧吹きで適度な湿り気を与え，ドライで手早くアイロンをかける．

③ ポリエステルのような化学繊維の場合は，水分の影響をあまり受けないため，アイロンをドライに設定して適正温度で処理する．

④ 毛製品は，直接当てるとてかりが出るので，必ずあて布をしてスチームアイロンで軽く押さえる程度にかける．また，アイロンを浮かせて，蒸気をたっぷり当てて処理する方法もある．

⑤ 肩，胸，ワンピースの袖など丸みのある部分はまんじゅうやバスタオルを丸めて中に入れてアイロンを当てるときれいに仕上がる．

⑥ 水分を与えたり，スチームアイロンを使用した場合，水分が完全に乾燥しないうちに使用すると型くずれを起こす．

以上の仕上げ方法とは別に，最近では洗濯じわや傷みを防止する仕上げ剤や着用じわやニオイをとるスプレーなども市販されている．

5.3 衣服の手入れと保管

a. 着用後の手入れ

　衣服は着用後，毎回ブラシをかけて，衣服に付着したほこりを取り除いておく．ポケット内のほこりも取り除き，すそのほころびやボタンのゆるみを補修しておく．さらに，汚れの点検を行い，付着しているしみは，なるべく早く取り除く．1回着用した衣服はハンガーに掛けて形を整え，1日休ませてから着用すると，変形しにくく長持ちする．

b. 保管中の損傷・劣化

　着用や洗濯のみならず，保管中においても衣服の損傷・劣化が生じる．その主な損傷・劣化の原因とそれらの衣服への影響を表5.11に示す．これらの損傷・劣化を防ぎ，衣服を長持ちさせるために，適切な手入れと保管が必要である．

1) 湿気・カビの予防

　室内の湿度と温度が高いと，衣服にカビが発生しやすい．カビの繁殖と湿度との関係を図5.15に示す．温度が低くても湿度が高い場合にはカビは増殖する．乾燥状態でもカビは死滅せず，適当な水分と栄養があれば再び増殖する．カビが増殖すると，衣服の変退色や繊維の強度も低下する．わが国では梅雨期が最もカビの生えやすい時期である．また，住宅の気密性の向上により，冬季においても結露によるカビの発生が増加している．カビの発生を防ぐためには，衣服についた汚れはすぐに取り除き，保管する衣服にのりづけをしないことが必要である．衣服を十分に乾燥させて保管することもたいせつである．

　湿気を防ぐために，除湿剤，除湿装置つきエアコン，除湿機などを用いる．除

表5.11　保管中の衣服の損傷・劣化

原　因	衣服への影響
物理的要因	型くずれ，とれにくい折りじわの発生
湿気	型くずれ，白物の黄変，繊維の強度低下
汚れ	しみの発生，白物の黄変，色物の変退色，繊維の強度低下
紫外線，大気中のガス	白物の黄変，色物の変退色，繊維の強度低下
微生物	繊維の強度低下，衣服の変色・着色，悪臭
害虫	繊維の強度低下

湿剤は，一般に塩化カルシウム（無水）とシリカゲルが用いられる．

　塩化カルシウムは，潮解性のため吸湿すると溶解するので，高吸水性ポリマーなどの保水剤を混入したものが多い．再使用はできない．シリカゲルは，コロイド状ケイ酸の無色から白色の粒状になっているものが多い．これに塩化コバルトの結晶を混入することにより青色になる．吸湿するとピンク色に変色するので，青色になるまで加熱することにより，繰り返し使用することができる．吸湿効果を比較すると，除湿剤100g当たりの吸水量は，シリカゲル32〜35gに対して，塩化カルシウムは150g前後であり，除湿効果の点では塩化カルシウムのほうが優れている．

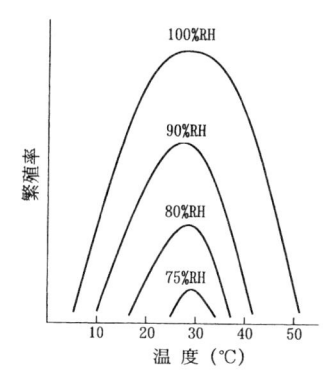

図5.15　カビの繁殖と湿度との関係（弓削，1984）

　除湿装置つきエアコンや除湿機は，機種により違いがあるが，6〜8畳間で温度27℃のとき，80%の湿度を60%に下げるのに，約1時間から1時間半かかる．1週間に1回はフィルターの掃除を行う．

　除湿効果を高めるためには，使用場所の気密性を高めて除湿剤などを使用することが必要である．また，よく晴れた湿気の少ない日には，窓を開けて換気をするように心がける．

2) 虫害の予防

　イガ，コイガ，ヒメカツオブシムシ，ヒメマルカツオブシムシなどの害虫は，幼虫時に衣服に損傷を与える．これらの幼虫は，タンスや押し入れなどの暗い場所に生息する．気温が15℃以上になる春から秋になると，これらの虫は活発に活動する．羊毛や絹などの動物性の蛋白質繊維が被害にあいやすい．また，蛋白質の食物や汚れなどが付着している場合はどの繊維でも被害にあうので注意が必要である．

　虫害の予防法として，まず，付着した汚れはすぐ取り除く．さらに，防虫剤を有効に用いて虫害を防ぐ．現在使用されている家庭用防虫剤の種類と特徴を表5.12に示す．家庭用防虫剤として，エムペントリン（ピレスロイド系），パラジクロルベンゼン，ナフタリン，しょうのうの4種類がある．エムペントリン以外

表 5.12　主な防虫剤の特徴（日本防虫剤工業会，1998）

	薬剤名	特　徴	使用量	適しているもの	避けたほうがいいもの
無臭性タイプ	エムペントリン（ピレスロイド系）	衣類ににおいがつかないので，洋服ダンスや衣装ケースなどに適している ●効き目は 　約6～12か月 （製品により異なる）	引き出し 洋タンス クローゼット 衣装箱 各製品の表示の使用量	毛・毛織物（ウール，カシミア，アンゴラ），絹製品，ひな人形，化学繊維（ポリエステル，アクリル，ナイロン，レーヨンなど），木綿，麻，毛皮，皮革製品，金糸，銀糸，ラメ加工製品	銅を含む金属製品（真ちゅうなどのボタン） 《注意》 ■においがつかないので，取り替え時を忘れてしまいがちである。インジケーターやシールを確かめて有効期限をチェックする
有臭性タイプ	パラジクロルベンゼン	揮散が早いのが特徴．ウールや絹素材の衣類に適している ●効き目は 　約3～6か月 （収納場所により異なる）	引き出し 衣装箱 （50 l） 80 g 洋タンス （500 l） 120 g	毛・毛織物（ウール，カシミア，アンゴラ，アルパカなど），絹製品，化学繊維（ポリエステル，アクリル，ナイロンなど），木綿，麻，毛皮，皮革製品	ポリエチレン，ポリプロピレン以外のプラスチックフィルムを使った金糸，銀糸やラメ製品，スチロール製品（装飾ボタン，くるみボタン，ビーズ類，帯留めなど），ひな人形，日本人形，合成皮革 《注意》 ■ナフタリン，しょうのうとは併用できない ■50℃以上になると，溶けてしみになることもある
	ナフタリン	効き目がゆっくりと持続していくのが特徴．収納期間の長いフォーマルウェアやひな人形などに適している ●効き目は 　約5～12か月 （製品により異なる）	引き出し 衣装箱 （50 l） 80 g 洋タンス （500 l） 120 g	人形（ひな人形，五月人形など），ウール（毛・毛織物など），絹製品，化学繊維（ポリエステル，アクリル，ナイロン，レーヨンなど），木綿，麻，毛皮，皮革製品	■塩化ビニール製品（バック，ベルトなど） 《注意》 ■パラジクロルベンゼン，しょうのうとは併用できない
	しょうのう（樟脳）	防虫剤のなかで，自然の芳しい香気を有して，ウールや絹素材の衣類に適している ●効き目は 　約5～6か月	引き出し 衣装箱 （50 l） 30 g	きもの，ウール（毛・毛織物など），絹製品，化学繊維（ポリエステル，ナイロン，レーヨンなど），木綿，麻，毛皮，皮革製品	金糸，銀糸や金箔には，直接触れないように使用する 《注意》 ■パラジクロルベンゼン，ナフタリンとは併用できない

参考　33×50×30 cm 程度＝約50 l（衣装ケース1箱）
　　　83×40×15 cm 程度＝約50 l（引き出し1段）
　　　110×90×50 cm 程度＝約500 l（洋タンス）

の防虫剤は，2種類以上の防虫剤を併用すると薬剤が溶けて，衣服にしみがついたり，変色したりすることがある．表5.12に示したそれぞれの防虫剤の特徴を理解して，適切に使い分けることが必要である．防湿剤は防虫剤と同時に用いてよい．最近の防虫剤には，防カビ剤が含まれている場合が多い．

　防虫剤の使用にあたり，必ず適正な量を入れる．量が少ない場合，防虫の効果は発揮されない．反対に，防虫剤を入れすぎると衣服に白い粉状のものがつくことがある．これは揮散した防虫剤のガスが，もとの固体に戻るために起こる再結晶であり，入れ過ぎや，温度差などが原因で起こる．この場合，衣服をこすったりもんだりせず，風通しのよいところで陰干しすると，自然になくなる．

　また，密閉容器に防虫剤を入れることにより，有効に防虫できる．防虫剤のガスは，空気より重いので，防虫剤を衣服の上に置くほうがよい．ガスが容器中に十分に行きわたるように，衣服に余裕をもたせて収納する．夏季は冬季の4～5倍早く昇華するので，防虫剤の定期的な補給も忘れてはいけない．衣服の入れ替えをする場合，部屋の換気をできるだけ行う．

　これらの方法以外に，脱酸素剤を用いると容器内の酸素がなくなり，防かび，防虫の役割を果たし，酸化による衣服の変退色，変質を防ぐこともできる．

c. 保　　管

　衣服は，必ず洗濯またはクリーニングにだして，汚れを十分に取り除いてから保管を行う．衣服に湿気が残っているとカビが生えやすくなるので，日光やアイロンで乾燥させてから収納する．保管時の虫害およびカビの発生を防ぐため，洗濯後にのりづけを行わない．クリーニング店から戻った衣服も，ポリ袋からだして，風を通してから保管する．保管容器や保管場所の掃除も行う．

1)　収納時の衣服の整形

　保管中に生じるしわや型くずれは，なかなか直らないので，衣服はなるべくゆとりをもたせて保管する．スーツ，コートなど立体的な衣服は形にあったハンガーに掛けた状態で保管する．セーターやカーディガンなどのニット製品はたたんで保管すると型くずれが起こらない．

2)　保管容器

　衣服の保管には，タンス，引き出し，衣裳箱などを用いる．防虫効果を増すた

めに，できるだけ密閉した容器を用いることが望ましい．さらに，衣服を取りだしやすい，キャスターつきのものが便利である．しわになりにくいニット製品は下段に，しわになりやすい衣服は上段に入れる．しわを防ぐために，余裕をもって引き出しや密閉容器に保管する．出し入れしやすいように分類整理し，内容表示をしておく．

3) 保管場所

なるべく湿気が少なく，風通しのよい押し入れの上部などに保管するのが望ましい．押し入れの下部に保管する場合には，すのこなどを敷くと通気がよくなる．直射日光を避け，温度変化の小さい場所や結露のできない場所を選ぶ．

家庭での保管がむずかしい毛皮や皮革製品などは，クリーニング店で保管を行っている．このトランクルーム内は，防湿，防虫のため，適切な温湿度に保たれており，クリーニング済みの衣服を保管する．最近は，家庭での衣服の保管場所の不足により，トランクルームの利用は増加する傾向にある．

6

衣服の消費と環境

6.1 衣服の消費

a. 繊維製品の消費者要求性能

　消費者は繊維製品の購入にあたって，それぞれの目的や用途に応じた商品を選択する．しかし，この商品が期待していた性能をもっているかどうかは，実際の使用，洗濯，手入れ，保管といった一連の消費の過程においてしかわからない．このことはすなわち，繊維製品は購入時から廃棄にいたるまでの使用期間中，種々の消費的要求に相対応する性能を有する必要があるということである．この性能を消費性能という．

　衣服の品質に対する要求には，強度や，形態安定性，着心地，扱いやすさなどの衣服の実用的な機能に対する要求と，色彩やファッション性，美しさなどの審美的な機能に対する要求とがある．それぞれの商品に対して，消費者がどのような品質をどの程度要求しているかということは，製造業者や流通業者にとって重要な情報となる．これらの情報は，マーケット情報分析や購買動機調査，消費者苦情分析などによって収集される．

　繊維製品に対する消費者の要求は，一定不変のものではなく，その時代の国際的規模での社会情勢や経済状態，さらにその社会の思想的傾向に加え，消費者個人の生活水準や生活様式などによって大きく変動する．高度経済成長期には，大量生産，大量販売，大量消費の流れのなかで，消費者の商品に対する志向は，より高度な機能性，ファッション性，装飾性へと向けられていき，個性化，高級志向化も芽生えた．1973年のオイルショックを契機として，それまでの成長型消費社会から成熟型消費社会へと変わり，省資源，省エネルギーが叫ばれて，新し

い節約意識が台頭してきた．今日においては，サービス重視，生活の質の向上，多様かつ個性的消費へという転換が見られる．

消費者が衣服などの繊維製品を最終用途に使うとき，その製品の品質に対して要求する具体的な個々の項目（Textile End Use Requirements）を消費者要求項目という．アメリカのセラニーズ社のR. G. Stollは，1953年に繊維材料に対する最終用途からの品質要求の分類表を発表しているが，日本でもこれを参考に

表6.1 繊維製品の主要用途と品質要求度

項 目		用 途									
		外衣スーツ	作業衣	裏地	肌着	靴下	軍手	毛布	カーペット	タイヤコード	漁網
A．外観	1．形	◎	△	○	◎	◎	×	○	◎	×	×
	2．ドレープ	◎	○	○	○	◎	×	○	△	×	×
	3．色彩	◎	○	○	○	◎	×	◎	◎	×	×
	4．色のもち	◎	○	○	○	◎	×	◎	◎	×	×
B．着心地	5．手触り	◎	○	○	◎	◎	△	◎	○	×	×
	6．感じ	◎	○	○	◎	◎	△	◎	○	×	×
C．取り扱いよさ	7．洗濯の難易	◎	○	○	◎	◎	○	◎	○	×	×
	8．アイロン仕上げの難易	◎	○	○	×	×	×	×	×	×	×
D．形態的安定	9．伸縮	◎	○	◎	◎	◎	◎	○	○	◎	○
	10．しわ	◎	○	○	○	△	×	○	○	×	×
	11．圧縮	◎	○	○	○	○	×	○	◎	×	×
E．衛生的機能	12．目方	◎	○	◎	◎	○	○	◎	△	△	○
	13．通気性	◎	○	◎	◎	◎	×	×	×	×	×
	14．保温性	○	○	○	◎	◎	○	◎	○	×	×
	15．吸湿性	○	○	○	◎	◎	○	◎	△	×	×
	16．吸水性	○	○	○	◎	◎	◎	○	△	×	×
	17．帯電性	△	×	○	○	○	○	○	△	×	×
F．対生物性	18．防カビ性	◎	△	○	○	○	○	◎	◎	○	◎
	19．防虫性	◎	×	○	○	○	○	◎	◎	×	×
G．理化学的抵抗	20．熱に耐える性質	○	◎	○	○	○	◎	○	◎	◎	△
	21．光に耐える性質	○	◎	△	△	△	◎	○	◎	×	◎
	22．汗脂に耐える性質	○	◎	○	◎	◎	◎	○	×	×	×
	23．薬品に耐える性質	△	◎	△	○	○	○	△	×	○	◎
H．機械的性質	24．引張り強力	○	◎	○	◎	◎	◎	○	△	◎	◎
	25．破裂強力	○	◎	○	◎	◎	◎	○	△	◎	◎
	26．衝撃強力	○	○	○	○	○	○	○	○	◎	◎
	27．耐摩耗性	○	◎	○	○	◎	◎	○	◎	◎	◎
	28．耐疲労性	○	○	○	○	◎	◎	○	◎	◎	◎

注）1．要求度大なるものを◎，中を○，小を△，ほとんど要求されないものを×．
　　2．本表は大数観察に基づく統計的考察ではなく，単に小数専門家の経験知識から判定されるものを基礎としてつくったものである．

（繊維製品消費科学研究会研究報告　第1号，p. 29（故佐藤可也氏の草案））

6.1 衣服の消費

表6.2 繊維製品表示対象一覧表

品 目	繊維の組成	家庭洗濯など取り扱い方法	はっ水性**	表示者名	住所または電話番号
1 糸（その全部または一部が綿，毛，絹，麻（亜麻および苧麻に限る），ビスコース繊維，銅アンモニア繊維，アセテート繊維，プロミックス繊維，ナイロン繊維，ビニロン繊維，ポリ塩化ビニリデン系合成繊維，ポリ塩化ビニル系合成繊維，ポリアクリルニトリル系合成繊維，ポリエステル系合成繊維，ポリエチレン系合成繊維，ポリプロピレン系合成繊維，ポリウレタン系合成繊維，ポリクラール繊維およびガラス繊維であるものに限る）	○			○	○
2 織物，ニット生地，レース生地（上記1に掲げる糸を製品の全部または一部に使用して製造した織物，ニット生地およびレース生地）	○			○	○
3 衣料品等（上記1に掲げる糸を製品の全部または一部に使用して製造した繊維製品および上記2に掲げる織物，ニット生地またはレース生地を製品の全部または一部に使用して製造または加工した繊維製品（電気加熱式のものを除く）であって，次に掲げるもの）					
(1)上衣	○	○		○	○
(2)ズボン	○	○		○	○
(3)スカート	○	○		○	○
(4)ドレスおよびホームドレス	○	○		○	○
(5)プルオーバー，カーディガンその他のセーター	○	○		○	○
(6)ワイシャツ，開襟シャツ，ポロシャツその他のシャツ	○	○		○	○
(7)ブラウス	○	○		○	○
(8)エプロン，かっぽう着，事務服および作業服	○	○		○	○
(9)オーバーコート，トップコート，スプリングコート，レインコート，その他のコート ― 特定織物*のみを表生地に使用した和装品	○		○	○	○
(9) その他のもの	○	○	○	○	○
(10)子供用オーバーオールおよびロンパース	○	○		○	○
(11)下着 繊維の種類が1種類のもの ― なせん加工品	○			○	○
(11)下着 繊維の種類が1種類のもの ― その他	○			○	○
(11)下着 特定織物*のみを表生地に使用した和装品	○			○	○
(11)下着 その他のもの	○	○		○	○
(12)寝衣	○	○		○	○
(13)靴下	○			○	○
(14)足袋	○			○	○
(15)手袋	○			○	○
(16)ハンカチ	○			○	○
(17)毛布	○	○		○	○

品目		列1	列2	列3	列4	列5
(18)敷布		○	○		○	○
(19)タオルおよび手ぬぐい		○			○	○
(20)羽織および着物	特定織物*のみを表生地に使用した和装品	○			○	○
	その他のもの	○	○		○	○
(21)マフラー,スカーフおよびショール					○	○
(22)ひざ掛け		○	○		○	○
(23)カーテン					○	○
(24)床敷物(パイルのあるものに限る)		○			○	○
(25)上掛け(タオル製のものに限る)		○			○	○
(26)ふとん		○			○	○
(27)毛布カバー,ふとんカバー,まくらカバーおよびベッドスプレッド		○	○		○	○
(28)テーブル掛け		○			○	○
(29)ネクタイ		○			○	○
(30)水着		○			○	○
(31)ふろしき		○			○	○
(32)帯		○			○	○
(33)帯締めおよび羽織ひも		○			○	○

注) * 「特定織物」とは,組成繊維中における絹の混用率が50%以上の織物またはたて糸もしくはよこ糸の組成繊維が絹のみの織物をいう.
** 「はっ水性」の表示は,レインコートなどのはっ水性を必要とするコート以外の場合は必ずしも表示する必要はない.

まとめており,1957年に繊維製品消費科学研究会により最初に発表された.その後,日本繊維製品消費科学会は,1984年に"新しい消費者品質要求項目"を策定し発表している.繊維製品の用途や目的に応じた個々の品質要求項目に対する重みづけを品質要求度というが,主要用途別にまとめたものを表6.1に示す.

b. 繊維製品と表示

品質保証とは,「消費者の要求する品質が十分に満たされていることを保証するために,生産者が行う保証体系的活動」であると,品質管理用語(JIS Z 8101)では定義している.すなわち,品質保証は商品企画から品質設計,製造段階を経て,商品が消費者の手にわたり消費されるまでの全段階を通じて生産者が一貫して行う保証活動ということができる.

1995年7月からは,「製造物責任法(PL法)」が施行され,製造物の欠陥を原因とする被害について,消費者はその欠陥を証明するだけで,製造した企業に損

表6.3 表示規定の改正の要点

改 正 事 項	改 正 内 容
① 組成繊維の定義の見直し	上衣またはコートの詰物（中ワタ）を組成繊維の対象に追加：上衣またはコートのうち詰物を使用しているものについては，表生地，裏生地および詰物（ポケット口，ひじ，衿等の一部に衣服の形状を整えるための副資材として使用されているものを除く）を組成する繊維
② 指定用語の見直し	「ポリ乳酸」の指定用語への追加
③ 混用率の特殊な表示方法の見直し	列記表示の対象品の追加：a. 植毛加工生地およびこれを用いた製品についての列記表示の追加，b. オパール加工生地およびこれを用いた製品についての列記表示の追加，c. コーティング加工，樹脂含浸加工，ボンディング加工またはラミネート加工を施した生地およびこれを用いた製品についての列記表示の追加

害賠償を求めることができるようになった．繊維製品におけるPL法の適応や対応については，今後も検討されねばならないが，消費者保護を強化する画期的な法律といえる．

　繊維製品の品質に関する表示は，家庭用品品質表示法施行令，表示の標準は繊維製品品質表示規定に定められている．家庭用品品質表示法は，一般消費者が製品の品質を正しく認識し，その購入に際し不測の損失を被ることのないようにという消費者保護の目的から1962年に制定された．その効果もあり，表示の適正化が定着してきたが，技術革新や生活様式などの社会環境の変化により，製品自体が多様化すると同時に，PL法の施行，規制緩和の推進などから運用の見直しが図られた．その結果，1997年に繊維製品品質表示規定の全文改正と，家庭用品品質表示法施行令の一部改正が官報告示された．

　その後，繊維・繊維製品の生産・流通・家庭における使用の実態の変化に鑑み，それに対処するため(1)組成繊維の定義，(2)繊維製品品質表示規定の繊維製品の組成表示の際に使用すべき指定用語に規定する繊維，(3)混用率の特殊な表示方法（列記表示の対象品）について，追加・変更が行われ，繊維製品品質表示規定の改正の告示（2006年8月1日付け）がされ，2007年8月1日から施行の運びとなった．

　繊維製品の表示対象品目と表示事項は表6.2に，2006年の表示規定の改正の要点は，表6.3に示す．

i) 繊維の組成表示　繊維の名称については，1997年の繊維製品品質表示規定の大改正により，「統一文字」から「指定用語」とよび方が変わり，規定第6条に定められた用語を使い表示することになった．指定用語の一覧表を表6.4に示す．また，製品に使用されている繊維ごとの，その製品全体に対する質量割

表 6.4 繊維の指定用語一覧表

繊維		指定用語	繊維		指定用語
綿		綿	プロミックス繊維		プロミックス
		コットン	ナイロン繊維		ナイロン
		COTTON			NYLON
毛	羊毛	毛	アラミド繊維		アラミド
		羊毛	ビニロン繊維		ビニロン
		ウール	ポリ塩化ビニリデン系合成繊維		ビニリデン
		WOOL	ポリ塩化ビニル系合成繊維		ポリ塩化ビニル
	アンゴラ	毛	ポリエステル系合成繊維		ポリエステル
		アンゴラ			POLYESTER
	カシミヤ	毛	ポリアクリルニトリル系合成繊維	アクリルニトリルの質量割合が85％以上のもの	アクリル
		カシミヤ		その他のもの	アクリル系
	モヘヤ	毛	ポリエチレン系合成繊維		ポリエチレン
		モヘヤ	ポリプロピレン系合成繊維		ポリプロピレン
	らくだ	毛	ポリウレタン系合成繊維		ポリウレタン
		らくだ	ポリクラール繊維		ポリクラール
		キャメル	ポリ乳酸繊維*		ポリ乳酸*
	アルパカ	毛	ガラス繊維		ガラス
		アルパカ	炭素繊維		炭素繊維
	その他のもの	毛	金属繊維		金属繊維
絹		絹	羽毛	ダウン	ダウン
		シルク		その他のもの	フェザー
		SILK			その他の羽毛
麻（亜麻および苧麻に限る）		麻	前各項上欄に掲げる繊維以外の繊維		「指定外繊維」の用語にその繊維の名称を示す用語または商標を括弧を付して付記したもの（ただし、括弧内に用いることのできる繊維の名称を示す用語または商標は1種類に限る）
ビスコース繊維	平均重合度が450以上のもの	レーヨン			
		RAYON			
		ポリノジック			
	その他のもの	レーヨン			
		RAYON			
銅アンモニア繊維		キュプラ			
アセテート繊維	水酸基の92％以上が酢酸化されているもの	アセテート			
		ACETATE			
		トリアセテート			
	その他のもの	アセテート			
		ACETATE			

* 2007年8月1日より施行

組成表示の原則に則った表示（例）	列記表示（例）
綿　　　　60% ナイロン　30% レーヨン　10% ○○繊維株式会社 TEL△△△△△△	綿 ナイロン レーヨン ○○繊維株式会社 TEL△△△△△△

図 6.1　繊維の組成表示例

合を％で表示する．組成の異なる 2 種類以上の糸または生地を使用している製品は，異なる糸または生地を使用している部位に分け，分けた部位ごとにそれぞれを 100 として混用率を表示することができる．図 6.1 に組成表示の原則に則った表示と列記表示の例を示す．列記表示とは，デザインの複雑さ，原料の内容や加工の方法，または組織が特殊で百分率表示が困難な繊維製品について，百分率を省略しても消費者の利益を損なうことがない場合，規定に基づき，百分率表示に代えて，組成繊維中の混用率の大きなものから繊維名のみ順次列記するか，または組成繊維中の混用率の大きなものから最小限二つの繊維名を列記し，残りの繊維を一括してその他と記載する表示のことをいう．なお，原則表示とするか，列記表示とするかは，表示者の選択に任されている．

ii) 取り扱い絵表示　家庭洗濯などの取り扱い方法の表示に関しては，JIS L 0217「繊維製品の取り扱いに関する表示記号及びその表示方法」に規定する記号を用いて表示する．家庭用品品質表示法の家庭洗濯などの取り扱い絵表示を図 6.2 に示す．表示記号は，① 洗い方（水洗い），② 塩素漂白の可否，③ アイロンのかけ方，④ ドライクリーニング，⑤ 絞り方，⑥ 干し方の順に左から右へ並べる．ただし，絞り方と干し方は省略できる．JIS の試験方法で試験した結果，製品に適合すると判断する表示記号を表示責任者が選ぶ．

iii) はっ水性の表示　「はっ(撥)水性」とは，水をはじきやすい性質を示しており，これらの性質を必要とするレインコートなどの繊維製品に表示することができる．「はっ（撥）水性」の基準は，JIS L 1092「繊維製品の防水性試験方法」の規定による．

既製衣料品のサイズと表示方法は，JIS L 0103「既製衣料品のサイズ及び表示に関する通則（1990 年に改訂）」に定められ，これに基づき表示されている．サイズ規格は，日本人の体格の変化にあわせて改訂されており，JIS L 4001-

記号		記号の意味	記号		記号の意味	記号		記号の意味
① 洗い方	95	液温は95℃を限度とし、洗濯ができる	③ アイロンのかけ方	高	アイロンは210℃を限度とし、高い温度（180℃から210℃まで）でかけるのがよい	⑥ 干し方		つり干しがよい
	60	液温は60℃を限度とし、洗濯機による洗濯ができる		中	アイロンは160℃を限度とし、中程度の温度（140℃から160℃まで）でかけるのがよい			日陰のつり干しがよい
	40	液温は40℃を限度とし、洗濯機による洗濯ができる		低	アイロンは120℃を限度とし、低い温度（80℃から120℃まで）でかけるのがよい		平	平干しがよい
	弱 40	液温は40℃を限度とし、洗濯機の弱水流または弱い手洗いがよい		✕	アイロンかけはできない		平	日陰の平干しがよい
	弱 30	液温は30℃を限度とし、洗濯機の弱水流または弱い手洗いがよい	④ ドライクリーニング	ドライ	ドライクリーニングができる。溶剤はパークロロエチレンまたは石油系のものを使用する	付記用語を使った場合	弱 30 中性	中性洗剤を使用する
	手洗イ 30	液温は30℃を限度とし、弱い手洗いがよい（洗濯機は使用できない）		ドライ セキユ系	ドライクリーニングができる。溶剤は石油系のものを使用する		高	あて布を使用する
	✕	水洗いはできない		ドライ ✕	ドライクリーニングはできない		40 ネット使用	洗濯ネットを使用する
② 塩素漂白の可否	エンソ サラシ	塩素系漂白剤による漂白ができる	⑤ 絞り方	ヨワク	手絞りの場合は弱く、遠心脱水の場合は短時間で絞るのがよい	絵表示の表示例		
	エンソ サラシ ✕	塩素系漂白剤による漂白はできない		✕	絞ってはいけない			

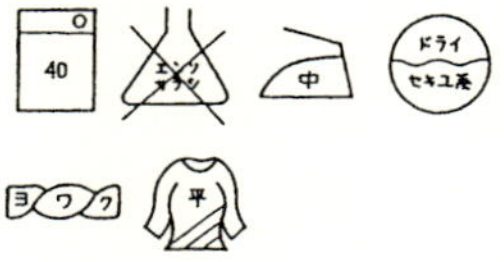

（注）国際規格との関係で，現在検討が行われている．

図6.2 JIS L 0217 に規定されている取り扱い絵表示

図6.3 各種の品質マークの例

1998（乳幼児用衣料），JIS L 4002-1997（少年用衣料），JIS L 4003-1997（少女用衣料），JIS L 4004-1996（成人男子用衣料），JIS L 4005-1997（成人女子用衣料），JIS L 4006-1998（ファンデーション），JIS L 4007-1998（靴下類）となっている．

　品質マークは，国や団体の定めた一定の品質基準に合格していることを証明する表示であり，規格マーク，認証シールなどともよばれている．一般には，品質表示と保証表示が一緒に行われることが多い．繊維製品には工業標準化法に基づくJISマーク，繊維製品品質総合検査制度によるQ（Quality）マーク，ザ・ウールマーク・カンパニーの基準に合格した製品に表示される世界共通のマークであるウールマーク，ウールマークブレンド，（財）毛製品検査協会（Japan Wool Products Inspection Institute Foundation）の検査基準に合格したものにつけられるJWIFマークなどがある．その例を図6.3に示す．

c．繊維製品とクレーム

　消費者が購入した商品やサービスについて，消費者が不当な不利益を受けたり，危害を被った場合，その損害の補償を求めたり，場合によっては生産，販売の中止，また今後のための改善措置を要求して，製造・販売業者や業界団体，あ

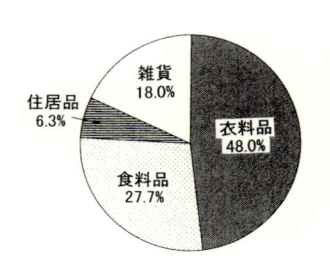

図 6.4 商品苦情の項目別構成比
商品苦情の受付合計件数：21750件，1998年
（日本百貨店協会調査による）．

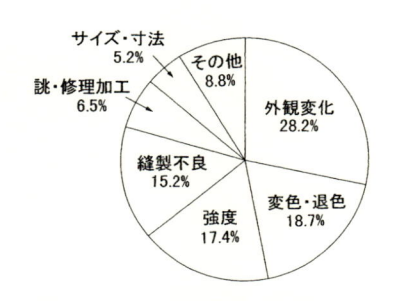

図 6.5 衣服品の品質機能の苦情内容
（日本百貨店協会調査による）

るいは国や自治体などに申し出ることを苦情，またはクレームという．クレームの発生原因として，製造，販売，クリーニングなどの業者に起因するもの，消費者の商品の取り扱いなどに起因するもの，また国や自治体の行政指導の問題に起因するものなどがあげられる．

繊維製品に対しての使用中に発生する苦情は，他の商品に比べて相談件数が非常に多い．日本百貨店協会が，全国各地の百貨店202店舗で1998年の1年間に受けつけた商品苦情の集計結果を，図6.4に示す．衣料品に関する苦情が，全体の約半数を占めていることがわかる．次にこの衣料品の苦情のうち，品質機能についての苦情内容とその割合を図6.5に示す．「外観変化」が最も多く，「変色・退色」，「強度」の順になっている．

苦情処理は，全国の消費生活センター，国民生活センター，消費者団体などが苦情相談の窓口になって対処している．国民生活センターのホストコンピューターと，都道府県政令指定都市の消費生活センターに設置された端末機を結ぶ「全国消費生活情報ネットワークシステム（PIO-NET）」は，消費生活相談情報，危害情報，消費者判例情報，商品テスト情報システム，生活文献情報，商品テスト機関，生活問題専門家リストの七つのデータベースをもち，1984年に運営を開始して以来，多くの消費生活相談の情報収集を行っている．また，最近では企業でも苦情は品質への重要な声や情報というとらえ方から消費者相談窓口を設置しているところが多くなっている．繊維製品の多種多様化するなかで，消費者，

企業,行政が一体となり,クレームの原因を迅速に究明,対処し,よりよい品質の改良と向上に役立てるようはからうべきである.

6.2 繊維製品と社会環境

a. 繊維製品の生産と消費の動向

　日本の繊維産業は,1935年前後には綿糸・綿布やレーヨン(当時のスフ・人絹)の生産量が世界第一位に達したが,輸出向けが多く,国内での1人当たりの繊維消費量は5.8 kgに過ぎないものであった.その後,戦争による繊維産業の疲弊でさらに低下し,1946年で1 kgにまで落ち込み,戦前の水準に回復したのは1953年になってからであった.

　繊維消費量は,国の経済状態と相関が高いため,生活が豊かになるほど消費量も増えると考えられる.日本の国民1人当たりの繊維消費量は,1987年以降は20 kgをこえ,現在ではアメリカに次いでヨーロッパ諸国などとともにトップグループの位置にある.最近では,韓国の消費量が急速に伸びてきていることが注目される.一方,発展途上国の繊維消費量は,先進諸国との差が大きく,両者の平均値で比較すると,先進諸国のそれの約4分の1に過ぎない現状にある.

　繊維産業の変遷は,その当時の国民の消費生活を反映しているが,戦後のわが国の繊維製品の生産と消費の動向は,おおむね次の4期に分けられる.

　① 紡績業の復興期(〜1950年代): 1950年に勃発した朝鮮動乱による特需景気をきっかけとして,綿・スフ紡織を中心とした繊維産業が,戦後の経済復興の主導的役割を果たした.衣生活も戦前の水準を回復し,量的にも引きあげられていった.

　② 合成繊維の発展期(1960年代): 洗濯や取り扱いが容易な合成繊維の製品が,しだいに消費者に受け入れられ,紡績産業から合成繊維産業へ重点が移行していった時期である.高度経済成長期のなかにあって既成服化が進み,ファッションブームとともに,繊維の消費量も拡大していった.

　③ アパレルの飛躍期(1970年代): 1973年の第一次石油危機をきっかけに,わが国の経済が安定成長期に入り,繊維も多量に消費する傾向が失われた.しかし,余暇時間の増加でスポーツや,レジャーへの関心が高まり,カジュアルウェ

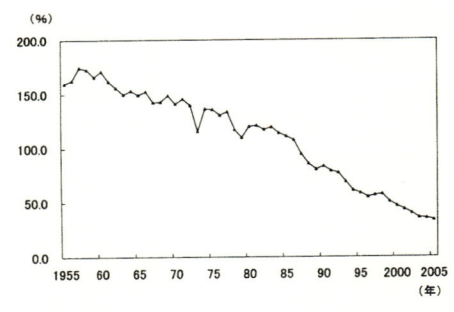

図 6.6 繊維製品の自給比率（生産/内需）の推移
（経済産業省：繊維需給表による）

図 6.7 繊維製品の輸出比率（輸出/生産）と輸入比率（輸入/内需）の推移
（経済産業省：繊維需給表による）

アが好んで着られるようになった．このような背景のなか，アパレルメーカーは大きな成長を遂げたが，「大規模小売店舗法」などの規制もからみ，その成長も頭打ちとなった．

④ 繊維製品の多様化の進展期（1980年代～）： 心の豊かさや生活のゆとりに重きをおくようになり，衣料品も個性化，多様化が進み，消費者の嗜好を取り入れて供給する消費者重視の体制へ変化していった．繊維では，ポリエステルが技術革新による高付加価値化を背景にした新合繊ブームにより，大きく伸びた．1990年代に入り，大型景気の崩壊とともに繊維産業も大きな構造変化を余儀なくされることになった．

最近では，地球環境にやさしい繊維素材の開発や，地球温暖化防止策として冷暖房機器に頼り過ぎない「クールビズ（COOLBIZ）」や「ウォームビズ（WARM-BIZ）」のようなオフィスで快適に働きやすい服装も推進されている．

図 6.6 に繊維製品の自給比率（生産/内需）の推移，図 6.7 に輸出比率（輸出/生産）と輸入比率（輸入/内需）の推移を示す．自給比率は，1950 年代から徐々に低下してきている．輸出比率は大きな変動なく推移していたが，近年は大きく上昇に転じている．また，輸入比率は，1970 年ころより上昇傾向が明瞭で，輸入繊維製品が日本人の衣生活に大きく関わってきていることがうかがえる．

b. 衣服の購入と廃棄

繊維消費量の増加は，各個人の衣服所持数と密接に関連しているが，1980 年

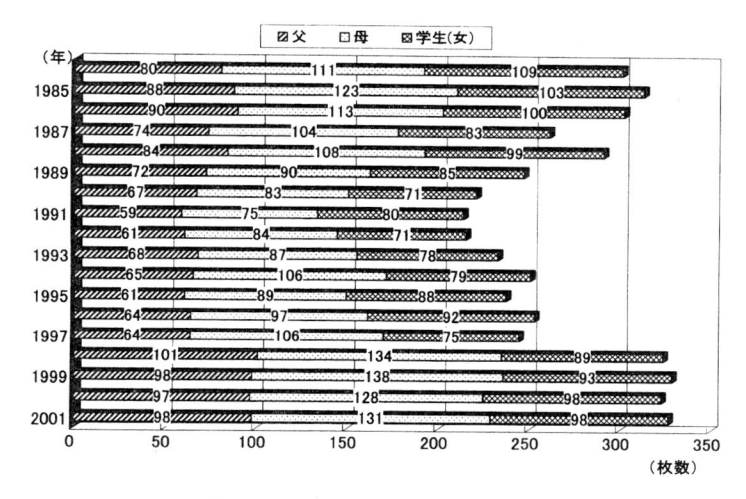

図6.8 衣服の所持枚数（外衣・中衣）
（日本衣料管理協会調査による）

からのその推移を図6.8に示す．グラフが下降している1980年代後半は，購入数以上の排出が進んだことを示し，その後の横ばい状態は，購入と排出が同程度であることを示していると考えられる．日本化学繊維協会の1995年の調査によると衣料用繊維消費量は，114万5000トンで，排出量は112万4000トンと推計されている．

衣服など繊維製品は寿命がつきたり不要になると，リフォームや家庭内での再利用のほか，ガレージセールやバザー，フリーマーケット，資源回収などの方法で処分されたり，ごみとして廃棄される．このとき，衣服の寿命は損耗の程度ではなく，好みや流行に左右される場合が多いが，このようにして着られなくなった衣服は，直ちに処分されることもなく眠ったままに保存，すなわち退蔵されることが少なくない．その退蔵数は，1家庭当たりの衣服所有枚数の約2割に相当するといわれているが，これらも何かのきっかけで，排出される可能性をもつ衣料であるには違いない．

排出された繊維製品は，大部分が可燃ごみとして廃棄されていると見られるが，焼却処理は大気汚染や地球温暖化対策に対する二酸化炭素排出などの環境問題にもつながる．廃棄衣料の処理と環境との問題は，今後の大きな課題である．

c. 衣服とリサイクル

　衣服は，取得，所持，使用，保管，廃棄の一連のサイクルをもって消費されているが，廃棄衣服の取り扱いが，衣生活の合理化と向上，繊維産業の発展，有限な資源の有効利用，ごみの減量化とその処理費用の削減，環境保全に深く関与する．

　資源ごみの分別収集については，全国の市区町村で進められているが，古繊維を分別対象としているところは，全体の1割にも満たない現状にある．衣服の資源回収は，子供会や町内会，PTAなどの地域住民団体が中心になって集団回収を行っているところが多く，市町村もこれに対し奨励金を交付して，収集の不備を補っている．また，海外への支援物資として古着を送ったり，バザーによる収益金で資金援助を行うために，中古衣料を受け入れているNGO団体もある．

　回収された廃棄衣服の一部は，リサイクル衣料として販売，利用されるが，大部分は業者により中古衣料，ウエス（工場などで使う拭き布），反毛材料（製品材料にするため繊維をほぐしてわた状にしたもの）に分別され，再利用，再資源化に供される．中古衣料は，シンガポール，香港，パキスタンなど東南アジアの国々に輸出されているが，1985年以降は円高の影響などで伸び悩んでいる．また，ウエス，反毛材料も回収，再資源化コストに見合うものにならず，需要が減少傾向にある．

　一方，繊維業界やアパレルメーカーでも，省資源・廃棄物減量化対策および，販売促進対策として繊維製品のリサイクルに着手し始めている．ペットボトルからつくられたフリースが記憶に新しいが，ポリエステル100％などの単一素材から構成された製品であれば，再生は可能である．合成繊維の生産工場内で発生するポリマー屑や繊維屑は，再原料化やモノマー化，熱回収化などの方法によりきわめて高い率でリサイクルされている．また，通商産業省の委託によるリサイクルシステムの検討やリサイクルを念頭においた易リサイクル製品の開発などが進められている．

　繊維の生産を地球的規模で考えると，天然繊維は今後の飛躍的増産があまり期待できず，合成繊維も原料としている石油の可採年数が1995年末現在で，41年（石油鉱業連盟による調査）と試算されていることから生産減退段階に入ると予測されている．繊維資源が有限であるという事実を切実に受け止め，リサイクル

への積極的な取り組みが望まれる．すでに，電気製品，自動車などの製品分野で回収システムやリサイクルが制度化に向けて模索されているなか，繊維製品についても企業全体と自治体，消費者が一帯となって繊維資源と環境との調和を考えた回収システムやリサイクルの整備を推進していく必要がある．

付録：SI 単位

　1991年に改正された新計量法で「法律で定める計量単位」（法定計量単位）として「国際単位系（SI）」を用いるよう規程された．同法では従来単位のうち，使用頻度が最も高く影響が大きい単位については猶予期間が設けられていたが，それも1999年9月30日をもって終了した．したがって現在は，基本的にSI単位を使わなければならないが，当分は混乱も予想される．本書においても，非SI単位を使っている箇所があるので，必要に応じて下記の事項を参照していただきたい．

1. SI接頭語

接頭語	読み	単位に乗じる倍数	接頭語	読み	単位に乗じる倍数	接頭語	読み	単位に乗じる倍数
G	ギガ	10^9	da	デカ	10	μ	マイクロ	10^{-6}
M	メガ	10^6	d	デシ	10^{-1}	n	ナノ	10^{-9}
k	キロ	10^3	c	センチ	10^{-2}	p	ピコ	10^{-12}
h	ヘクト	10^2	m	ミリ	10^{-3}			

〔使用例〕 1.2×10^4 N は 12 kN, 0.00552 m は 5.52 mm, 3.1×10^{-8} S は 31 ns のように書く．

2. 基本単位，組立単位の例

	SI単位	備考
長さ	m（メートル）	
質量	kg（キログラム）	
時間	s	
角度	rad（ラジアン）	
面積	m^2	
体積，容積	m^3	$1\,m^3 = 1\,k\ell$*
速度	m/s	
加速度	m/s^2	
周波数，振動数	Hz（ヘルツ）	$1\,Hz = 1\,s^{-1}$
密度	kg/m^3	
力	N（ニュートン）	$1\,N = 1\,kg\cdot m/s^2$
		$1\,kgf$* $= 9.807\,N$

付録：SI単位

圧力，応力	Pa(パスカル)	$1\,\mathrm{Pa}=1\,\mathrm{N/m^2}$
		$1\,\mathrm{kgf^*/cm^2}=9.807\times10^6\,\mathrm{Pa}$
粘度	Pa·s	$1\,\mathrm{Pa\cdot s}=1\times10\,\mathrm{P^*}$(ポアズ)
動粘度	m²/s	$1\,\mathrm{m^2/s}=1\times10^4\,\mathrm{St^*}$(ストークス)
表面張力	N/m	
仕事，エネルギー，熱，熱量	J(ジュール)	$1\,\mathrm{J}=1\,\mathrm{N\cdot m}$
		$1\,\mathrm{J}=0.2389\,\mathrm{cal^*}$
仕事率，動力，電力音響パワー，熱流	W(ワット)	$1\,\mathrm{W}=1\,\mathrm{J/s}$
熱力学温度	K	
セルシウス温度	℃	
熱伝導率	W/m·K	$1\,\mathrm{W/m\cdot K}=8.6\times10^{-1}\,\mathrm{kcal/m\cdot h\cdot ℃^*}$
熱伝達率	W/m²·K	$1\,\mathrm{W/m^2\cdot K}=8.6\times10^{-1}\,\mathrm{kcal/m^2\cdot h\cdot ℃^*}$
比熱容量，比熱	J/kg·K または J/kg·℃	
物質量	mol(モル)	
モル質量	kg/mol	
モル体積，モル容積	m³/mol	
モル濃度	mol/m³	
質量モル濃度	mol/kg	

注）備考における＊印は，非SI単位を意味する．

3. 繊維固有の単位について

　繊維の分野で用いられている固有の単位として，繊度や強度があるが，これは計量法の対象外で，かつSI単位にも規程されていない．したがって，従来からのデニール，番手，テックスやgf/デニールなどの単位は使用可能である．しかし本文中においても述べたように，ISO（国際標準化機構）では繊度の単位としてテックスを規程している（したがって繊維の強度は，ニュートン/テックス）．国際整合性の観点からJISではテックスなど新しい単位へ切り替えがすでに完了しており，業界でも急速に切り替わる情勢にある．

　繊度，強度（力），引張り強さに関して，従来単位との関係は，次のようになる．

$$1\,\mathrm{d}\,(\text{デニール})=\frac{10}{9}\,\mathrm{dtex}\,(\text{デシテックス})$$

$$1\,\mathrm{gf}=0.9807\,\mathrm{cN}\,(\text{センチニュートン})$$

$$1\,\mathrm{gf/d}=0.9807\times\frac{9}{10}\,\mathrm{cN/dtex}$$

参考図書

■第1章
一泉知永：生活文化史 4，雄山閣出版，1984．
伊藤正義校注：謡曲集　上（新潮日本古典集成），新潮社，1983．
小笠原小枝：染と織の鑑賞基礎知識，至文堂，1998．
小川安朗：民族服飾の生態，東京書籍，1979．
小川安朗：世界の衣裳，朝日新聞社，1986．
小池三枝：服飾文化論―服飾の見かた・読みかた―，光生館，1998．
産経新聞：戦後史開封 16・17，1994・2・8，1994・2・9．
産経新聞：トーキョー・モードプレス '99，1996・6・11．
鹿野勝彦：世界の衣裳，朝日新聞社，1986．
菅原珠子・佐々井啓：西洋服飾史，朝倉書店，1985．
清少納言（池田亀鑑校訂）：枕草子（岩波文庫），岩波書店，1962．
竹取物語・伊勢物語・大和物語（日本古典文学大系 9），岩波書店，1957．
谷田閲次・石山　彰：服飾美学・服飾意匠学，光生館，1969．
塚田　敢：色彩の美学，紀伊國屋書店，1978．
鳥越憲三郎：雲南からの道，講談社，1983．
日本ファッション教育振興協会：ファッション教育 '99，1999．
能澤慧子：二十世紀モード，講談社，1994．
増田美子：古代服飾の研究―縄文から奈良時代―，源流社，1995．
マックス・フォン・ベーン（永野藤夫他訳）：モードの生活文化史 1，2，河出書房新社，1989，1990．
森本哲郎：世界の衣裳，朝日新聞社，1986．
若宮信晴：西洋装飾文様の歴史，文化出版局，1980．
図 1.4　　杉　勇編：大系世界の美術第 3 巻，エジプト美術，p. 30，学習研究社，1980．
図 1.11　　山辺知行監修：日本の染織第 3 巻，134 図，中央公論社，1979．
図 1.14　　山辺知行監修：日本の染織第 4 巻，22 図，中央公論社，1980．
図 1.15　　山辺知行監修：日本の染織第 3 巻，75 図，中央公論社，1979．
図 1.17　　山辺知行監修：復刻小袖模様雛形本集成第 1 巻，p. 15，学習研究社，1974．

■第2章
石川欣造監修：テキスタイル辞典，日本衣料管理協会，1991．
石川欣造編：被服材料実験書，同文書院，1995．
大野静枝・佐々井啓他：日本女子大学家政学シリーズ　被服学，朝倉書店，1982．
奥山春彦・水梨サワ子監修：改訂・最新被服科学シリーズ　染色学，相川書房，1982．
日下部信幸監修：衣生活の科学　被服材料学 15 章，衣生活研究会，1993．
国際羊毛事務局編：羊毛の吸湿性と毛織物の寸法変化，Clothing Service Information No. 7，

国際羊毛事務局, 1978.
興倉弘子・丹羽雅子：繊消誌, **31**, 336〜342, 1990.
島崎恒蔵：被服材料学 II, 日本女子大学通信教育事務部, 1993.
島崎恒蔵編著：衣服材料の科学, 建帛社, 1999.
人材育成専門調査委員会編：アパレル品質管理, 繊維産業構造改善事業協会, 1998.
繊維学会編：図説繊維の形態, 朝倉書店, 1983.
繊維学会編：最新の衣料素材　基礎データと試料　化学繊維編, 文化出版局, 1993.
繊維学会編：新しい衣料素材, 文化出版局, 1984.
日本化学繊維協会編：日本の化学繊維工業, 日本化学繊維協会, 1998.
日本学術振興会繊維・高分子機能加工第120委員会編：染色加工の事典, 朝倉書店, 1999.
日本規格協会：JIS L 0104「テックス方式による糸の表示」.
日本規格協会：JIS L 1013「化学繊維フィラメント糸試験方法」.
日本規格協会：JIS L 1095「一般紡績糸試験法」.
日本規格協会：JIS L 1096「一般織物試験法」.
日本繊維機械学会編：繊維工学（III）糸の製造・性能及び物性, 日本繊維機械学会, 1985.
日本繊維機械学会編：繊維工学（IV）布の製造・性能及び物性, 日本繊維機械学会, 1988.
日本繊維機械学会編：繊維工学（VI）最終繊維製品の製造と性能, 日本繊維機械学会, 1981.
日本繊維製品消費科学会編：ニット衣料学, 日本繊維製品消費科学会, 1978.
宮本武明・本宮達也：新繊維材料入門, 日刊工業新聞社, 1992.
吉田敬一・小林茂雄他：身近な環境　衣生活の科学, 弘学出版, 1992.
奥林里子：繊学誌, **62**, 79〜82, 2006.
望月政嗣：繊消誌, **47**, 148〜156, 2006.

■第3章

アパレル産業振興センター編：アパレル研究15, 繊維工業構造改善事業協会, 1989.
阿部幸子他：衣生活論, 同文書院, 1990.
綾田雅子他：衣の科学, 相川書房, 1993.
石川欣造監修：アパレル工学事典, 繊維流通研究会, 1983.
大野静枝・佐々井啓他：日本女子大学家政学シリーズ　被服学, 朝倉書店, 1982.
国民生活センター：くらしの豆知識'98, 国民生活センター, 1997
小林茂雄他：衣生活論, 弘学出版, 1996.
JIS 衣料サイズ推進協議会：成人女子用衣料サイズシステム, 1987.
繊維工業構造改善事業協会：アパレル製作技術 I, 繊維工業構造改善事業協会, 1994.
通産省工技院監修：成人男子の人体計測データ, 人間生活工学研究センター, 1996.
通産省工技院監修：成人女子の人体計測データ, 人間生活工学研究センター, 1997.
内藤道子他：衣生活論, 建帛社, 1996.
中保淑子他：被服構成学, 朝倉書店, 1995.
日本衣料管理協会刊行委員会：アパレル設計・製作論, 日本衣料管理協会, 1992.
日本家政学会編：家政学事典, 朝倉書店, 1990.
日本規格協会：JIS L 1020「ステッチ形式の分類と表示記号」.
日本規格協会：JIS L 1021「シームの分類と表示記号」.
日本規格協会：JIS L 4004「成人男子用衣料サイズ」.
日本規格協会：JIS L 4005「成人女子用衣料サイズ」.

日本色彩学会編：新編色彩科学ハンドブック（第2版），東京大学出版会，1998．
(社)日本小児保健協会：乳幼児の身体発育値，1997．
日本人間工学会衣服部会編：新編被服と人体，日本人間工学会，1981．
(財)日本ファッション教育振興協会：プロダクトパターンメーキング，(財)日本ファッション教育振興協会，1996．
幅　順一他：繊維製品品質表示のすべて，日本繊維センター，1983．
樋口ゆき子編著：衣生活学，朝倉書店，1993．
藤森弘子他：現代衣生活論，化学同人，1995．
保志　宏：ヒトの成長と老化，てらぺいあ，1993．
宮崎節子：工業パターンメーキング，文化出版局，1994．
文部省：学校保健統計調査，1998．
柳澤澄子他編著：着装の科学，光生館，1996．
山口正城・塚田　敢：デザインの基礎，光生館，1992．

■第4章
荒谷善夫：繊消誌，**23**，129〜134，1982．
伊藤紀子：繊消誌，**36**，38〜43，1995．
伊藤紀子・中谷文子他：家政誌，**28**，360〜365，1977．
伊藤紀子・山浦美智子他：繊消誌，**26**，204〜209，1985．
大築立志・大石　正他：生活の生理学，朝倉書店，1985．
大野静枝：日衛誌，**21**，383〜392，1967．
大野静枝：被服学，朝倉書店，1982．
大野静枝他：各種温熱環境下着衣標準の設定に関する調査ならびに実験研究，昭和57年科研費研究成果報告書，1983．
大野静枝・吉田敬一他：被服衛生・機構学，朝倉書店，1989．
黒島晨汎：環境生理学，理工学社，1993．
田中俊六・武田　仁他：最新建築環境工学，井上書院，1999．
棚橋ひとみ・藤村明子他：日女大紀要家政学部，**43**，119〜124，1996．
田村照子：基礎被服衛生学，文化出版局，1985．
田村照子：基礎被服衛生学，文化出版局，1998．
中橋美智子・吉田敬一編：新しい衣服衛生，南江堂，1997．
中山昭雄編：温熱生理学，理工学社，1990．
日本家政学会編：環境としての被服，朝倉書店，1988．
日本繊維製品消費科学会編：新版繊維製品消費科学ハンドブック，光生館，1988．
原田隆司：着ごこちと科学，裳華房，1996．
藤村淑子・大野静枝：家政誌，**32**，210〜215，1981．
間壁治子・百田裕子：繊消誌，**27**，402〜411，1986．
三野たまき：家政誌，**45**，179〜188，1994．

■第5章
阿部幸子他：衣生活論，同文書院，1989．
海野　信：洗濯の科学，**40**(1)，2，1995．
花王生活科学研究所編：洗たくの科学，裳華房，1989．

花王生活科学研究所：家庭洗濯の新しい動向—衣類，洗剤，洗濯機などの最近の変化，1992.
小林美奈子・一柳厚史他：日本家政学会第51回大会研究発表要旨集，p. 216, 1999.
戸張真臣：洗濯の科学，**30**(4), 20, 1985.
中西茂子他：日本女子大学家政学シリーズ　被服整理学，朝倉書店，1990.
日本家政学会編：家政学事典，朝倉書店，1990.
日本防虫剤工業会編：防虫剤の正しい使い方，日本防虫剤工業会，1998.
藤井徹也：洗う—その文化と石けん・洗剤—，幸書房，1995.
弓削　治：繊消誌，**25**(11), 562, 1984.
和田英昭：繊消誌，**40**(6), 21, 1999.

■第6章

秋田千恵：研究誌・コア，**93**, 2~4, 商品科学研究所，1997.
窪田一郎：洗濯の科学，**43**, 20~24, 1998.
厚生省生活衛生局水道環境部環境整備課監修：日本の廃棄物'96, 22~27, 83~88, 全国都市清掃会議，1996.
国民生活センター編：くらしの豆知識，国民生活センター，1998.
国民生活センター編：消費生活年報，46, 国民生活センター，1998.
雙田珠己・重留布美：研究誌・コア，**88**, 1~5, 商品科学研究所，1996.
通商産業省産業政策局編：家庭用品品質表示法法令規程集，p. 1~16, 日本消費者協会，1997.
日本衣料管理協会編：衣料管理のための繊維製品消費科学，日本衣料管理協会，1986.
日本衣料管理協会編：消費科学—衣生活のための—，日本衣料管理協会，1995.
日本衣料管理協会編：消費生活論，日本衣料管理協会，1996.
日本衣料管理協会編：家庭用繊維製品の流通，消費と消費者問題，日本衣料管理協会，1998.
日本衣料管理協会編：衣料の使用実態調査，日本衣料管理協会，1999.
日本化学繊維協会編：合成繊維製品のモデルリサイクルシステム調査報告書，日本化学繊維協会，1996.
日本化学繊維協会編：合成繊維リサイクルの総合的検討調査報告書，日本化学繊維協会，1997.
日本化学繊維協会編：繊維ハンドブック1999, 日本化学繊維協会，1998.
日本化学繊維協会編：合成繊維リサイクル推進WG報告書，日本化学繊維協会，1998.
日本家政学会編：日本人の生活，建帛社，1998.
日本家政学会編：衣服の供給と消費，朝倉書店，1992.
日本繊維製品消費科学会編：繊維製品消費科学ハンドブック，光生館，1988.
三菱総合研究所地球環境研究センター編：繊維製品リサイクル総合調査報告書，三菱総合研究所，1996.

索　　引

ア　行

ISO 規格　38, 79
RMR　124
アイロン仕上げ　156
アクリル　28
アクリル系　28
麻　24
　　——の葉文様　15
アセテート　27
圧縮面積　122
アップランド綿　23
アパレル CAD　99
亜麻　24
アミド結合　29
編目　45
編目記号　46
編物　41, 45
編物組織　45
綾織　43
アルカリ緩衝作用　139
アルギン酸ソーダ法　72
安全性保持機能　113

いき　12
異形断面繊維　57
意匠糸　37
いせこみ　107
市松文様　15
一般仕上げ　67
糸　36
糸密度　48
衣服
　　——の外観　135
　　——の資源回収　176
　　——の寿命　175
　　——の着脱　85

　　——の変形　117
衣服圧　120
　　——の快適値　121
　　——の作用　121
　　——の測定法　122
衣服気候　127, 131
衣服機能　112
衣服所持数　174
衣服内気候　55
衣類乾燥機　150
色
　　——のイメージ　88
　　——の三属性　87
インターカラー　89

ウエス　176
ウェットクリーニング　152
ウェブ　47
上より　40
ウェール　45
ウォッシュアンドウェア加工
　　68
裏地　109
裏目　45
ウールマーク　171
ウールマークブレンド　171
ウレタン結合　30
運動機能性　115, 131

FRP　31
LD マーク　152
METS　124
S マーク　152
S より　40
SPA　89
エアバック法　122
衛生加工　70

衛生的機能　123
液圧平衡法　122
液体アンモニアマーセリゼーシ
　　ョン　69
易リサイクル製品　176
エジプト綿　23
エステル結合　28
エムペントリン　159
エレガント　92
塩化カルシウム　159
塩基性染料　64
延反　103

黄金比　83
黄金分割　83
オストワルド表色系　88
オーバーフローすすぎ　148
表目　45
織　13
織物　41
織物組織　42
オルソコルテックス　25
温熱的快適性　131

カ　行

外観性能　52
海島綿　23
概日周期　126
解舒糸　25
界面活性剤　138
化学繊維　20
描絵　14
懸衣　4, 8
加工糸　37
かさ高加工糸　38
かさ高性　38, 41
重ね（襲）色目　11

索引

重ね朱子織　43
重ね組織　44
家蚕　25
荷重-伸長曲線　49
荷重-伸長特性　31
片重ね組織　44
形くずれ　49
ガーター編　45
家庭洗濯　142
　——などの取り扱い絵表示
　　169
家庭用品品質表示法　167
カード糸　40
ガードルの衣服圧　122
加ねん　39
カバードヤーン　37
カバーファクター　48
カビ　158
カフタン　5
加法混色　87
可縫性　106
ガラス温度　32
からみ組織　45
仮より法　41
寛衣　5, 8
冠位十二階の制　11
含気性　54
含気率　54
還元漂白　62
乾式洗濯　150
乾式不織布　47
綾斜文織　43
感性　114
感性加工　68
乾性放熱　124
間接法　72
完全組織　42
乾燥　149
貫頭衣　2, 4
カントリー　92
緩和収縮　50

Q (Quality) マーク　171
生糸　25
機械力　146

着心地　90, 130
既製衣料品のサイズと表示方法
　　169
気相加工　69
基礎代謝量　124
吉祥文様　15
キトン　5, 7
絹　25
機能加工　68
機能的快適性　130
基本衣料寸法　79
基本身体寸法　79
基本組織　42, 45
基本染法　63
ギャバジン　43
嗅感覚　134
吸湿性　34, 56
吸水性　56
キュプラ　26
強制対流　126
極性　34
切り替えライン　91
切り付け　14
切り嵌め　14
金属石けん　149
金属封鎖作用　139

空気噴射法　41
苦情　172
苦情処理　172
くせとり　107
クリンプ　50
グレーディング　102
クレーム　172
クロー単位　129
クロー値　131

けい光増白　154
けい光増白剤　139, 154
計測値　85
形態安定加工　68
形態安定性　50
毛糸紡績　40
毛玉　54
結晶　22

結晶化度　22
結晶性高分子　22
毛羽　36, 41
毛羽立ち　49
毛紡績糸　36
捲縮　38, 41
減法混色　87

コアスパンヤーン　37
高温洗濯　144
高感性素材　58
抗菌防臭加工　70
合糸　39
恒重式番手　38, 40, 48
合成繊維　20, 28
合成洗剤　138
合成染料　63
合成皮革　42
酵素　139
光沢　91
恒長式番手　38, 40, 48
公定水分率　35
降伏点　32
高分子　22
黄麻　24
国際規格　38
国際標準化機構　79
極細繊維　60
腰紐　1
コース　45
小袖　6, 9, 16
固体粒子汚れ　137
コーディネイト　82
コーティングファブリック　42
コーデュロイ　45
子供の体型　75
コーマ糸　40
ゴム編　45
小紋　12
コルセット　7
混合組織　43
混合汚れ　137
コンジュゲート繊維　59
混繊糸　37
混紡糸　37

索　引

混用率　169

サ 行

再汚染　145
サイザル麻　24
再資源化　176
サイズシステム　77
サイズ適合性　131, 133
再生繊維　20, 26
裁断　103
彩度　87
再付着防止作用　138
再利用　176
窄衣　6, 9
サージ　43
サーマルボンド法　47
サーマルマネキン　132
酸化染料　64
酸化漂白　62
三原組織　42
3元単数表示　79
3次元計測法　72
3次元シミュレーション　102
酸性染料　63
酸性媒染染料　64
三大合成繊維　28
サンホライズ加工　68

CIE 表色系　88
JAFCA　89
JWIF マーク　171
仕上げ　155
仕上げ加工　67
ジェットボンド法　47
色彩　10
色相　87
色名　10
　　――による表色法　88
自己表現　4, 113
刺繍　13
JIS 衣料サイズ　77
JIS 標準色票　88
JIS マーク　171
自然対流　126
下より　40

湿式洗濯　150
湿式不織布　48
湿性放熱　124
地づめ　103
指定用語　169
地直し　51
市販洗剤の表示　139
脂肪酸塩　139
縞　12
しみ抜き　154
シームパッカリング　107
紗織　45
社会的快適性　134
ジャカード織機　44
斜文織　43
重合体　22
重合度　22
収縮　147
収縮性　50
集団識別　114
柔軟仕上げ　155
朱子織　43
呪術　3
シュミーズドレス　8
純色　87
商業洗濯　150
抄紙法　48
消臭加工　70
しょうのう　159
消費過程　114
消費者要求項目　164
消費者要求性能　163
消費性能　163
商品企画　93
情報ネットワークシステム　172
除湿剤　158
触感覚　134
シリカゲル　159
シルエッター法　72
シルエットライン　86
しわ回復性　53
シングルアトラス編　46
シングルコード編　46
シングルデンビー編　46

シングルニット　46
シングルバンダイク編　46
新合繊　58, 90
新合繊ブーム　174
人工皮革　42
芯地　42, 109
　　――の剥離　51
伸縮性　41, 45
親水性繊維　54, 56, 137
浸染　65
人体計測法　71
人体動作　115
身体保護　2, 112
浸透作用　138
審美性　84
シンメトリー　82
心理的快適性　134

水分率　34
水溶性汚れ　137
スエード調人工皮革　60
杉綾　43
すすぎ　148
ステッチボンド法　47
ステープルファイバー　36
スナッギング性　54
スナッグ　54
スパン糸　36
スパンボンド法　47
スポーティ　92
スムース　46
スライディングゲージ法　71
摺箔　13

Z より　40
製糸　25
成人女子用衣料サイズ　80
成人男子用衣料サイズ　79
製造物責任法　166
静電気　57
性能向上剤　139
生理的快適性　130
精練　61
石油系溶剤　151
石けん　138

石膏法　72
セルロース　23
繊維　20
　　　——の組成表示　169
繊維強化プラスチック　31
繊維集合布　42
繊維消費量　173
繊維製品
　　　——と表示　166
　　　——の自給比率　174
　　　——の表示対象品目　167
繊維製品品質表示規定　167
全国消費生活情報ネットワーク
　　　システム　172
洗剤　138
　　　——と環境問題　140
　　　——の濃度　145
洗剤使用量　144
洗浄効果　145
洗浄補助剤　138
洗浄力　145
染色　62
染色加工　61
染色堅牢度　67
洗濯温度　145
洗濯機の種類　142
洗濯時間　145
洗濯条件　145
洗濯方法の選択　142
せん断特性　49, 52
せん断変形　51, 119
染着平衡　65
染料　62

双糸　39
増白　154
素材選択の条件　90
素材のデザイン効果　91
粗糸　40
組織図　42
疎水性繊維　137
塑性　51
組成表示　169
ソーパリング　104
ソフトセグメント　30

染　13
梳毛糸　36, 40

タ 行

体温調節　113
体型　73
体型差　73
体産熱　123
耐水性　56
退蔵　175
帯電性　57
帯電防止加工　70
耐熱性　156
大麻　24
耐薬品性　35
タオル　45
多重組織　44
脱酸素剤　161
脱水　149
たて編　45
たてうね織　43
たて朱子　43
建染め染料　64
たて弾性率　32
たてパイル組織　45
タフタ　42
ダブルアトラス編　46
ダブルデンビー編　46
ダブルニット　46
ダブルバーコード編　46
ダブルバンダイク編　46
多分子性　22
ため水すすぎ　148
単糸　39
単数表示　79
弾性　51
弾性回復性　51
単量体　22

着衣重量　128
着衣の快適性　130
着脱の容易性　131
中古衣料　176
チュニック　7
聴感覚　134

超極細繊維　56
直接染料　63
直接法　71

通気性　55
通気度　55
つけ置き洗い　145

TPO　84
手洗い　144
ディテイル　82
テカリ　49
テキスチャード加工糸　41
テキスチャードヤーン　38
デザイン　82
デジタイザー　99
テックス　38
デニム　43
デニール　38
手縫い　105
電気抵抗法　122
天竺編　45
テンセル　27
天然繊維　20
天然染料　62
添毛組織　44

銅アンモニアレーヨン　27
動作環境　114
動作適応性　115, 132
透湿性　56
透湿防水加工　69
透湿防水素材　57
特殊加工仕上げ　67
特別組織　43
閉じ目　46
塗布洗い　145
ドライクリーニング　142, 150
ドライマーク表示の衣料が洗え
　　　る洗剤　140
トランクルーム　162
取り扱い絵表示　169
ドレープ係数　52
ドレープ性　52
ドロップサイズ　79

ナ 行

ナイロン　29
梨地織　44
捺染　65
ナフタリン　159
ナフトール染料　64
軟化温度　33
難燃加工　70

2元単数表示　79
2元範囲表示　81
二重組織　44
ニットの縫製　107
ニードルパンチ法　47
日本工業規格　78
乳化作用　138
人間工学　85

縫い合わせの種類　105
縫い代　98
縫い目　104
布　41

熱可塑性　38, 41
熱遮断性能　132
熱伝導性　55
熱伝導率　56

ノッチ　98
ノード　52
伸ばし　107
のり剤　156
のりづけ　156

ハ 行

廃棄衣料　175
ハイグラルエキスパンション　51, 108
媒染染料　64
ハイテク繊維　90
パイル組織　44
バギング性　52
パークロロエチレン　151
肌着の変形　118
パターンメーキング　93
蜂巣織　44
パッカリング　51
はっ水加工　56, 69
はっ水性　56, 169
バッチ式　151
発泡問題　141
ハードセグメント　30
ハーフトリコット編　46
パーマーネントプレス加工　68
ハーモニー　83
パラコルテックス　25
パラジクロルベンゼン　159
針床　46
パール編　45
範囲表示　79
半合成繊維　20, 27
番手　38
パンティストッキングの変形　118
バンドリング　104
反応染料　65
反毛　40
反毛材料　176

PCCS　88
PIO-NET　172
PL法　166
PP加工　68
引裂き強さ　49
引きそろえ糸　39
匹田絞り　13
非晶領域　22
引張り強伸度　49
ビニロン　30
皮膚
　——の伸び　115
　——の面積変化　115
ヒューズ法　72
標準状態　35
漂白　62, 153
漂白剤　139, 153
平編　45
平織　42
開き目　46

ピリング性　54
ピル　54
ビルダー　139
ビロード　45
品質保証　166
品質マーク　171
品質要求度　166

ファーストパターン　95
ファッションイメージ　92
ファンシーヤーン　37
フィラメント　36
フィラメント糸　36, 41, 46
フィルター循環式　151
風合い　90
富栄養化問題　141
フェルト性　50
フォームラミネート　42, 56
複合糸　37
複合繊維　59
複合布　42
副資材　91, 108
腹帯の衣服圧　122
不織布　42, 47
フラッシュ紡糸　47
フリース　176
プレーントリコット編　46
プロダクトパターン　96
プロッターカッター　99
ブロード　42
プロポーション　83
プロミックス　27
分散作用　138
分散染料　65

平面製図法　96
ペチコート　7
別珍　45
ペブロス　5, 7
変化組織　43, 46
変則朱子織　43

防汚加工　70
紡糸　20
放縮　103

防縮加工 68
防しわ加工 68
防しわ性 51, 53
防しわ率 54
防水加工 69
縫製機器 106
縫製仕様書 93
紡績糸 36
防虫剤 159
放熱 123
紡毛糸 36, 40
飽和より 39
保温効果 113
保温性 55, 131
保管場所 162
保管容器 161
保健衛生的性能 54
補助剤 139
ポプリン 42
ポリウレタン 30
ポリエステル 28
ポリ塩化ビニル 30
ポリクラール 31
ポリ乳酸 21, 28
ポリビニルアルコール 30
ポリプロピレン 29
ボンデッドファブリック 42

マ 行

巻き衣 4
マーキング 102
マクロブラウン運動 33
曲げ剛さ 53
曲げ特性 52
曲げ変形 51
マニラ麻 24
摩耗強さ 49
マルチフィラメント糸 36
マルチン法 71
マンセル表色系 88

見かけ比重 48
ミクロブラウン運動 33
三子糸 39
ミシン糸 110
ミシン縫い 105
密着衣 6
ミニスカート 18

無機繊維 20, 31
無リン化 141

明度 87
メリノ種 25
メリヤス編 45
メルトブロー 47
綿 23
綿糸紡績 40

モアレ法 72
もじり組織 45
モスリン 8
モノフィラメント糸 37
モリソンの関係偏差折線 77
もろより糸 39
紋織組織 44
文様 13

ヤ 行

野蚕 25
ヤング率 32

友禅染 13
融点 33
誘導組織 43
輸出比率 174
油性汚れ 137
ゆとりの分布状態 133
ゆとり量 119
ユニフォーム 86
輸入比率 174
ゆるみ 85

洋服 18
羊毛 25
浴比 145
よこ編 45
よこうね織 43
よこ朱子 43
よこパイル組織 45
汚れ 136
吉野織 43
より 39
　——の強さ 40
より係数 40

ラ 行

ラウジネス 26
ラブオフ 96
ラミー 24
ラン 45
ランドリー 142, 152

リサイクル 176
立体化 107
立体裁断法 95
リブ編 45
リフォーム 175
流行色 89
両面編 46
両面織物 44
リヨセル 27
リンカーン種 25

レジンボンド法 47
レプリカ法 72
レーヨン 26

絽織 45

ワ 行

和服 16

編者略歴

島崎　恒蔵（しまざき　こうぞう）
1947年　東京都に生まれる
1974年　東京工業大学大学院博士
　　　　課程修了
現　在　日本女子大学家政学部教授

佐々井　啓（ささい　けい）
1946年　東京都に生まれる
1969年　お茶の水女子大学大学院修士
　　　　課程修了
現　在　日本女子大学家政学部教授

シリーズ〈生活科学〉
衣　　服　　学　　　　　　　　　定価はカバーに表示

2000年4月5日　初版第1刷
2007年6月30日　第8刷（一部訂正）
2017年3月25日　第14刷

　　　　　　　編　者　島　崎　恒　蔵
　　　　　　　　　　　佐　々　井　　　啓
　　　　　　　発行者　朝　倉　誠　造
　　　　　　　発行所　株式会社　朝　倉　書　店
　　　　　　　　　　　東京都新宿区新小川町 6-29
　　　　　　　　　　　郵便番号 162-8707
　　　　　　　　　　　電　話　03 (3260) 0141
　　　　　　　　　　　FAX　03 (3260) 0180
　　　　　　　　　　　http://www.asakura.co.jp
〈検印省略〉

© 2000〈無断複写・転載を禁ず〉　　　　シナノ・渡辺製本

ISBN 978-4-254-60596-9　C 3377　　　Printed in Japan

JCOPY　＜（社）出版者著作権管理機構　委託出版物＞

本書の無断複写は著作権法上での例外を除き禁じられています．複写される場合は，そのつど事前に，（社）出版者著作権管理機構（電話 03-3513-6969，FAX 03-3513-6979, e-mail: info@jcopy.or.jp）の許諾を得てください．

好評の事典・辞典・ハンドブック

書名	編者	判型・頁数
感染症の事典	国立感染症研究所学友会 編	B5判 336頁
呼吸の事典	有田秀穂 編	A5判 744頁
咀嚼の事典	井出吉信 編	B5判 368頁
口と歯の事典	高戸 毅ほか 編	B5判 436頁
皮膚の事典	溝口昌子ほか 編	B5判 388頁
からだと水の事典	佐々木成ほか 編	B5判 372頁
からだと酸素の事典	酸素ダイナミクス研究会 編	B5判 596頁
炎症・再生医学事典	松島綱治ほか 編	B5判 584頁
からだと温度の事典	彼末一之 監修	B5判 640頁
からだと光の事典	太陽紫外線防御研究委員会 編	B5判 432頁
からだの年齢事典	鈴木隆雄ほか 編	B5判 528頁
看護・介護・福祉の百科事典	糸川嘉則 編	A5判 676頁
リハビリテーション医療事典	三上真弘ほか 編	B5判 336頁
食品工学ハンドブック	日本食品工学会 編	B5判 768頁
機能性食品の事典	荒井綜一ほか 編	B5判 480頁
食品安全の事典	日本食品衛生学会 編	B5判 660頁
食品技術総合事典	食品総合研究所 編	B5判 616頁
日本の伝統食品事典	日本伝統食品研究会 編	A5判 648頁
ミルクの事典	上野川修一ほか 編	B5判 580頁
新版 家政学事典	日本家政学会 編	B5判 984頁
育児の事典	平山宗宏ほか 編	A5判 528頁

価格・概要等は小社ホームページをご覧ください．